园林

北京中轴线文化游典

万象繁馨

北京非物质文化遗产保护中心
组织编写

周家望 著

北京出版集团
北京出版社

图书在版编目（CIP）数据

园林：万象繁馨 / 北京非物质文化遗产保护中心组织编写；周家望著. — 北京：北京出版社，2021. 10
（北京中轴线文化游典）
ISBN 978-7-200-16080-2

Ⅰ. ①园… Ⅱ. ①北… ②周… Ⅲ. ①公园—介绍—北京 Ⅳ. ①K928. 73

中国版本图书馆CIP数据核字（2020）第255395号

北京中轴线文化游典
园林
万象繁馨
YUANLIN
北京非物质文化遗产保护中心　组织编写
周家望　著
*
北　京　出　版　集　团
北　京　出　版　社　出版
（北京北三环中路6号）
邮政编码：100120
网　址：www.bph.com.cn
北京伦洋图书出版有限公司发行
北京鑫益晖印刷有限公司印刷
*
787毫米×1092毫米　16开本　21.75印张　255千字
2021年10月第1版　2023年7月第2次印刷
ISBN 978-7-200-16080-2
定价：79.80元

“北京中轴线文化游典”
编委会

主　　编　陈　冬

副 主 编　庞　微

执行主编　杨良志　张　迁　姜婷婷　刘子军

　　　　　安　东　刘庆华

编　　委（按姓氏笔画排序）

　　　　　王　越　孔繁峙　白　杰　朱祖希

　　　　　李建平　杨　澄　张　勃　张永和

　　　　　张妙弟　张宝秀　周家望　宗春启

　　　　　赵　书　赵东勋　韩　扬

编　　辑（按姓氏笔画排序）

　　　　　肖　潇　陈　华　珊　丹　赵海涛

　　　　　莫　箫　高　琪　彭丽丽　魏小玲

总 序

“一城聚一线，一线统一城”，北京中轴线南端点在永定门，北端点在钟楼，位居北京老城正中，全长 7.8 千米。在中轴线上有城楼、御道、河湖、桥梁、宫殿、街市、祭坛、国家博物馆、人民英雄纪念碑、人民大会堂、景山、钟鼓楼等一系列文化遗产。北京中轴线自元代至今，历经 750 余年，彰显了中华民族守正创新、与时俱进的文脉传承，凸显着北京历史文化的整体价值，已经成为中华文明源远流长的伟大见证。

北京中轴线是北京城市的脊梁与灵魂，蕴含着中华民族深厚的文化底蕴、哲学思想，也见证了时代变迁，体现了大国首都的文化自信。说脊梁，北京中轴线是中华民族都市规划的杰出典范，是北京城市布局的脊梁骨，对整座城市肌理（街巷、胡同、四合院）起着统领作用，北京老城前后起伏、左右对称的建筑或空间的分配都是以中轴线为依据的；说灵魂，北京中轴线所形成的文化理念始终不变，尚中、居中、中正、中和、中道、凝聚、向心、多元一统的文化精神始终在中轴线上延续。由此，北京中轴线既是历史轴线，又是发展轴线，还是北京建设全国文化中心的魅力所在、资源所在、优势所在。

北京中轴线是活态的，始终与北京城和中华民族的发展息息相关。在历史长河风云变幻中，一些重大历史事件都发生在中轴线上，同时中轴线始终有社会生活的烟火气，留下了京城百姓居住、生活的丰富印迹。这些印迹既有物质文化遗产，又有非物质文化遗产；这些印迹不仅有古都文化特色，还有对红色文化的展现、京味文化的弘扬、创新文化的彰显。中轴线就像一个大舞台，包括皇家宫殿、士大夫文化、市民生活，呈现开放包容、丰富多彩、浓厚的京味，突出有方言、饮食、传说、工艺、科技以及各种文学、艺术等。时至近现代，在中轴线上还有展现中华民族革命斗争的历史建筑和社会主义现代化建设的红色文化传承。今天，古老的中轴线正从历史深处昂扬走向璀璨的未来，在传统文化与现代文明的滋养中焕发出历久弥新的时代风采。

北京中轴线是一张“金名片”，传承保护好以中轴线为代表的历史文化遗产是首都的职责，也是每一个市民的责任。以文塑旅，以旅彰文，“北京中轴线文化游典”是一套以学术为支撑，以普及为目的，以文旅融合为特色，以“游”来解读中轴线文化的精品读物。这套读物共 16 册，以营城、建筑、红迹、胡同彰显古都风韵，以园林、庙宇、碑刻、古狮雕琢文明印迹，以商街、美食、技艺、戏曲见证薪火相传，以名人、美文、译笔、传说唤起文化拾遗。书中既有对北京城市整体文化的宏观扫描，又有具体而精微的细节展现；既有活跃在我们生活中的文化延续，也有留存于字里行间的珍贵记忆。

本套丛书自规划至今已近3年，很多专家学者在充分的交流与研讨中贡献了真知灼见，为丛书的编辑出版提供了宝贵建议。在此，我们对所有参与课题调研、交流研讨的专家学者以及众多编者、作者表示感谢。

“让城市留住记忆，让人们记住乡愁。”北京中轴线的整体保护与传承，不仅是推进全国文化中心建设的重要举措，更是我们这一代人的历史责任与使命。只有正确认识历史，才能更好地开创未来。要讲好中轴线上的中国故事、传递好中国声音、展示好中国形象，使这条古都的文化之脊活力永延。我们希望“北京中轴线文化游典”的问世，能让历史说话，让文物说话，让专家说话，让群众说话，陪伴您在游走中了解北京中轴线的历史文化内涵，感知中轴线上的文化遗产，体验首都风范、古都风韵、时代风貌，不断增强文化获得感，共筑中国梦。

李建平

2021年4月

目　录

前　言

文化之脊上的诗情画意

如果从北京城上空俯瞰中轴线，您能看到什么？鱼骨？龙脊？彩绘长卷？

您猜我看到的是什么？那是一首活色生香的格律诗！

您先别笑我酸文假醋，且听在下慢慢道来。中轴线南端“苍璧礼天”的天坛，无疑是中轴线上最大的空间概念；而中轴线北端“晨钟暮鼓”的钟鼓二楼，则是中轴线上最大的时间概念。这样的空间和时间，共同构成了人类文化史上瑰丽的人文轴线。在这样的时空架构中，山水园林是极为生动的组成部分，扮演着人与自然“和谐共生，中正和合”的重要角色。

其实，将皇家殿宇与山水园林结合在一起，是中国古典建筑美学中的一个基本理念。从西周时期的灵台、灵囿、灵沼一直到明清时期的紫禁城、西苑、圆明园、颐和园，3000 多年来绵延不断，都是这一理念的美学实践。宫殿与园林水乳交融、难解难分，只不过有的是在宫殿建筑群中安排了独立的或分散的小园景，有的是在大型园苑之中修筑宫阙庙堂。

从这个意义上讲，无论是肇始辽金时期的琼华岛、太液池，还是明清时期的御花园、景山，无论是文人雅集的渌水亭、唐花坞，还是百姓寻趣的前门月亮湾、什刹海银锭桥，都是人们寄情山水、心向自然的物象写照。“山子张”、“样式雷”乃至“金鱼徐”等家族数代的潜心营造，朱启钤、单士元、徐苹芳诸公的悉心呵护，都是为了延续传统文化审美的历史痕迹，使之成为活着的遗存。

基于这样的想法，我试着把北京中轴线上的园林景观，分成了“四扇屏”:“天景”“仙景”“山景”“水景”。这“四扇屏”合起来，就是一首绝妙的“格律诗”。

作为“轴线园林律诗”的“首联”——“天景”恰如其分，包括从永定门公园、天坛公园、先农坛至天桥、前门月亮湾一段。这一段轴线上的园林景致，多与“天”字有关。古人对“天”的认知和理解，不仅体现在政治、宗教、建筑等方面，还以更加灵动鲜活的方式体现在园林上。这一宏大的叙事背景，总起全篇，引领轴线。

“颔联”为“仙景”，由紫禁城四大花园、太庙（北京市劳动人民文化宫）、社稷坛（中山公园）等园林景致构成。它承接“天景”，离人间又近了一步。这里土呈五色，石接宋元，仙葩瑶草，鹤舞鹿鸣，非“仙”字无以冠其名。

“颈联”则是“山景”，把北京中轴线上的中心点和制高点景山称为“山景”，名副其实。景山呈弓形，五座方亭镇于五峰之上，草木葱茏，繁花竞秀，百鸟清啼，肩挑日月，仿佛一座举世无双的锦绣屏风，坐镇中轴，巍峨耸立的山脊又如高昂的颈部，傲立京城。

中南海、太液池、玉河、什刹海、积水潭……碧水安澜，海不扬波，扁舟软系，柳岸晓风，称之为“水景”自是情理之中。以平如镜鉴、阔如云天的柔情水景作为“尾联”，整首“律诗”的意境，或亦随之铺陈延展开来。

将北京中轴线的卷轴打开，“天景”起“首联”，“仙景”承“颔联”，“山景”转“颈联”，“水景”合“尾联”。如此雄奇的园林史诗，若清风明月、春兰秋菊，阅之不尽，赏之不绝，何其妙哉！

印象中，提到北京中轴线，总会想到肃穆庄严的格局、恢宏壮丽的建筑、积淀丰厚的遗迹、建极绥猷的气派等固化凝重的物象，而我们无意间忽略的那些草、木、湖、石、亭、榭、廊、桥、舟、鱼、莲之属，恰恰是中轴线上最为灵动鲜活、最具生命张力的所在。这条旷世的文化之脊，因园林之美而“血脉”通畅，充满了无限生机。

古典园林的空间之美，与那些“正襟危坐”的宫殿、坛庙相比，另有一番魅力。所谓“抱水衔山师造化，移天缩地到君怀”，把天下美景集纳于一处，是古代技师匠人们的惯常手法。从师法自然山水到模仿他处的人工景致，然后融汇于中轴线左近，增强其唯美隽永的一面，构成了北京皇家园林的独特呈现。无论中轴线上的永寿宫花园、御花园、琼华岛、濠濮间，还是中轴线之外的圆明园、颐和园，概莫能外。比如元代太液池中的三座岛屿——万岁山（北海白塔山）、圆坻（团城仪天殿）、犀山台，就是继承了中原文化中“海上三神山”的布局方法。万岁山即蓬莱，圆坻为瀛洲，犀山台为方丈，自北而南，浮于海上，烟波浩渺，如临仙界。

造园兴苑，踵事增华，是历代统治者和官员文人的共同嗜好。中国古典园林之所以具有很高的艺术性，给人以意境，与中国深厚的文学、艺术基础有很大关系。诗情画意的潜在影响，滋润了园林艺术布局与构景的设计理念。许多描写山川形胜、自然美景的诗句，许多描绘江河溪谷、山石云泉的画幅，都是造园艺术家、造园工匠们绝好的借鉴。不少诗人画家也直接参与了园林的经营设计，他们以自然景色为主导，利用天然的山水泉石、闲花野草，不求金碧辉煌，不事精雕细刻，园内布置如诗如画，超然尘外。比如紫禁城外东北隅的“半亩园”和前门外的“芥子园”，都是清初文学家李渔的手笔。

古建筑学家罗哲文尝言：“明清时期的造园艺术，不仅把殷周以前那种主要利用自然山水林木、湖池鸟兽的原始囿圃缩小了，就是秦汉时期那种动辄数百里的苑囿也没有了，代之而起的是向着精深完美方向发展。园林中各个景点之间的关系，园里园外都要作为有机的联系加以布置，使园林达到了很高的艺术境界。”信哉斯言！

不到园林，怎知春色如许？

不到园林，怎知北京中轴线上有如此偾张的生命活力？

不读本书，怎知在下说得对与不对？

周家望

庚子大暑时节于有茶有月人家

第一辑

天景篇

正阳门城楼及箭楼　盛锡珊绘

苍璧礼天　锦屏列张

自明永乐十八年（1420）起，整整600年，从天际吹来京华的第一缕春风，总是被这里最早察觉——天坛，一个在“天人谐和”思想上建起的地方。

记得1999年1月，我以《北京晚报》记者的身份，采访了天坛公园的总工程师徐志长。徐公1962年从林业大学毕业分配到天坛公园后，一直干到退休，可以说是最了解天坛的“知情人”。1998年2月，国际古迹遗址理事会主席罗兰·席尔瓦博士受联合国教科文组织委派，在天坛评估考察后对接待他的徐志长说：“天坛完美的建筑艺术和她所体现出的文化底蕴让人惊讶，天坛和颐和园是世界文化遗产王冠上的两颗无与伦比的宝石，她们当然应该入选世界文化遗产。今后，我将以朝圣者的身份再来。”

在中国，现存的天坛只有两座。西安的南郊有一座唐代的天坛遗

天坛祈年殿

存，而今只剩下一座不大的圜丘，知者寥寥。从年代上说，北京天坛无法与之比肩，但从规模、完整性和知晓度上说，西安天坛也只好望天兴叹。

其实，倒退几十年，北京天坛也是一副蓬头垢面的模样。据徐志长回忆，20 世纪 60 年代初，“那时的天坛真像个杂拌儿的土地庙”。经过 20 年的修复，天坛公园内拆掉了 1 万多平方米的商店铺面，撤去果树，种上了常绿树，搬走了 80 万立方米的渣土堆，使原貌重现于世。天坛率先实现了花草树木无农药污染的病虫害防治，从 1994 年到 1998 年，5 年时间实现了益虫、害虫的平衡，蚯蚓重新钻出土壤，鸟儿重新飞回柏林，春天二月蓝铺地，秋天野菊花满眼，“苍璧礼天”的盛景重现于斯。

古柏林　六百年来一苍璧

古人礼天，“夏以松，殷以柏，周以栗”。天坛沿用殷制，园内参天古树多达 3562 株，其中一级古树 1147 株（300 年以上）、二级古树 2415 株。基本上为侧柏、桧柏，其他树种国槐、油松、银杏共有 25 株，胸径普遍在 30 ~ 100 厘米之间，胸径大于 100 厘米的有 182 株，胸径大于 150 厘米的有 10 株。这些“老前辈”和 10 万株常绿树，连成天坛的林海。柏木之绿在于苍，其色森森然，其形巍巍貌，不争媚于花，傲然于霜雪。北京古柏多侧柏，天坛尤如是。侧柏因鳞叶在小枝上排成一个平面，呈侧面观而得名。

目前遗存的这 3500 多株古树，是经过两次大规模集中种植形成的。第一次是明永乐十八年（1420）建天坛时，于大祀殿周围广植松柏；第二次是明嘉靖九年（1530），圜丘坛建成后，环圜丘四围遍植松柏。株行有距，视为仪树。此外，天坛还有数十株古柏，按胸径推测，其树龄在800年左右，超过天坛的历史年限。据史料推测，这里曾是金中都“大明朝日坛”、元大都“郊坛”的遗址，斯时已经栽植了祭祀用的柏树。

什么叫“苍璧礼天”呢？主祭苍天的人，手里捧着一方青色的美玉高高举过头顶，向天帝祝颂祈福。天坛的“苍璧”则更加魔幻：如果从天坛正上方千米的高空俯瞰，就会发现圜丘坛四周的古柏林，就像一块硕大无比的“苍璧”在向上天致敬。

徐志长最爱跟人聊起的，就是美国前国务卿基辛格对天坛古柏林

苍璧礼天（程功提供）

的由衷赞美。从20世纪70年代开始至今，基辛格博士10多次到天坛参观。1971年10月25日，基辛格第一次来天坛，他的专车由天坛西门进，穿越柏林间的御道，停在盛开着美人蕉的丹陛桥坡下。他走上天坛的御道，漫步参观。途中他感慨说："这儿可真美啊！以美国现在的经济实力和科技水平，造出一个或几个祈年殿这样的建筑不成问题，但无论如何也造不出这片500年以上树龄的古柏林啊，没有这片古柏，又怎么能造出这种庄严神圣的氛围呢？"基辛格的这段赞美词，其实用8个字就可以概括："名园易建，古木难求。"

在许多研究者看来，天坛体现的是"天人谐和"的思想，"天"就是大自然，仰观天，俯察地，顺乎自然才是人类生存的规律。天坛若此，柏林如斯，古人营造出这样的园林，足以令后人折服，令世界瞩目。

或许心细的游客会发现，天坛南边的古树很少，靠近天坛南墙的地方更是没了古树的踪影。莫非几百年前的仪树就是这么安排的吗？其实，1918年元旦当日天坛公园正式对外开放时，天坛里的古松古柏比现在多。这些在皇家祭坛里"养尊处优"的参天古树，在70多年前遭遇了一场飞来横祸。

1948年12月25日，《平明日报》军政要闻记者、中共地下党员刘光人在采访中发现，天坛公园突然成了军事禁区。公园最南端靠近城墙的地方，参天古树被伐倒了一大片，有些古松古柏明显是被火药炸毁根部的。天坛的400株古松古柏被毁，1912年种的洋槐林也被夷为平地。刘光人心生疑窦："这个时候守军毁树，葫芦里到底装的是什么药？"侧面一打听，吓了他一跳，原来北平"剿总"要在这儿修一座秘密机场！这对于围城的解放军来说，意味着什么?

刘光人很快摸清了情况：这个在建机场位于天坛南部外坛的旧林场，介于内外坛墙及南部东西坛墙之间，占地达 440 亩，所占区域东西长、南北窄，飞机跑道为东西向。

12 月 26 日下午，刘光人持“特别通行证”，骑自行车从西直门出城，穿过白石桥一带的雷区，找到平西情报站的站长刘景平，及时汇报了天坛修建临时机场的情况。得知这一重要信息，解放军决定给傅作义来个当头棒喝。第二天，解放军的围城部队向正在修筑的天坛秘密机场附近，发射了数发炮弹，弹无虚发，正落在天坛的坛墙四周。据说有一枚打歪了，击中了回音壁。1949 年 1 月中下旬，天坛机场已经完全处于解放军大炮的射程之内，所以天坛机场没有起落过几架飞机就只得弃用了。当年最后逃往台湾的官商和大量财物，都是从东单机场运走的。北平和平解放后，东单机场和天坛机场随即停止使用，两个临时机场从修建到结束使用，历时仅两个月。

据北平市工务局档案记载：天坛临时飞机场开工后，由北平军民合作委员会督导各区保所出民夫，会同军方部队铲平地基，扒毁南坛墙 200 余米，炸毁明代所建石牌坊 2 座、房屋 10 余间，并砍伐所有大小树株，计松柏树约 1500 株、杂树约 500 株。实际数量，无法查清。时任宛平县县长的王冷斋写下一首七言绝句记录了当时的痛惜之情：“苍松翠柏势凌云，谁料今朝付斧斤！古木千年遭厄运，比邻父老泪纷纷。”

2009 年 1 月 31 日，《北京晚报》记者龙露以《见证：为送情报舍命穿越雷区》为题，报道了北京市公安局原副局长、87 岁的离休干部刘光人的口述历史，天坛南墙附近没有古树的原因才公之于众。

如果提到天坛的“明星树”，有几株是非常值得一看的。挂头牌的当数“九龙柏”。“九龙柏”位于皇穹宇院墙外的西北角，相传明永乐十八年（1420）建天坛的时候就有了，堪称与“天”同寿。此树高 8.5 米，胸径 114 厘米，树龄 600 多年。此柏因表皮细胞分裂不均，树干上凹凸不平，好似群龙盘结，昂首欲腾空飞去，故而被称为“九龙柏”。“九龙柏”又被称为“九龙迎圣”。据说，清乾隆皇帝有一年冬至来天坛祭天时，从“九龙柏”旁边经过，有弄臣连忙启奏：“我主万岁龙目御览，此柏九龙缠绕，恭迎圣驾于道旁，可谓九龙迎圣啊！”乾隆闻言龙颜大悦。其实，就算乾隆再糊涂，也知道这是臣子忽悠自己——此柏数百年来一直就是这个模样，见谁都一样。下面这个传说就更神乎其神了：乾隆年间，某岁京城大旱。乾隆率文武百官到天坛祭天祈雨，下辇后步行间，忽然眼前闪出 9 条小蛇，从天坛皇穹宇的围墙内迅疾窜出。乾隆急忙命人搜寻。可奇怪的是，御前护卫搜遍了皇穹宇内外，皆无踪迹。正纳罕间，乾隆忽然看见不远处一株古柏树干上，似有 9 条小龙盘绕。莫非是那 9 条小蛇化身小龙，依附到这株古柏之上？蛇乃“地三仙”之一，在民间有“长仙”“小龙”的雅号。乾隆遂当场敕封该树为“九龙柏”，永久保护。

在京城百姓看来，乾隆皇帝是个有趣的老头儿，于是就忙着给他凑趣，什么故事都安在他身上，乾隆简直成了清代的“故事大王”“传说头领”。如今到了个别擅于添油加醋、有一说十的地接导游嘴里，几乎无处不乾隆。不管传说如何，反正数百年来，这株“九龙柏”长得魁伟参天，树干上的 9 条小龙，纹理更加清晰可辨，栩栩如生。

九龙柏

从1918年1月天坛公园开放至今的100多年来，亿万游客都见过天坛的“九龙柏”，观之无不称奇。尤其是前些年，巧舌如簧的导游，常对成群结队的游客说，“九龙柏”活了600多年，有长寿气；被乾隆封过，有富贵气；摸一次，财源滚滚；摸两次，全家平安；摸三次，心想事成；摸四次，病不侵身；摸五次，吉祥如意；摸六次，儿孙满堂；摸七次，富贵荣华；摸八次，福禄双全；摸九次，长命百岁。于是众人遵从其言，如过江之鲫，循环往复抚树不已。园方担心长此以往，树皮被大家摸光，殃及古树，便在“九龙柏”四周建起铁围栏，游客展臂长身亦不能触及。

在祈年殿东侧，有一株“柏抱槐”，千年原生古柏怀抱百年寄居老槐，浑然天成，堪称奇观。侧柏、国槐，是北京的“市树”，人称“兄弟树”。这株千年古柏怀中生长着一株百余岁的古槐，两树相拥而生，亲密无间，不分彼此。古柏高10.5米，胸径183厘米。树干从1米处分杈，多干多枝，巍然耸峙。槐树寄生于主干分杈处，树径逾70厘米，冠如伞盖，密枝浓阴。据植物学家分析，发生这类情况，一般是古柏因雷击火焚，出现树中空洞，有鸟儿无意中将鸟粪中的槐子落于其间，遂萌发生长自然形成。要天然共生，首先这颗种子连同粪便要恰巧掉在树洞里，粪便给树种提供了最初的营养、温度和湿度；其次，母树的裂缝要积满腐殖层，形成“营养”丰富的生态环境；最后，这个树洞能积蓄雨水，水分充足，再加上合适的空气湿度和温度，时间一长，槐树长大，古柏森然，两树天然共生。这样百年以上的“合抱树”在北京城共有8处，中山公园的“槐柏合抱树”、西山大觉寺里的“鼠李寄柏”、五道营胡同东头北侧的“枣柿合抱树”、景山公园里的“槐中槐”等都属此类。

此外，天坛还有“问天柏”“迎客柏”“莲花柏”“卧龙柏”等名木，同样值得玩味徜徉。

“问天柏”屹立于回音壁外西南侧，树冠上方有枯枝一截，如一人昂然挺身，仰视苍穹；另一小枝直立向上，仿佛怒指九天。

“迎客柏”侍立在回音壁外西北侧坛墙的月亮门旁，树冠西边伸出长长的一大枝，仿佛绅士礼貌的手臂，恰巧遮在月亮门上，游人进出月亮门，必须要从大树枝下穿过，好像古柏时时在轻声提醒着：“欢迎您！您留神，别碰着头。”

“莲花柏”形似巨大的木质莲花，“安坐”在宰牲亭的东北方，树干基部庞大，纵列分杈，呈多干环状丛生，四方开张，“莲瓣”盛开。这株“莲花柏”的树干和天坛内其他柏树迥然不同，传为金代中都的遗存。

因暴风雨刮倒的“卧龙柏”“斜卧”在祈年殿西南侧的柏林中，取势威猛，不减雄风。园方撑以铁杖数根，使之依然笑对秋月春风。

天坛草 二月新卉地作天

到过天坛的诸君，不知是否和我有同样的感受，那就是不管赏殿宇、观坛台还是寻古木，都会感觉到有一种庞然的“气势”附着在上面。就连天坛里遍地的小草，都让人觉得与别处的不同。古柏林下，密密匝匝，满满一片“天海胸襟”的气派。每年农历二、三月间，天坛的西北外坛和古柏区，二月蓝开得席天卷地，远远看上去，好像头

天坛二月蓝（程功提供）

顶上蓝天的倒影。人在其中，恍若置身天上，碧云蓝穹白丝带，如梦如幻。

二月蓝也叫“诸葛菜”，属一年生或二年生草本植物，是十字花科。春季开花，花开蓝紫色转白色。有人称之为“二月兰”，系“二月蓝”之误，因为此物与兰花扯不上半点关系。二月蓝开在别处，往往星星点点，与着锦一般的桃红杏粉玉海棠相比，同日而开却不可同日而语。在天坛却是另一番景象：70 万平方米的二月蓝花海，在 600 多年苍碧柏林和蓝瓦红墙的映衬下，傲视群芳，风头一时无两。

其实，明清时期，天坛是皇家的禁苑，庶民不得靠近，更别说进去赏春观景了。看守园林的园丁，也只是负责养护好松柏仪树，对园内蓬蒿之辈则“视而不见”。“西宫南内多秋草”，白居易在《长恨歌》

里描述的晚唐宫禁景象，与旧时北京的坛庙可有一比。所以作为花草植物也是一样，一棵小草，也要生逢其时。

天坛的草，不仅种类多，而且其中还有不少中药材。清宣统时的内务大臣金梁在《天坛志略》中说，天坛内曾有益母草、沙参、天门冬、伞儿草 4 种草药，其中以益母草最著名。益母草属唇形科，在我国北方很常见。它的嫩芽可以当菜吃，北京人叫“龙须菜”；长大了，其茎、叶可以熬药，治妇女病。熬制出来的药叫“益母膏”；种子也是妇科药，叫“茺蔚子”。同样是京畿生长的益母草，为什么唯独天坛里的益母草这么珍贵呢？明朝永乐之后，天坛神乐观的道士把野生的益母草，移到天坛里面种植，使其在天坛集中生长开来，以便炮制

神乐署正门

中药。天坛的土质比他处的好很多，坛里的泥土，都是明代由各省督抚派人运送来的，土质肥沃异常，富含大量的营养元素，这才让益母草的生长态势良好，被当地人奉为优质上品。

神乐观在天坛西门南侧，清代改称神乐署。神乐观最初的330名乐舞生，都是随永乐朝廷从南京迁来的。神乐观是干吗的呢？其实这是个专门负责皇家祭天大典乐舞的机构。那时候从事“歌舞弹唱”的不是哪个艺术团体的演员、伶人，而是道士。后来乐舞官和乐舞生的人数越来越多，明嘉靖年间，已达2200余人。皇帝祭天的时候，跟表演大型歌舞史诗差不多，场面宏大。

人一多，人气就旺；人气旺，就显得热闹非常。所以神乐观不仅是皇家祭祀的“歌舞团”所在地，其周边后来也成了黎民百姓休闲娱乐的佳所。神乐观中的道士们很有经济头脑，忙里偷闲，两头挣钱。一方面支应着皇家的差使，一方面种植花草、配制草药，向老百姓兜售药品。人们有个头疼脑热的，经常到这儿购买中草药。当时神乐观就有保合堂、保龄堂、育生堂、广德堂、天德堂、瑞德堂等数家药铺。时间一长，神乐观简直成了京城南郊的一个大庙会，一直繁盛到清朝初叶。据《帝京岁时纪胜》记载：“帝京午节……入坛内神乐所前，摸壁赌墅，陈蔬肴，酌余酒，喧呼于夕阳芳树之下，竟日忘归。”到了清乾隆年间，由于神乐署游客过多，疏于管理，甚至发生了胆大的游人翻墙进入天坛禁地的案例。乾隆为之震怒，降圣谕对道士们大加申斥。据《日下旧闻考》中记载，乾隆曾经满腹怨气地下指示：“朕每临大祀，必恭必亲。今因时享，聆太常寺笙箫管籥之奏，至不能分别宫商，而以之侑享郊社宗庙，何以交神明而达诚敬？朕既命庄亲王、三泰、张照为总领乐部大臣，非只辖和声署也。太常寺乐尤宜加意整顿，嗣后一应太常寺乐部俱着管理。又闻向来太常寺乐员俱系道士承充，此亦沿袭明代之旧。夫二氏异学，不宜用之朝廷。今纵不能使为二氏者尽归南亩，被服儒风，何乃用道士掌宫悬，司燎瘗，为郊庙大祀骏奔之选？暇日则向民间祈祷诵经，以糊其口。成何典制！岂不贻笑后世耶！太常寺乐员，嗣后毋得仍习道教。有不愿改业者，削其籍，听为道士可也。朕询问三泰，知额设多至五六百人，得毋冗滥？着庄亲王等详查定议。如果额数太多，即奏请芟汰。与其多而无用，不如减少额数，将钱粮归并酌增，精选实能任事之人令其承应。”

其实，乾隆只听说了神乐署里滥竽充数的大有人在，只知道这帮歌舞弹唱的道士，平时给老百姓念经挣钱，还不知道他们在天坛里种草药开药铺呢。这些为了私利荒废了正差的“黄冠”，这下把“吃皇粮”的饭碗弄没了。乾隆下令遣散了神乐署里原有的道士，改由八旗子弟中俊秀者充任。可是这些道士当初配制的草药，在民间还颇有些口碑，所以神乐署中的各大药铺得以保留下来，也可谓“失之东隅，收之桑榆”。到了嘉庆年间，嘉庆比他的父亲乾隆更决绝，以“聚集闲杂多人，或至话古弹词，亵越尤甚”为由，开始对天坛附近进行大规模的清理整顿。除了几家原有药铺外，其余全部取缔，并下令神乐署不准栽植花木草树，只允许在规定区域内种植益母草，如有私自开垦者，严惩不贷。严令一出，立竿见影，天坛归于清净，直至民国初年。这些天坛产的中成药里，名气最大的就是“益母膏”。清吴长元所著的《宸垣识略》、清汪启淑所著的《水曹清暇录》里，也有关于天坛益母草的记载。清道光时完颜麟庆的《鸿雪因缘图记》中，有专门的一章，为《天坛采药》。

益母草在天坛绝迹，是在1914年，和袁世凯有直接关系。1914年，时任中华民国大总统的袁世凯，踌躇满志之际，准备仿效古代帝王去天坛祭天。出于安全考虑，袁世凯下令，限定时日让天坛外神乐署的商铺全部搬出，否则全部追责。不仅如此，为了提防刺客隐匿身形，他还下令将天坛周围植被全部铲除，自此，天坛外再也不见了益母草的踪影……

和天坛益母草不一样，二月蓝在天坛的历史舞台上从来没有唱过“大轴”。二月蓝在天坛成景，始于20世纪80年代。到2006年，二月蓝的种植面积达70万平方米，天坛之春开始出现遍及全园的“花海”景观。作为北京本土野生地被植物，二月蓝具有天然的适应能力和生长优势，不需特殊人工、水肥照料，是“低碳”物种，而且具有良好的观赏性，花期长达一两个月。

据统计，天坛目前共有自然草本植物39科137种，既有二月蓝、夏至草、抱茎苦荬菜、蒲公英等二年生草种，也有狗尾草、蟋蟀草、马唐、虎尾草、灰菜、蒿子等一年生草种。所以到了天坛，观草赏花也是不虚此行的题中应有之义。徜徉其中，这里既有畅达天庭的皇穹宇、圜丘、祈年殿，也有生而平凡却自得其乐的蓬蒿、二月蓝，人生的感悟或许涌上心头，伟大与平凡，到底哪个更有意义呢？

天坛还有过一个“宪草”，您知道吗？它可不是什么幽芷芳卉，它的全称是《中华民国宪法草案》（简称《草案》），又称《天坛宪法草案》，因在天坛的祈年殿内起草而得名。辛亥革命后，中华民国第一届国会在1913年4月8日宣告成立，由参众两院各选30人为宪法起草委员会委员。同年10月31日完成《中华民国宪法草案》。这部《草案》分11章113条，主要内容包括：以列举方式规定了人民广泛的权利，非依法不得限制、停止或侵犯；总统由国会选举，并设副总统；政府组织采用责任内阁制，以限制总统的权力；国会采用参众两院制，在国会闭会期间，由议员中选出40名委员组成国会委员会作为常设机关；司法权由法院行使，除审理一般案件外，法院还受理行政诉讼。因当时首任大总统袁世凯阴谋复辟帝制，该草案于他如同拦路之虎，他便以武力解散国会，这部宪法草案也随之被废除。此诚题外话，亦可作游园读史之余味也。

园中圆　寰宇无物不成规

说来有趣，中国的传统园林艺术，按照地域特点，大致可以分为北方园林、岭南园林、蜀中园林和江南园林4种；按照类别大致可以分为皇家园林、文人园林、寺庙园林和邑郊风景园林。从这两个维度讲，天坛这样的国之大祀之所，似乎既不属于哪一种，也不属于哪一类。它以无与伦比的壮美和巧夺天工的精妙，吸引着全世界的目光，这种勾魂摄魄的震撼，似乎比那些“衔山抱水”的古典园林更胜一筹。因此，在谈到北京中轴线上的园林时，不得不因它耀眼的光芒，把它放在突出的位置。那么，天坛的魅力何在呢？人们徜徉于天坛之内，会有何种迥异于假山叠翠、小桥流水的感受呢？

有研究美学的先生认为，天坛的营造者善于用美学意象的巨大，表现精神的凌驾和威慑，所谓“非壮丽无以重威”。越是简单的造型，

鸟瞰天坛

越是巨大的体量，越可以向人们传达出巨大的精神力量，这是神祇文化的共同特点。比如古埃及的金字塔、故宫的太和殿、中世纪欧洲的哥特式教堂等，莫不如此。天坛亦然。天坛的占地规模，比紫禁城还大3倍，是北京中轴线上的头号“巨无霸”。如此“霸气”的占地面积，其用意何在呢？天坛之大，在于表明“天”的伟大。

人类对空间和时间都极为敏感。当我们进入一个三四平方米的小屋，容易觉得压抑、憋闷，继而陷入不安或烦躁；当我们进入一个百十平方米的大屋子，顿时会觉得舒畅、豁然，继而变得开朗、放松。空间的变化给了我们截然相反的心理感受。同样，当我们面对旭日东升和夕阳西下时，内心的感受也完全不同。这是时间对我们的影响。记得有个未经考证的故事，讲的是一位著名的西方建筑设计师第

祈年殿鸟瞰（程功提供）

一次参观故宫，从天安门一路北行，经过长长的御道上的端门、午门，直到穿过太和门后，他第一眼看到巍峨的太和殿，立刻觉得双膝发软，有一种强烈的要下跪的感觉。这就是建筑空间给人的心理压力。由此我想起1999年元旦，到天安门广场采访天安门国旗护卫队升国旗的往事。那天我来得过早，广场和城楼下人影寥寥。我想先到午门前的国旗班营房去看看战士们起床的情况，就一个人沿着天安门的城门洞子径直向北走去。城楼巍峨，门洞幽深，出了门洞，暗夜之中两侧古木森森，一派阴森之气，脖子后面似乎直冒冷汗。同一个地方同一条路，感觉和大白天跟着熙熙攘攘的人流走进去大不一样。想想明清两朝，那些来华进贡的外藩使节，当年从这里一步一步走进紫禁城，内心可能比我那天早上还不平静。其实，住在紫禁城里的皇帝，可能内心也和我们差不多，他睡觉也不是在大殿中央摆张床躺下，而是在养心殿后殿的东暖阁靠北墙安放一张床，宽亦不过三尺有余。由此可见，空间太大或太小，都会使人不安。

和天安门至太和殿的设计思路相仿，明代天坛的正门开在西面，名曰“祈谷门”，要到达偏东的主轴线，须经过二里长的甬道，再穿过苍碧的柏林。如此布局，使人世间和凌霄殿之间的心理距离一下子拉到极致，仿佛从地到天的漫漫路途由此而来。那种肃正高远的氛围，不由自主地袭上心头。

除了空间上的延展拉伸，还有几何形状上的暗示，同样是营造园林的惯用手法和观赏园林的解语密码。以天坛圜丘为例，圜丘四周由内而外，绕以圆形平面和方形平面两层垣墙，“天圆地方”分别寓意“神祇空间”与“世俗空间”。两个单纯的几何形象勾勒出一个立体的多层次的空间形象，表现出完整的宇宙秩序和社会秩序的深厚文化内涵。

不知您是否注意到，皇帝在祭祀活动中所处的方位，和他在紫禁城里所处的方位恰恰相反。皇帝在宫中不管到什么殿宇，都是面南背北居中而坐。到了“大祀之所”，都是站在南方位，仰望北方祭祀神仙佛祖。在天坛，亦是如此。代表“昊天上帝”的牌位，面向尊位南方，这个牌位位于圜丘中心延长线正北的皇穹宇的神龛中。祭天主要在天坛中轴线南端的圜丘上进行。这个巨大的圆形露天平台，不设有顶建筑物，“坛而不屋”，是古代筑高坛祭天的遗规。在坛外圆墙的映衬下，人们完全可以想象圜丘的“屋顶”就是浩瀚的苍穹。时至今日，无论谁站在那块坛面正中的天心石上，见四旷无人，都会有苍天覆地的感觉，如同上天揽人间于怀中庇护。“受命于天”的皇帝，更会对自己被赋予统治人间的权力，发自内心地产生神圣感和使命感。祭天，这个年复一年的大型仪典，通过不断叠加，强化着古时统治者与被统治者之间的主从关系，维系相对稳定的政治伦理和社会秩序。当然，这种天人相通感觉的产生，还有一个重要因素，就是圜丘四围的天际线。倘若圜丘四周高楼林立，那就很难“天人合一”，更像是“坐井观天”了。

古希腊毕达哥拉斯派说：“一切立体图形中美的是球形，一切平面图形中美的是圆形。”在美学家杨辛看来，圆是一种生命的流转，蕴含着宇宙万物，循环往复，周而复始，体现了一种“天行健”的精神。圆是一种生命的象征，也是祥和的象征。天坛建筑群一个突出的特征是圆的造型。从天坛南门中轴线上的主体建筑看：圜丘、皇穹宇、祈年殿都是圆形，每一个建筑又形成很多同心圆。如祈年殿以圆形宝顶为圆心，扩展为三层圆形琉璃檐，再扩大为三层圆形祭坛。圜丘则以圆形太极石为中心，扩展为三层圆形祭坛。每层祭坛坛面铺设的石板也都形成同心圆，使建筑中圆的扩展与穹隆形的天空成为一个圆融整体。因此天坛的圆不仅是外在的圆，更是一种宇宙观，一种审美观。

在天坛的“圆形”元素中，还有个“插曲”。在天坛公园的西北角，有一组由双环万寿亭、方胜亭、扇面亭、百花亭（六角彩亭）及游廊等组成的亭园景区，共六十三间。其中的双环万寿亭原在中南海内，截面好似两环相连，亭体由两个重檐八柱圆亭衔接合并而成，造型别致，设计精巧，在我国现存的古建中仅此一例。相传是清乾隆为母亲庆贺五十寿诞，于乾隆六年（1741）兴建的。远看双环万寿亭，如同两只丰腴的寿桃，象征吉祥长寿，俯瞰也是“双桃献寿”，亭前

双环万寿亭

台阶恰似两个桃尖儿，所以双环万寿亭又被俗称为“桃亭”。据传此亭为样式雷的杰作，亭中以前悬挂着“风亭月榭”“蕙圃珠泉”两方匾额，均为乾隆御笔。1975 年，此亭由中南海迁至天坛西北角，从此天坛又多了一处“圆”景。

双环万寿亭的“圆”有圆形坡度，其工艺的复杂性或许超出了我们的想象。每一片瓦都是不同的规制，都是独一无二的。在这些乾隆年间的老瓦上，至今还留着清晰可辨的落款。2017 年，双环万寿亭做了一次修旧如旧的修缮。为了找到能完美定制老瓦样式的琉璃瓦匠人，天坛公园工作人员耗时半年跑遍了半个中国，终于在山西找到了可以完成烧制工艺的老师傅。为了保证每一片瓦的质量，每片形状规制的瓦都烧了三片用于备选。最终用于修缮的几百片新烧制的瓦，都是工作人员一片片挑选出来的。

流连于天坛的“圆”中，可以感受到天地之间由近及远；可以感受到生命的周期，晨昏交替，四季变换，日月盈昃，时间流转；可以感受到内心的充盈与圆满，注入人生的美好与祈盼。这样的寻“圆”之乐，除了天坛和中轴线西侧的当代建筑国家大剧院，在别处恐怕是不易找见了。

清波涌　郊坛河水出京师

古人云“石令人古，水令人远”。水，是园林中最灵动的部分，赋园林以生机。“有山皆是园，无水不成景”，水与植物、山石、建筑等园林要素一起，极富变化和创新。偌大的天坛里有水吗？水在其中扮演了什么样的角色？

众所周知，天坛的林木覆盖率在京城首屈一指，柏林绿海蔚为壮观。从空中鸟瞰，有如“万顷碧波”，岂曰无水？宏观犹若此，微观亦何如？

甘泉井

在天坛南神厨前，有一座六角井亭，绿琉璃瓦盝顶，造型精雅。亭中有一眼古井，便是天坛著名的甘泉井。甘泉井又名祈年井，因其水清味甜而得名，“水味甘洌，为太羹之用”，明清帝王祭天、祈谷时用的供馔和糕点，全用此水调制。甘泉井井深四丈许，水深一丈五尺，井口到水面两丈五尺，水质清澈，“微小之物沉于井底，亦可望见”。明代神乐观的道士为了虚构神秘色彩，称甘泉井水直通天河，水源在天。笃信三清的嘉靖皇帝朱厚熜，遂赐此井名“天泉”。他在宫中画符、洗澡均要取用此水，从而使该井水身价百倍。在《燕京今古琐闻录》中有《北京著名水井之略历》一节，特别描写了天坛甘泉井。

有趣的是，清代诗坛领袖“渔洋山人”王士祯，曾为此井赋诗一首：“京师土脉水甘泉，顾渚春芽枉费煎。只有天坛石甃好，清波一勺买千钱。”读罢此诗，不禁脑子里打了个问号：天坛不是皇家大祀之所吗？怎么刑部尚书王大人跑到皇家禁地喝茶赋诗来了？

其实从明代起，许多人已经开始把天坛当成“公园”了。据晚明时期的沈德符在《万历野获编》中记载：“今京师端午节尚有射柳之戏，俱在天坛，俱勋戚，中贵居多。”每年端午节，这些有头有脸的“游人”就在此地举办骑马射柳比赛，不少太监也参与其中。他们在天坛里恣意狂欢，外界知之甚少。说到底，天坛之所以成了“权贵乐园”，还是因为神乐观里的道士们。他们大祭时歌舞弹唱，奏“中和韶乐”；平时在观里课徒或外出念经。为增加收入，他们先在坛内开茶棚，后来索性把天坛当公园，坐收门票。明永乐帝实行天地合祭，天坛活动不断。嘉靖年间，明世宗“大礼议”，改为四郊分祀，又建了地坛、日坛、月坛，天坛地位弱化，祭祀活动减少。嘉靖后期，皇帝长年不祀，祭天大典只派官员替代，管理日渐粗疏。明亡清兴，天坛制度依旧，权贵之人照样可以进进出出。《顺天府志》记载：“挈酒游高梁或天坛，坛中有决射者，盖射柳遗意。”所以王士祯在天坛游园品茗之余，还在甘泉井前留诗作记，也就不足为怪了。

天坛从皇家禁地到民众休憩之所，经历了五六年的时间。1913年元旦，天坛免费开放10天，京城立即掀起了一股“天坛游览热”。

在1913年1月13日的《正宗爱国报》上，有一篇杨曼青的《游坛纪盛》，是天坛公园最早的园林游记，文章生动形象地描述了当时的盛况，至今读来仍兴味盎然：

中华民国二年一月一日为始，前门外天坛、先农坛，各开放十日，任人入内游览。前日正值天气晴朗，鄙人又没什么事情，赶紧打扮起来，戴上黑毡帽，穿上白碴儿皮袄，系上香色褡包，换上紫色蝠子履，掏出半包儿铜元，前往两坛之内，游逛一番便了。

说话之间，就来到天坛门首，但见一片黑压压，人山人海，好像千佛头一般，人是直个点儿的往里灌。像在下兄弟我，这样的年纪，也能够挤呀挤呀的，挤将进去，这不是该当逛坛吗！干脆说，又进了二道坛门，斜插柳儿奔东南。斋宫虽不开门，我可知道里面有什么。斋宫殿内，有乾隆御笔四大字，写的是“钦若昊天”。内设宝座，后有雕刻围屏一架，上有江南景致。游人既不能进内，由此穿廊过桥，往东南再行半里许，缭垣围一青琉璃瓦亭，正名“皇穹宇”，也是不准进去。往南至圜丘，俗名“拜台”，阶共三重各九级。上去瞧了一瞧，急忙下来，并没有别的缘故，我怕喝一肚子凉气，醋心！

顺旧路折回来往北，由成贞门至祈年门，上祈年殿，进殿内观瞻。正中一台不便上去，恐怕人多挤死，岂不臭块地乎！往后瞧，皇乾殿也未开门，更不必留恋喽！打道出坛，正走中间，看见两个活笑话儿：有一中年妇人，上梳蘑菇式的头，蓝袄青裙，黄色坤鞋。有人说这是某旧大老的夫人，我倒是半信半疑。又看见一串改良穿坛小轿，却是两个闲等儿，头戴碟子形的黑色帽，穿着黑布大袍，两人搭着一把大椅子。人坐在椅子上，分外地看着显小，在人群以内行走，好像抬着一抬肉嫁妆。二十枚银元，花的不冤！

天坛景致游了个到，怎么来的怎么出去。坛内游人虽多，有一样儿好处：我瞧人家，人家不瞧我。照旧出了天坛，可巧那位中年妇人，已经到了坛门以外，手拿两大串糖葫芦儿。看这妇人如此举动，准知不是旧大老的夫人了。不然怎么说：徒步野游，必非世家呢。

出天坛进先农坛，往西北一望，积雪荒凉。往西南行走，如太岁殿、庆成宫、古物保存所等处，本报四号本京新闻，既然详细登过（点景对联均已登载），演说也就不必赘述了。惟先农坛地基，周约六里，比天坛地方小至少半。天坛周阔九里零十三步，系明永乐十八年建筑。先农本名山川坛，相传建自金朝，至明初始祀太岁。嘉靖九年乃设风云雷雨神牌，又有岳镇海渎、城隍人鬼诸神。后来分坛致祭，前清时代亦未改革。太岁殿东，永乐年间建设旗纛庙，内供旗纛枪炮，战船弓弩各神。直到民国二年一月，这一开放，把极荒凉的坛地，变成无限繁华。这几天游人日盛，不止北京一方面，连天津保定通州之人，来逛的也不在少数。就以这几天说，若说中华民国不兴旺，这话谁信哪？兴旺可是兴旺，也要瞧瞧目下的谷花儿如何，就这么逛将下去，毫无生计上的研究，盼到民国往后多少年，不怕饿的打着晃儿逛，也不能含糊。再逛的时候儿，可留神挤碎了沙锅。

自此之后，由于天坛场地开阔，1913 年、1914 年，这里还曾经举行过两届华北运动会。1914 年底，袁世凯还在天坛举行过祭天仪式。此后，天坛无人管理，日渐荒芜。1917 年，内务部再次把开放天坛的想法提上日程。内务总长指示礼俗司："现在祀天典礼业已奉令缓行，天坛地方关系古迹，应赶于阳历新年开放俾众参观。"内务部随即清查天坛树木，给所有树木挂牌编号，还测绘了天坛全图。就在此时，张勋率领"辫子军"进入京城，要拥立溥仪复辟。辫子军屯兵天坛，进行到一半的整修工作不得不中止。不久，冯玉祥等人率领"讨逆军"杀到北京，两股军队在天坛展开激战。这一战，天坛受损严重，许多树木和古迹遭到破坏。"张勋复辟"的闹剧收场后，内务部立即清理战事残迹，并成立天坛办事处筹备开放事宜。经过半年的筹备，1918 年 1 月 1 日，天坛公园正式开放。

值得一提的是，1917年12月30日，北京《群强报》还发表了《开放天坛》的通告：“天坛为历朝祀天之所，建筑闳丽，林木幽茂，实为都会胜迹之冠。外人参观向由外交部给予执照，而本国人士罕有游涉。今者内务部特将天坛内重事修葺，平垫马路，以期引人入胜。订于阳历新年一号，将斋宫、皇穹宇、祈年殿一律开放，任人购票游览。并拍照名胜处所，制成邮片赠送游客。”在当年天坛的游览规则中，能够看到诸如“勿攀折采取园内树木花卉”“勿践踏秧苗”“勿坐在木栅栏上休息”“勿向园内圈养的鹿抛掷瓦石”等规定，比“中贵射柳”的时候要规矩多了。刚刚开放时，天坛入门券每张售价银圆 3 角，仆从入门证每张银圆 1 角，人力车入门证每张银圆 1 角，12 岁以下儿童免费。

民国时期的天坛票证

之所以游览规则中提到“园内圈养的鹿”，是因为过去在神乐署的南面有牺牲所，那是明清两朝祭祀牺牲之神和豢养牺牲的地方。由于牺牲所负责饲养的牛、羊、猪、鹿、兔等牺牲，是用来祭祀天地日月、宗庙社稷的，即用于所谓大祀、中祀等祭祀活动，所需数量巨大，因而牺牲所占地范围广，规模最盛时各种房屋达百余间之多，在祭祀礼仪规制中占有重要地位。经考证，牺牲所原位置在今天西南外坛的天坛西里东区附近。与现在可见的其他 4 组建筑不同，牺牲所目前仅残存一段 30 多米长的南墙，别无他物。

天坛里还有一眼井，没有甘泉井出名。此井位于天坛西侧斋宫内，旧时供应斋宫日常用水，至今犹存。只是上无井亭覆盖，不如甘泉井待遇那么高罢了。

当然，天坛最大的水景，还是要数斋宫的御河。斋宫在天坛西天门南，坐西朝东，是明清两代皇帝在天坛祭祀前，举行斋戒仪式的地方。斋宫内设有皇帝居住的寝宫、举行活动的无梁殿、钟楼等古建筑。斋宫建于明永乐十八年（1420），面积近 4 万平方米，有各种建筑 228 间，有内外两道宫墙、御河。

据文献记载，天坛斋宫内外两道御河都是在明永乐年间天坛初建时营建的，外城御河周长 778 米，宽 11.9 米，深约 6.5 米。河床、河岸皆为砖砌。东面及南北两面河上架有汉白玉石桥。斋宫内城御河全长 350 米，河宽 8.5 米，深同外河。明代内御河也是四面环围，东面及南北两面架有汉白玉石桥，形制与外河相同。清乾隆八年（1743）乾隆皇帝建寝宫于斋宫中，于是选地无梁殿后，遂填内城御河西段建成寝宫，使斋宫内城御河仅东、南、北三面有存。明永乐时天坛垣墙

天坛斋宫外的御河河床

不备，且孤悬郊野，故掘两丈深河以备不虞，相当于现在的两层楼高。到了清代，天坛已圈入外城，斋宫御河已经失去了昔日的防护作用，于是填河建宫室也算顺势而为的事儿。乾隆皇帝对明永乐皇帝掘河以御不虞之举，颇不以为然，曾作诗讥讽：“守德由来胜守险，当年何事堑防门。”实际上清朝皇帝斋宿斋宫，也是护卫众多，斋宫外围墙的163间回廊，即为八旗兵丁的侍卫所。

斋宫御河原为流淌的活水。1958年，天坛管理处进行了斋宫御河修缮工程，对内外御河进行了彻底疏浚，拆砌了河岸，重砌宫墙，一度采用机井水注入斋宫御河，还放置了游船，但终因渗漏严重，最终停止了注水，仍恢复为旱河。至今斋宫已然向社会开放，在斋宫外城御河的河壁上，仍可见进水孔三处（北河岸东西各一处，西河岸南端一处）、排水孔一处（位于南河岸东端），内外御河输排水孔两处。内御河的河壁也存有输排水孔两处。那么斋宫御河的水来自何处又流向何方呢?

其实，斋宫御河水的来处和去处是同一条河，即坛垣外的郊坛河。明永乐时，天地坛外坛垣四周均有水环绕，称郊坛河。坛内御河水从北、西两面引入，自南面流出，形成活水。明嘉靖朝构筑了北京外城后，改天地坛为天坛，郊坛河的水才泄入北京城外城的护城河。

明永乐时期的天坛，原设有两重坛墙，因为当时修建的是“天地坛”，为营造天地坛，堆土筑垣，南取方，北取圆，寓意“天圆地方”。当时坛外垣长度超过九里三十步，因工程浩大，构筑极费时日，永乐十八年十二月癸亥（1421 年 2 月 1 日）大祀殿建成，但天地坛的墙垣、门阙尚未竣工。经过数十年后，才于明宣德朝竣工。明朝所筑的天坛围垣，墙体为土筑，上覆瓦顶，内外俱大出檐，内外坛墙皆连檐通脊，内坛墙内外并没有檐柱。由于坛内外地势差异，外坛的坛墙下筑有泊岸，宽丈余，泊岸前有城濠，以阻人逾越，当时称为郊坛河。天坛北面的那段郊坛河，到了民国年间由于失于疏浚，成为臭水沟，就是老北京人都知道的“龙须沟”。1952 年，北京市政府对其进行治理，后加盖覆板，今已无迹可寻。作家老舍还专门为北京市人民政府治理龙须沟创作了话剧《龙须沟》，影响甚广。

据史料记载，龙须沟源自虎坊桥，经天桥、金鱼池、红桥向南折

话剧《龙须沟》剧照

至永定门外护城河，横贯北京外城的东南部，这条河应为古高梁河的下游。明正统年间，此河水与正阳门东护城河水流，经三里河，在金鱼池附近汇合，使早年龙须沟的水量增大。至清光绪朝，龙须沟的水还是清澈的。到了宣统年间，金鱼池以北三里河的水干枯，河道淤成陆地。随后，红桥下游的水便成了一段死水，在清代《宣统北京城图》上，龙须沟作为正式的名称，已经被标在这段河道上。进入民国时期，龙须沟彻底变成了一条污水沟。

世事变迁，沧海桑田，天坛作为世界文化遗产，得到越来越好的保护和修复，但斋宫御河的碧水何时复流，犹未可知。立于河边，唯见御河河底半人多高的蓬蒿，年年岁岁独沐春风秋月，兀自畅想着梦里的潋滟波光。

巨石阵　北斗飞来亦星空

为了得道成仙求长生，明代嘉靖皇帝对道教到了迷信的程度，他可以多年不见皇后妃子，可以多年不见亲生儿女，甚至可以把道士陶仲文的话当成神咒真言。在天坛公园，现在还有一处嘉靖皇帝被道士们“忽悠”的明证——七星石。关于天坛七星石的说法，历来纷纭。有人说，是永乐皇帝朱棣将建天坛时，夜得一梦，见天门大开，砰然落下了七颗星，即北斗七星。永乐皇帝即命在星落处建天坛，祭祀天地。所谓“先有七星石，后建祈年殿”。亦有人言，嘉靖九年（1530），有道士向皇帝进言，称祈年殿东南方过于空旷，不利于皇位和皇寿，宜置石镇之。嘉靖皇帝遂设七星石于此。谓之“先有祈年殿，后置七星石”。还有人言，七星石是明嘉靖年间放置的“镇石”，代表泰山七峰，岱岳自古有“五岳独尊”的美誉。自秦始皇封禅后，历朝历代帝王都不断在泰山祭祀封禅，称“东岳大帝”。嘉靖皇帝置七星石，如泰山而敬之。更有人言，七星石乃太空坠落的陨石。其实看看石头的颜色和上面人工雕饰的水波云纹，就知道根本不是“天外来客”。

同样有趣的是，名为七星石，实际上却有八块石头，七大一小。于是有人自然而然地联想到，那块小石头肯定是后加上的，会是谁加的呢？

传说从来不缺乏想象，有人说，那块小石头是清乾隆皇帝加的。因为清朝是满族入主中原建立政权，生活于白山黑水间的满族人，从小就把长白山视为自己的“圣山”，因此定鼎中原后，康熙皇帝特意命人去考察泰山和长白山的关系，并编写了一篇《泰山龙脉论》。这篇文里写道：“朕细考形势，深究地络，遣人航海测量，知泰山实发龙于长白山也。”以此证明泰山其实是发源于长白山的，证明满族人得天下，亦是泰山一脉之正统。真可谓用心良苦。乾隆皇帝克绍箕裘，依此考证，在这象征“泰山七峰”的七星石旁，再置一块小石头，代表着长白山，以示满汉一家。

对此有研究者认为，七星石不可能是东岳“泰山七峰”的象征，否则，就应当叫“七峰石”，而不是称作“七星石”。康熙皇帝刊布所作《泰山山脉自长白山来》一文（收入《圣祖仁皇帝御制文集·四

七星石

集》卷二七《杂著·康熙几暇格物编》，此文习称《泰山龙脉论》）是说泰山与长白山的关系，与七星石无关。此外，清朝入主中原，视为“亿万年发祥重地”的长白山，是泰山的龙脉。如果放在“泰山七峰”之中，应当具有十足的统御地位，理应个头儿最大，不可能比“泰山七峰”的任意一座山峰还小。

经考证，七星石与七星坛在明嘉靖年间改大祀殿为大享殿时设立，当时就是这样的布局，小石并非清人后来添加的。中国古人观察北斗七星，看到它们组成了一个水舀子似的图案。北斗七星是北半球天空的重要星象，由天枢、天璇、天玑、天权、玉衡、开阳、摇光（瑶光）等七颗星组成，因北斗七星曲折如斗，故而得名。北斗七星是属于紫微垣的一个星官。《晋书·天文志》记载，枢为天，璇为地，玑为人，权为时，衡为音，开阳为律，摇光为星。在七颗星中，玉衡最亮，亮度几乎接近一等星。天权最暗，是一颗三等星。其他五颗都是二等星。

北斗七星的“开阳星”边有一颗比较暗的星，叫“开阳辅”或“开阳增一”，所以“开阳星”和“辅星”构成一对双星。因此北斗七星实际上是八颗星，所以七星石就搁了八块石头。由此可见古人的天文观测能力和精准程度。

《星经》云：“北斗七星，主天子寿命。”笃信道教的嘉靖皇帝岂能等闲视之？设立七星石的同时，还在其北面建了一座小小的“七星坛”，以祀北斗。清代潘荣陛在《帝京岁时纪胜·七星坛》中记载：“七月朔至七夕，各道院立坛祀星，名曰七星斗坛，盖祭北斗七星也。天坛之南北廊及斗母宫尤胜。”天坛神乐署的道士们，每年农历七月初一至初七到天坛长廊外立坛祀星，“天坛之南北廊”就在七星石之北。大享殿初建时，宰牲亭设在神厨之北，大享殿至神厨的长廊为南廊，神厨至宰牲亭的长廊为北廊，合称“天坛南北廊”。后来，宰牲亭移至神厨之东，七星坛也被拆除了。但七月朔至七夕设坛祭祀北斗七星的活动，在乾隆皇帝改造天坛前一直存续。

除了七星石，天坛还有几处奇石可看。一处是镶嵌于天坛祈年殿正中地板上的“龙凤呈祥石”，简称“龙凤石”。此石为圆形，黑白花，大小不足一平方米，其质地和纹理，在大理石中等级最高。

在皇穹宇殿门外丹陛前的前三块石板叫作三音石。第三块三音石又称三才石，比喻“天、地、人”三才，站在上面向殿内说话，可以听到三次回声。这块石板又称“天闻若雷石”，就是说，站在第三块石板上面向殿内说话，如果大殿仅敞开面对三音石的殿门，而且殿门到殿内正中的神龛之间没有任何障碍物的话，此时听到的回音尤其响亮，似乎“人间偶语，天闻若雷”。

圜丘中心的天心石，又称“亿兆景从石”，有点儿亿万民众跟着它一起走的意思。站在圜丘的中心呼喊一声，你会听到从地层深处传来的洪亮而浑厚的回响。这声音仿佛来自地心，又似乎来自天空，遥远而有力，所以人们给它取了个充满神秘色彩的名字——天心石。

窃以为，对于中国古人来说，天是最虚无幻化的地方，石却是大地上最实在坚固的东西，天坛里的这些“奇石”，是不是赋予了它们“虚即是实，实即是虚，以实证虚，以虚寄实”的哲理呢？清末赵尔丰曾说：“石性坚贞，不以柔媚悦人，孤高介节，君子也，吾将以石为师；石性沉静，不随波逐流，然扣之温润纯粹，良士也，吾乐与

天坛圜丘天心石

石为友。”很显然，从天坛诸多戴着神秘面纱的“石界明星”看，我们绝对找不出与之为师为友的亲近感觉来。它们与众不同的文化特质，似乎更像是将皇权神授的旧有职责和民间附会的调侃戏谑杂糅在一起，呈现出的一种以“奇怪”见长的样式。

菊花台　霜天信步起秋兴

说到园林，不提花是不行的。天坛花卉在城南一带久负盛名，其中以菊花为最。菊花，古名鞠，又名菊华、九华、帝女花等，其色、香、姿、韵俱佳，是我国的传统名花。关于菊花，最早的文字记载见于《尔雅》中的“鞠，治蔷”,《礼记·月令》中有“季秋之月，鞠有黄华”的记载。

天坛栽培菊花的历史，最早可以追溯到明代。天坛神乐观的道士们以养菊为乐，在他们看来，菊花既可观赏又可食用，是益寿延年的天然佳品。这与道家追求长寿升仙的思想观念相契合。魏人钟会曾作《菊花赋》云：“流中轻体，神仙食也。”西晋傅玄《菊赋》云：“服之者长寿，食之者通神。”东晋道士葛洪在《神仙传》中说：“康风子服甘菊花、柏实散，乃得仙。”道士们认为，食用菊花就像吃太阳的精华一样，可以长生不老，所以称之为“更生”“日精”。当时达官显贵更有至神乐观观花之俗。但熙熙攘攘、热闹繁华的景象与祭祀昊天的重地大相径庭。清乾隆六年（1741），朝廷颁诏，明令禁止神乐观道士栽花，天坛菊花不复存焉。

直到1954年，天坛公园组建花卉班，有了专业的养菊人员，京城著名养菊艺人刘树林开始为天坛养菊，后来又有张国祥等老先生加入，天坛菊花才逐渐兴盛。1958年，天坛菊花已有522个品种，当时天坛虽有菊花温室，但却没有取暖设施，很多菊友便将其俗称“冷洞子”。张国祥在20世纪60年代曾培育出一株“千头菊”，开花达到1270朵，当年在菊展上一露面，立刻轰动了整个北京花卉界，在京城园林界传为佳话。

天坛的菊花有不少是天坛公园自己培育的。比如粉色匙瓣大花冠的“太真含笑”，是天坛公园1961年培育的，由于花形雍容华贵，“体态”丰腴，颇似想象中唐代杨贵妃的笑靥，因而得名。又比如“瑞雪祈年”，是雪白的叠球形花。此花名字来源于1961年元旦的一场瑞雪，人们希望瑞雪带来丰收之年，故取此名。1962年，天坛公园的

南宋朱绍宗的《菊丛飞蝶图》(现存故宫博物院)

花卉技师刘树林与李瑞甫两位高手，联手推出了好几种特色菊花，名噪一时。他们采用天然植株杂交培育的菊中珍品“雨润葵黄”，花呈金黄色，舌状花平瓣多轮，间有匙瓣、管瓣，外轮向外平展，内轮微抱略弯曲，开花时露心。他们培育的名菊“松竹梅”，适宜独本、三本、多本菊培育。名菊“陶然醉”，花色深粉，外浅内深，色泽艳丽，取唐诗“陶然共醉菊花杯”意境，中管瓣、管匙瓣、匙瓣、管瓣较直或略有弯钩状，内匙瓣向内拱曲，紧密抱合，花形稍扁，不露心，呈飞舞形，中大花轮，长正叶，中叶柄，中晚花期。

近70年来，天坛公园培育出很多菊花新品种，如“金马玉堂”“檀香钩”“独立寒秋”“白云堆髻”“太真含笑”“丹陛金狮”等，都是菊花艺人们倾注心血所培育出的。20 世纪 80 年代初期，菊花被确定为天坛的特色花卉进行繁育。1983 年，西北外坛建起花卉栽培温室，养菊条件得到极大改善。1996 年，天坛公园将每年 11 月举办菊展的活动确定下来，展览地点曾辗转绿化一队队部、斋宫、北宰牲亭、神乐署等地。2015 年，天坛公园将菊花展展场首次设置在祈年殿，使得中国传统名花与雄伟壮丽的祈年殿交相辉映。

为了出精品，天坛公园不断探索尝试新的菊花栽培方式方法。小菊盆景、造型裱扎成为天坛艺菊栽培的新亮点。经过几代人的努力，大立菊、悬崖菊等栽培裱扎技艺代代相传。小菊盆景是诸如多头菊、悬崖菊、独本菊等各种菊花栽培样式中最具艺术底蕴的菊艺形式。欣赏小菊盆景不只是单看菊花本身，还要懂得观赏盆景的干茎、枝片和根盘，品味主干的粗壮古朴、霜皮的老辣斑驳、枝片的潇洒流畅和悬根的嶙峋苍古。天坛的小菊盆景属于京味小菊老桩，菊花关键要有韵味，小巧玲珑，姿韵可人。京味小菊老桩盆景的枝干与层片构成的巧妙线条，全靠养花人不断造型修剪，每一个枝条和花芽都要细致处理。每逢农历九、十月间，人在天坛，时时清芬袭人，处处鹅黄玉白，置身其中，怎能不一发秋兴，吟咏霜天？

躬耕天咫　月落前门

要讲北京中轴线南段园林，尤其是讲现如今还能看得见、摸得着、有的聊的园林景观，除天坛外，纵是为炊的巧妇，怕也要坐在那儿翻翻眼角儿蹙蹙蛾眉，何况在下一拙夫？

之所以出此笑谈，实在是由于这一带的历史风貌所致。前门以南，过去是京城之南郊。明代修建外城之后，这里则以坛庙、民居为主。清中叶后，天桥杂巴地的“风来乱，雨来散”文化兴起以及坛根儿刑场的设立，更与“园林”二字鲜有相映成趣者。清末民初，先农坛的部分区域曾被辟为北京第二座市民公园，但其“早夭”的多舛命途令人唏嘘叹惋。

反倒是近些年，随着永定门公园、月亮湾公园和北京坊的陆续呈现，这一带新旧交融的园林味道日渐浓郁。徜徉其中，抚今追昔，亦能从中发现一些中轴线上与众不同的风景画卷。

先农坛　耤田今作秀场观

从地图上看，在中轴线南端西侧，比天坛的体量小几号的，就是赫赫有名的先农坛。一左一右，两坛镇住了北京城的南大门。

作为旧京“五坛”之一，先农坛一直是明清两代帝王祭农行“耕耤礼”的地方。它与天坛是同时代的皇家祭坛，最早名叫山川坛，清代改名先农坛。先农坛占地2000亩，共有包括庆成宫、太岁殿、神厨、神仓和具服殿在内的5组建筑群；另有4座坛台，分别是观耕台、先农坛、天神坛、地祇坛——这其中最有名的当数观耕台，因为台南边就是大名鼎鼎的“一亩三分地”。

“一亩三分地”的正式名称应该叫耤田，是皇帝祭祀先农神之后

先农坛内庆成宫

亲自耕种的田地。1935年，马芷庠在《老北京旅行指南》中介绍："旧历皇帝每年三月上亥日，幸坛亲耕。观耕台东为亲耕田，共一亩三分。以两旁分十二畦，由三王九卿从耕。明制，皇帝右扶犁，左执鞭，四推四返。清改三推三返，然后由西陛登台，观耕终亩，循东陛而退。民国后礼废。"民间俗谚"皇上的一亩三分地——旱涝保收"，即由此得来。

读了一些关于古时皇帝在这"一亩三分地"上"躬耕"的记载，觉得虽然名为"劝农"，其实不过是皇帝把这里当成一个秀场，像如今打扮时尚的时装模特走T台一样，被臣工、侍从们众星捧月地现场表演一下罢了。每到此时，顺天府事先准备耕牛和农具，搭建五彩大棚，将耕田整成松软的沃土。皇帝率众臣至此，在具服殿换上黄袍（清代换皮弁服），来到耕位，面南而立。在百官吟诵祝禾辞的伴奏下，开始扶犁亲耕。顺天府尹执鞭在牛旁，几位老农协助皇帝扶犁牵牛，在一亩三分地上转上几圈儿，然后皇帝登上观耕台，看众大臣和老农们扶着犁继续耕耘播种。其实自古以来，那些威权主义者借助崇高的仪式感来维护统治地位，是他们的拿手好戏。不管是祭祀天地神灵、扶犁亲耕，还是手植树木，都是欺世骗人的作秀表演。虽说自商鞅起就盛行"农本论"，但纵观封建社会2000多年，真要是"以农为本"的话，为什么历朝历代都是农民起义呢？为什么没听说过商人起义或者秀才造反呢？由此可见皇帝"劝农亲耕"的虚伪性。

明清交替之际，先农坛祭祀和亲耕的"表演活动"曾经出现过"中场休息"，直到清顺治十一年（1654）恢复祭农行耕耤礼。顺治曾亲祭1次，其余7次遣官代耕。康熙亲政61年间，亲祭1次，其余也是遣官代耕。雍正在位 13 年，亲耕 12 次，他还在圆明园西南隅专设“一亩园”，以便无暇分身时就近亲耕。他的儿子乾隆在位 60 年，亲耕次数 28 次，最后一次是在 75 岁高龄时。据说清代曾绘有一幅《皇帝耕田图》，在皇帝亲耕场景的空白处题写道：“二月二，龙抬头，天子耕地臣赶牛，正宫娘娘来送饭，当朝大臣把种丢，春耕夏耘率天下，五谷丰登太平秋。”

“一亩三分地”上收获的庄稼，算是皇帝种出来的，没人敢吃，怎么办呢？择吉日藏入号称“天下第一仓”的先农坛神仓中，做祭祀之用。“秋季玉粒（小米）告成，贮仓中以供粢盛。”神仓是圆筒形

《雍正帝祭先农坛图》（下卷局部，现存法国巴黎吉美博物馆）

的，前为收谷亭，东西为仓房，位于太岁殿东，原为明代奉祀国家最高等级军旗的旗纛庙，清乾隆十八年（1753）改建为神仓。为了使这些粮食免遭虫害，防止发霉，神仓管理者在建筑上采取了一系列措施。如建筑上使用雄黄玉彩画，矿物颜料中含有剧毒，可以驱虫；为了便于通风换气，防止谷物发霉，在仓房上都开有气窗。只是不知道这些彩绘的剧毒颜料，日久年深，会不会开裂脱落到粮食里。好在皇帝种的粮食甭管好坏都没人吃，可以确保无虞。

有趣的是，法国皇帝路易十五听从有“欧洲孔子”之称的法国重农学派代表人物魁奈的建议，于1756年在巴黎城郊效仿中国的乾隆皇帝下田劳作，也玩了把“亲耕”，为某些“东风西渐”者提供了些许自信的佐证。此事过了9年，也就是乾隆三十年（1765），乾隆皇帝也觉得这个“秀场”有点儿过分，他对负责耕耤礼的大臣说：“设棚悬彩，以避风雨，义无取焉……且片时用而过期撤，所费不啻数百金，是中人数十家之产也。其饬除之。”这段出自《日下旧闻考》的记载，直到今天还有其积极意义，劳民伤财、铺张浪费的形式主义，到什么时候都应该警觉和抵制。

清代道咸之后，国运凋敝，皇帝们再也顾不上去先农坛作秀了。光绪二十六年（1900）八国联军侵入北京时，先农坛被美军占领成了兵营，里面最大的建筑太岁殿做了军队医院，神仓成为美军司令部。美军撤出时，将坛内陈设的祭器作为战利品带走了。

辛亥革命后，中华民国内务部成立礼俗司，统管清朝移交的皇家坛庙，并把坛庙管理所设置在先农坛的神仓。民国政府开始动议如何利用好先农坛，还派员考察可行性，其中就有教育部社会教育司佥事兼第一科科长周树人（鲁迅）。鲁迅在日记中就曾记录，6月14日这天“午后与梅君光羲、吴［胡］君玉搢赴天坛及先农坛，审其地可做公园不”。因为农林部建议将天坛改为林艺试验场，将先农坛改为畜牧试验场；拱卫军则提出要在先农坛建军械库；京师议会则要把这两处改为平民公园。鲁迅等人就要去考察，看究竟怎样更合适。

1912年12月26日，为纪念中华民国成立一周年，内务部古物保存所宣布，天坛、先农坛自1913年元旦始开放10天，“是日各处一律开放，不售入场券，望中外男女各界随意观览”，这种普天同庆的方式实属“豪横”，北京城的历史上还没有这样10日免票游两坛的盛举咧！

盛举自然盛况空前，京城百姓像潮水一样涌入二坛。《正宗爱国报》上记载，一路上“红男绿女，扶老携幼，纷至沓来，其一种欢欣鼓舞如痴如狂之态，实有非笔墨所能形容者。殆所谓如鲫如蚁，车水马龙，不过如是也”！正是这次为期10天的开放活动，让主办方看到了市民对公园的渴求和期盼是何等强烈，特别是在社稷坛开放为中央公园之后，报章上的呼吁就更多了：“京都市内，面积如此之大，人口如此之多，仅仅一处中央公园，实在不足供市民之需要。因为中央公园，设在前门里头，仅便于内城一带居民，而于南城外头，有城墙阻隔，终觉不便。”而南城当时是北京市民聚居最密集的地方，平常游玩只能去西南角的陶然亭。政府考察团的意见是：“查南城一带，向以繁盛著称，惜所有名胜处，或辟在郊原，或囿于寺观，既无广大规模，复乏天然风景。详加审度，惟先农坛内，地势宏阔，庙宇崔嵬，老树蓊郁，杂花缤纷。其松柏之最古者，求之欧美各邦，殆不多觐，洵天然景物之大观，改建公园之上选也！”

在京都市政公所主持的选址、规划和修缮之后，1915 年 6 月 17 日，先农坛公园正式向市民开放，“入门票收铜元一枚，游览票收铜元五枚”。公园内陆续开设了荷花池和养鱼池，从避暑山庄运来 140 头驯鹿，辟为“鹿苑”，在太岁殿中设立了茶社，殿前开辟了秋千圃和抛球场，还有书画社、书报社等休闲娱乐设施。礼器陈列所则让参观者了解到古代祭祀的历史。“又于二道坛内，沿路两旁及正殿松林隙地，杂植花草，其东偏桃林一带约八九亩，均划为陈列花卉之所，红紫纷披，最堪娱目。并于东隅隙地，另辟菜畦，篱豆花开，宛然村落，可以领略田家味。”公园里还不时放映电影，组织放烟花表演。随着先农坛外墙被拆除，外坛北部和旧有的内坛合并为一处“城南公园”，溜冰场、图书馆等也都开办起来。据中国第二历史档案馆所藏《内务府档案》中的一个统计：民国初年，1 枚银圆能换 130 ~ 140 枚铜圆。当时北京市政府每年仅靠公园的门票和土地租金两项，就可以获得 8000 枚银圆的收入。当时先农坛的门票是 12 枚铜圆，中央公园的门票是 20 枚铜圆，集腋成裘，由此也足以说明市民公园的游客量之大。

1918 年，广东人彭秀康租用先农坛外坛北段的园地，开办了城南游艺园，搭建席棚，综艺杂陈。不仅有京戏、文明戏（话剧）、电影、杂耍等演出，还有弹子房、保龄球馆等西式游戏厅。鼓王刘宝全，相声“八德”的焦德海、刘德智，香港魔术大师韩秉谦等也被邀来助阵，游人趋之若骛。可惜好景不长，由于基建仓促上马，赶上了“豆腐渣工程”，1921 年坤剧场西侧发生楼塌事故，多人受伤，交际名媛燕三小姐当场被砸身亡，因此招来讼事，成为当时轰动京城的大

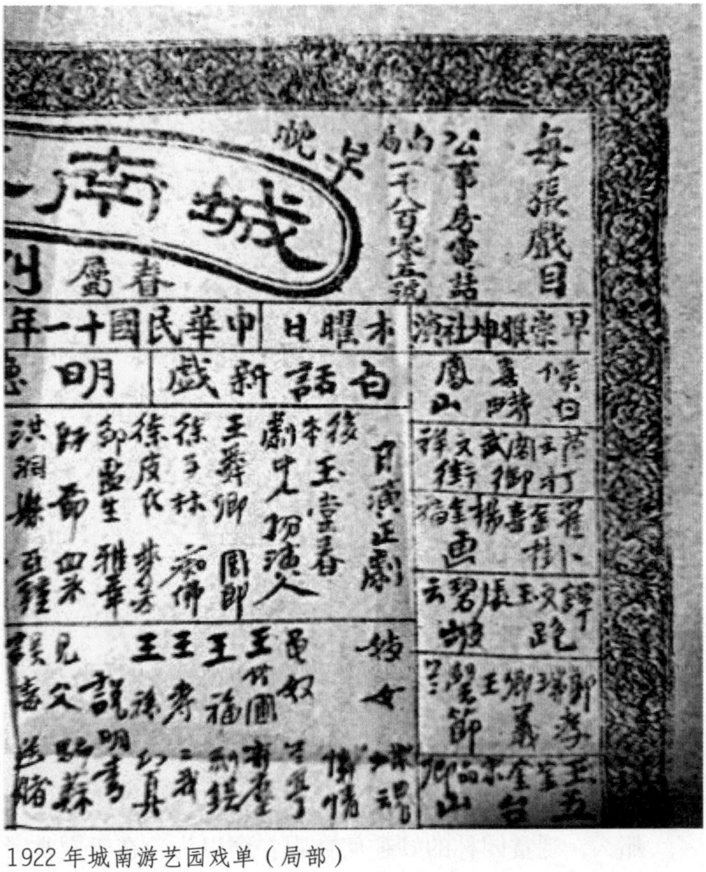
每張戲目
城南
中華民國十一年
木曜日
白話新戲

1922 年城南游艺园戏单（局部）

新闻。游艺园不得不暂时关停整改，自此元气大伤。

1927 年，北京市政府标价变卖先农坛外坛的土地树木，眼看着那些参天古柏、偃地苍松要遭到砍伐的命运，北京市民纷纷出面拦阻，“事始中辍”，但美国学者刘易斯·查尔斯·阿灵顿在《古都旧景》一书中记载，他 20 世纪 30 年代游览先农坛时，这里已经“不再对外开放……院中的大部分古柏被砍，用来做木柴烧了”。1928 年，政权更迭，城南游艺园也随之倒闭。

2018 年，作为北京中轴线申遗已确定的 14 处遗产点之一，先农坛的庆成宫（原斋宫）开始腾退。观耕台下的“一亩三分地”，曾经作为育才学校的操场被长期使用。2018 年底腾退后，文物部门经过考古踏勘恢复了耤田。2019 年春天，这里成了孩子们参与春耕、播种希望的乐园，秋天果然收获了金灿灿的谷穗。这片相当于 866.7 平方米的“一亩三分地”，又恢复了它 100 多年前的模样。

永定门　碧舟泊在天桥南

一些旅游回来的朋友跟我说：“这趟玩得忒累了，什么也没看见，光看人了！”想想也是，如果我们随着熙熙攘攘的人流，摩肩接踵地一路往前“蹭”，一天下来除了腰酸腿疼浑身疲乏之外，估计很难有所收获。

那么，观赏园林的妙趣何在呢？窃以为，在于观赏者那独特的会心的发现，“横看成岭侧成峰，远近高低各不同”。这当然和一个人的学养、经历、年龄、旨趣息息相关，同样是在颐和园的昆明湖上泛舟，或许有人就会想到西湖的苏堤春晓，有人就会想到毛泽东和柳亚子唱和的七律，有人会想到其前身“瓮山泊”，有人会想起“水操学堂”那段历史……当我们来到中轴线南段新建成的永定门公园，其观赏角度也是如此。从微观看，一花一世界，一叶一菩提；从中观看，古寺坛墙，御路碑碣，尽着沧桑；从空中鸟瞰，永定门公园如南来之天舸碧舟，缆系“四面钟”畔，直抵天桥之阳。除了这3个观赏维度，我们还可以联想到，这艘“碧舟”东挽九天星斗之天坛，西牵山川太岁之先农坛，北望正阳紫禁，南观千里京畿。置身“舟”中欣然四顾，岂不踌躇满志，壮阔胸怀！

关于永定门城楼的拆除与复建，已有多家详述，且与园林之题相去甚远，故在此不赘。但是既然是讲永定门公园，那么永定门城楼上那块失而复得的石匾，倒是应该说一说。有意思的是，关于这方石匾如何复得的来龙去脉，出现了至少两个版本，而且一先一后刊登在《北京晚报》和《北京青年报》上。不妨节录于此，供各位读者自行判断。

第一个版本登载在2003年8月21日的《北京晚报》上，是当年跑文物口的记者丁肇文采写的，报道称：“北京市文物古建工程公司总经理李彦成介绍，发现这块消失了多年的石匾额，实属偶然。前儿天，古建公司的一位工作人员在与古建博物馆的行政科长多吉祥聊天时，说起正在寻找永定门历史资料的事儿。在古建博物馆工作了几十年的多吉祥忽然回忆起1990年前后，博物馆的工作人员去地坛公园征集文物时，发现了一块城门匾额，拉回了博物馆，当时为避免石匾遭受风吹雨淋的破坏，就将这块匾扣放到了古建博物馆院内的一棵老柏树下面，上面还盖了一层浮土。这块石匾会不会就是永定门的？古建公司和博物馆的工作人员赶紧到院里的树底下找，将石匾挖出来一看，正是永定门城楼上的石匾额。今天上午，记者在古建公司看到，工作人员正在小心翼翼地拓印石匾上的题字。虽然过了十几年时间，整块石匾保存完好。石匾上的‘永定门’三个字，每个都是半米见方，均为楷体，整块石匾长约2米，宽 0.78 米，厚 0.28 米。民间曾有永定门城楼上的匾额为严嵩所书的说法，查阅资料后发现，永定门虽是明嘉靖三十二年（1553）兴建，但后世北京各城门匾额被多次改动，最后一次应该是民国时期由杭县人邵伯䌹书写。”

第二个版本登载在 2003 年 8 月 22 日的《北京青年报》上，文中称：“据北京古代建筑博物馆资料中心主任关忻介绍：1989 年夏天，他们是从首都博物馆将这块永定门石匾额借回的。但后来因为该石匾额过大过沉，一直没能在博物馆进行展出。考虑到石匾额容易失水风化，为了更好地将它保存起来，关主任和其他几名同事一起，在院内的老柏树旁挖了一个浅坑，小心地将它埋了下去，让有字的一面朝下。关主任说，这是最好的保存方式，十几年下来，匾额上的字迹仍然清晰可见。在永定门石匾额的所有单位——首都博物馆，记者查到了关于这块永定门石匾额的征集记录：这块石匾额制作于明嘉靖三十二年（1553），‘永定门’三个字为楷体，石匾额长 2 米，宽 0.78 米，厚 0.28 米；1962 年从北京大慧寺征集而来，经手人叫方庆瑛，但这块明代石匾额是何时从永定门城楼上摘下，又是怎样到的大慧寺，现在无从知晓了。”

同一件往事，只前后两天，同城两家报纸刊出两种说法，足见记者采访的信息源不一样，得到的答案自然也不尽相同。当然，这也为读者们留下了更多可探究的读趣。

不管来路如何，这块石匾终究没有重新回到永定门城楼上去，而是被送进了博物馆保护起来。取而代之的是一块仿制品石匾，嵌入复建的城楼，倒也算匹敌。

在复建的永定门东北侧，安放着一块体形巨大的中华昆仑玉原石，据说是目前国内最大的昆仑玉原石。昆仑玉因作为2008年北京奥运会奖牌用玉而声名鹊起，永定门下的这块大玉是在新中国成立60年之际，从青海省海拔4300多米的昆仑山上，经过4天长途跋涉运抵北京的。它如同永定门公园这艘“碧舟”上的“压舱石”，静静地矗立于此，祈愿“国运昌盛，平安永定”。

说完这艘绿色大船的“舰号”和“压舱石”，再说说它的整体外形：永定门城楼无疑是它甲板上高大的“桥楼”，“船头”在南纬路，“船尾”在永定门广场，“左右舷”分别抵至天坛与先农坛的坛墙，占地28.5万平方米，南北长1000米，集观光、休闲、集会、教育、展览于一身，仿佛一条永不沉没的“豪华游轮”。

“游轮”的前身，其实就是过去的永定门内大街。明清两朝，从

永定门石匾（现存首都博物馆）

正阳门到永定门这条南中轴线，是皇帝去天坛祭天或到先农坛扶犁的必经之路。清雍正七年（1729），为了皇帝去天坛和先农坛方便，专门修了一条石砌御路。如今，这段宽 9 米的御路呈现在永定门公园的正中央，在园林中起到了对称的平衡作用。这条御路明显区别于两侧的柏油马路：御道由石板铺成，中央青白石板微微拱起，两侧铺着交错咬合的长方形石板，石板上布满了人工凿出的细细凹槽，俯身细看，不同于机器流水线操作，每条凹槽或深或浅不尽相同，“手作”之痕体现了古朴沧桑。在公园北侧的御道天桥段，中央仍然是微微拱起的石板，石板中线沿线可以清晰地看到“北京中轴”字样，复建的汉白玉“天桥”也位于中轴线上。站在中轴线天桥处向北望，正阳门箭楼清晰可见，向南望去，“永定门号碧舟”就在眼前。

上了“船”您就会发现，我之所以称之为“碧舟”，除了其外形轮廓神似以外，它的茂密植被更使之名副其实。“船”上高大的乔木、一人多高的灌木丛、婀娜的鲜花、滴翠的芳草，层层叠叠，密密匝匝，由“甲板”延展到半空，与巍峨的“桥楼”（永定门城楼）融为一体，浑然天成。这座 2004 年建成的“碧舟”，每逢春朝，玉兰鸽舞，丁香沁芳；夏日，槐荫匝地，栾影婆娑；秋天，银杏耀金，玉蝶飞落；冬晨，油松戴雪，玉树琼瑶。金叶女贞围成玉帐，万寿菊花铺就锦地，矮牵牛吹吹打打，一串红摇摇曳曳，金萱草最宜待客，手捧万盏馨香迎送八方游人。

“碧舟”上的园林风景岂止于此？除了“四时不谢之花，八节长青之草”，一方石、一平台、一段墙、一小寺，皆能入画。还记得《牡丹亭》里的【皂罗袍】吗？“原来姹紫嫣红开遍，似这般都付与断

形似绿色大船的永定门公园

井颓垣。良辰美景奈何天，赏心乐事谁家院？朝飞暮卷，云霞翠轩，雨丝风片，烟波画船……”自古园林之赏，在于将心置于其中，则物我一如了。比如公园东北角的福承阁，掩映于花木扶疏之间，自有一番雅趣。公园里设有12个小广场，给不同爱好的游客提供了相对独立的活动空间，这样的人文设计理念体现了平民公园的特点。从御道一路走过来，这些小广场好像一个个“雅间”，供人们打尖儿。公园的西南角也有一组修复的古建观音寺和佑圣寺，与福承阁形成犄角之势，遥相呼应。这也是中国古典园林建筑中的惯常手法。

有关观音寺的历史记载不多，有人考证，该寺建于清光绪二十一年（1895），显然有误。我查阅了《日下旧闻考》，书中记载这座观音寺和永定门离得很近，在先农坛的南边。于明崇祯十四年（1641），由王应魁出资兴建。他还在寺中凿井施茶水，“以济道渴者”。崇祯朝翰林院编修鲁元宠还专门为此撰碣，称赞王应魁的善举。这口井到了清乾隆年间还在使用。在晚清翰林院编修朱一新所著的《京师坊巷志稿》中，对此井亦有记述。由此可见，观音寺的历史已近400年。

原观音寺的南面还有一座佑圣寺，也叫佑圣庵。现在易地重建，向北迁移了几百米，搬到了观音寺的北面、广场西侧。重建的范围包括主殿、二进院南北配殿、油饰彩画、院墙等。据《北京寺庙历史资料》记载：佑圣寺位于永定门内大街11号，建于明万历三十二年（1604），寺内有太子太保吏部尚书李戴撰写的碑文，比观音寺还要早30多年。

2016年10月12日，中国作协主席铁凝等一行作家来到佑圣寺，为“十月文学院”入驻这里志庆揭牌。北京的作家可以来此小住搞创作，文学爱好者们可以经常来此听讲座。游“碧舟”，入古寺，听讲座，谈文艺，半日浮生一乐也。

说到文学这个话题，不由得想起20世纪80年代末，我作为一名

十月文学院（洪春帆提供）

文学小青年和这里的因缘际遇来。那个时候我还在北京一中读高中，每逢周末到东城区细管胡同的“同仁文学院”去上“初级小说班”，授课老师是国家一级作家陈建功。文学院的课程结束后，建功老师就把他在蒲黄榆的住址告诉我，嘱我可以带着习作到家里来谈。那时候我住安内大街前肖家胡同，数次从胡同口上 2 路公交，中途换一次车到永定门外蒲黄榆建功老师家求学。记忆中的永定门内大街，哪有什么“碧舟”，街道不宽，两旁都是矮小的店面，时时尘土飞扬。今登“碧舟”，恍如隔世。

三里河　迤逦东南韵悠长

前门三里河，在“有名有实”和“有名无实”之间，转悠了300多年。眼下一些文章说，“三里河在元朝时已存在，因距丽正门（今前门）三里而得名”，在下觉得此说颇值得商榷。因为从地图上可以一目了然，这段河不是距离前门三里远，而是这段河从前门东河沿开壕口，经北深沟、南深沟、草厂九条、薛家湾，在南北桥湾与金口河旧渠相接，全长大约三里，因而得名“三里河”。说是“河”，其实只是为了泄洪和漕运，从内城南护城河的南岸挑出的一条分水壕沟而已。

据《春明梦余录》记载：“三里河元时名文明河，接通惠河为漕储运道，今铁闸尚存。”《明疏议辑略》中称：“漕运总兵官都督杨茂上言，京城南原有三里河，直通张家湾烟墩桥，自桥往西，疏浚深阔二十余里，却将烟墩木桥改作吊桥，粮船到彼湾泊，可免漂流之患。若将此湾浚深，直至三里河，作平水坝三四截于内，置扁浅剥船，令运船由此盘坝以达京师，岁可省车脚数百万。”这是从三里河的漕运功用上阐明其中的利害。

而《明宪宗实录》说：“正统年间因修城濠作坝蓄水，虑恐雨多水溢，故于正阳桥东南低洼处开通壕口，以泄其水，始有三里河名。”由此判断，三里河的名称应该是从明正统年间开始的。只是到了明末，三里河长期疏于疏浚，河道渐渐消失在人们的视线中，只有下大雨的时候，才在地势低洼的地方汇聚成“河”。

明万历皇帝的外祖父武清侯李伟，曾经把三里河的水，引到自己家的园林里，民间称为“李皇亲新园”。园子里有了水，顿时平添一番情趣。《帝京景物略》记载了这座外戚权贵的园林胜景：“园遂以水胜，可舟游，周廊过亭……其东梅花亭……砌亭朵朵，其为瓣五……镂为门为窗，绘为壁，甃为地，范为器具，皆形以梅。”这就如同一座小型的梅花主题园林，既显营造者的匠心，又显武清侯的财力。明末恭顺侯吴惟英曾应邀到“李皇亲新园”游憩泛舟，临走赠诗一首，其中写道：“环榭依台浑是水，绕花沿柳半为廊。”足见当时园子里的水面还是相当宽阔的。这首诗还有两句“海淀微嫌道路长，背城特地又新庄”，这是什么意思呢？其实，说起这位万历皇帝的老丈杆子，既是个不管底层死活的贪财之辈，又是个迷恋园林的享乐之徒。他是通州漷县人，靠女儿当了皇后生了皇子，一路高升。可不管是“公”还是“侯”，终究是个爵位，不是有实权的官员。所以为了贪财，他特别积极主动地参加一些朝廷事宜，从中捞取油水。据说此人干的最无耻的一件事是，他把给守长城兵丁做棉衣的20万两银子，私吞了15万两，只用了5万两交差，结果冻死了19名长城上的士兵。此事在朝廷传扬开来，这老小子只受到了罚俸的处理。

李伟贪这么多银子干什么用了呢？修园子。在北京，他一共修了3个私家园林，一个是前门外的这个李园，一个是今天阜成门外的钓鱼台国宾馆，还有一个叫清华园，在海淀。后来清康熙皇帝在清华园的旧址上，修建了畅春园。所以吴惟英在诗里说，海淀的园子有点儿远，在城南的三里河旁边，又修了这么个“新庄”。明亡之后，3个李家园子都废弃湮没于世尘了。真应了《桃花扇》里“眼看他起朱楼，眼看他宴宾客，眼看他楼塌了”的唱词。

和李园的命运相似，清初的三里河，大部分河道被填为平地，附近居民便沿故河道建房，逐渐形成多条街巷，其名称多与三里河有

三里河春风习习书屋

关。《日下旧闻考》记载："张爵纪五城坊巷胡同，南城正东坊有西三里河、东三里河、芦苇园，崇南坊则有南河漕、于家湾、递运所、缆竿市，又有三转桥、纪家桥、板桥、双马庄、八里庄、十里河，皆三里河入张家湾故道。"清末时，三里河南段尚遗存部分狭窄的河道，龙须沟便是其中的一段。清宣统以前，沟水较为清澈，到辛亥革命前后，金鱼池以北三里河的水便已干涸，只留下一条很窄的水道，上面架有简易木桥，两侧逐渐成了垃圾场。民国时期变成一条只有两三米宽的臭水沟。当时有很多逃荒逃难来的穷人聚居于此，两岸垃圾成堆，污水横流。民国政府改砌暗沟，只完成了西段。东段从天桥东经金鱼池、红桥折向东南这条沟仍为明沟，垃圾遍地。

新中国刚刚成立时，为改善北京市城市卫生环境，北京市政府决定根治龙须沟。一是将原有沟身填平，改明沟为暗沟；二是修建马路，架设路灯；三是开通公交车，方便居民出行。自此，三里河尚存的部分河道完全消失，直到三里河公园建成，三里河又重新流回到人们的视线中。

新建的三里河公园沿河有 900 米长，位于前门鲜鱼口胡同东面，过了前门东街后开始沿着北芦园和南芦园胡同，迤逦向南。严格地说，只能算是“二里河”啦！但见河道蜿蜒，清澈见底，河中一簇簇的锦鲤穿梭在水草浮萍之间，如同一幅“活过来”的水彩画。“画”里小桥婀娜，曲折的木栈道通向流泉漱玉的“牡丹亭”。一人多高的芦苇丛中，时有蛙鸣，忽然间，水鸟几声清啼，扑棱棱掠过苇尖穿过柳丝飞远了。

岸上同样是“梦中江南”，杨柳轻扬，绿草如茵，水绕庭院，河穿街巷。如今的三里河地区，可以说超越了它历史上任何一个时期。它不仅是前门地区传统城市肌理、斜街的形成之源，更是中轴线历史文脉和园林文化遗存的重要组成部分。

根据新闻媒体的报道，作为古都旧城重要的历史片区，东城区按照“老胡同，新生活”国际一流宜居社区的定位，从 2017 年开始对三里河进行整治与提升。胡同景观整治、市政管线改移、乔木种植、水处理系统改造……经过近 9 个月整治，依据历史河道位置和走向，新三里河重见天日。令人欣喜的是，三里河沿途的江西新建会馆、江西丰城会馆、安徽泾县会馆、福建汀州会馆南馆也得以修葺整饬一新，历史上中轴线附近的会馆文化和独特的胡同文化焕发生机。

新三里河几个湖心岛上，保留了居民院里的百年老香椿树，枝繁叶茂，河边散落放置的石磨盘，都是修河时从地下挖出来的老物件。从胡同老房子拆下来的老砖、门墩、木材、石料，只要有用的，全都保留下来了，连游客脚下踩的石板，都是用老旧石料铺成的。

前门外东三里河公园

改造后的新三里河地区，晨昏晴雨，总有络绎不绝的游人在这里漫步流连，拍照留念。您看，雨后斜阳下的荷花，开得更加娇艳欲滴，三两只蜻蜓在清凉凉的晚风中起起落落，如果不是深树蝉鸣，还以为人已入画了呢。

月亮湾　曲水清辉映正阳

正阳门箭楼前面，过去是正阳桥。桥下一汪碧水，即是北京内城的南护城河。这一地貌在《康熙南巡图》和《乾隆京城全图》中描绘得细致准确。正阳门下的这段护城河，像一弯新月依偎在正阳门箭楼脚下，"月亮湾"的雅号由此得来。

别看"月亮湾"的身量不长，名气可不小，一来它地处内城的南大门前正阳桥下，位置显赫；二来这汪清水源远流长，上游是西直门外长河的水自西而来流入北护城河，下游奔大通桥，流入通惠河，与京杭大运河相连。从理论上讲，您坐一叶扁舟自月亮湾出发，顺流而下，可直抵苏杭。20 世纪 60 年代，北京城市改造，前三门护城河被改成暗河，加了盖，上面盖起了几座大板楼，从此，"月亮湾"有名而无景了。记得 20 年前，我做时政记者跑北京"两会"的时候，还有几位市政协委员写提案，建议拆除前三门大街的那几座大板楼，把内城护城河重新亮出来，恢复沿岸的水景风光。可能是出于规划或是改造成本的考虑吧，这一设想未被采纳。

差强人意的是，2016 年，西城区园林绿化部门在正阳门箭楼西侧的"月亮湾"旧址上，修建了一座小小的月亮湾公园，为北京的中

《康熙南巡图》第十二卷（现存故宫博物院）

轴线增添了一抹园林之美。

月亮湾公园在20世纪90年代是一片简易绿化带，只有普通的草坪和树木，占地9000余平方米。改造后，设计师依照蜿蜒的地形开挖了水槽，象征过去的内城护城河。如今的月亮湾公园，依偎着南侧交通银行旧址、盐业银行旧址，象征着曾经护城河的弯弯水流，“河岸”两侧，不仅有紫罗兰、酢浆草、三色堇等花草，南侧石岸边还有呈现内联升、同仁堂、戴月轩等中华老字号的灰色浮雕，追忆着昔日前门大栅栏一带的繁华景象。在公园西头的一块浮雕上，刻着民国时期的大栅栏规划图，当年大栅栏西头，把口第一家就是“屈臣氏洋药店”。它或许和王府井大街南口的北京饭店一样，是老北京最早的一批外资企业之一。

先进的水循环系统保证了月亮湾公园水景水质清亮、长年不断。在“岸边”还间隔竖立着不少金属柱体，那是生态净尘设备，它们能将水高效雾化后喷洒出来，既能清洁空气又与花草水景相映成趣，而且还不会让近在咫尺的游客感到有水珠打在身上。净尘设备与装置都是在每天早中晚游客最集中的时间循环开放，一时间如烟似雾的水汽飘散开来，周边的花草树木顿添氤氲之美。

其实说到前门“月亮湾”，就不能不提到另外一个地名——“西河沿”。西河沿东起正阳门外西侧上斜街东口，西至顺河三巷，长约1150米，宽约6米。过去内城城壕之南岸，正阳门以西统称“西河沿”，以东称“东河沿”。此段明代称“正阳门外西河沿”，属正西坊，几百年来一直是一条繁华热闹的街道。清初大诗人王士祯曾数次到西

前门外西河沿月亮湾公园

河沿一带闲游，并留下了这样一首清新隽永的七言绝句：“玉河杨柳见飞花，露叶烟条拂狭斜。十五年前曾系马，数株初种不胜鸦。”诗中描绘的旖旎春光，堪比江南，令人神往。

西河沿的商业化高潮，源自1906年建成的京汉火车站（即前门西站）。火车站位于后河沿东口、西河沿的北边，这一带的金融、旅馆、餐饮、货栈和百货业随之鹊起。《燕都丛考》称：“西河沿，与打磨厂相并峙，而街道与商户则较打磨厂为少强，古迹亦较多，但前此则以金店、皮铺为该处之极大商号。现在金店、银店而外，又加以各大旅馆，较之他处旅馆亦似稍胜一筹。”街内的万寿关帝庙，为明代旧刹。庙东侧即为正阳市场，内分肉市、鱼市，各立门户。新中国成立后改为“西河沿菜市场”，成为前门外各大饭庄进料的重要货源地。万寿关帝庙西又有一关帝庙，称粗旗杆庙。再西为正乙祠，又称银号会馆，是在明代古庙的基础上，由浙江商人出资修建的我国历史上第一座整体木结构室内剧场，当年亦是京昆重镇。繁华的西河沿街后来随着西单、王府井等现代商业街区的兴盛，渐渐归于沉寂。

近些年，颐堤港、合生汇等当代时尚购物中心崛起，原有的商业业态被淘汰，正所谓各领风骚几十年。其实无论是人们的审美取向还是对物质生活的追求，每一代人都不尽相同，没有必要动辄唏嘘叹惋“今不如昔”。否则社会何以进步，生活何以向好？每一代人都有可以为之奋斗而且珍惜的东西。如今的西河沿街，也非明日黄花，它又成为游客们追寻北京历史文化遗迹的热门地点。

这几年，在西河沿街的南面又兴起了一片新的网红打卡地——“北京坊”，在此处的民国式胡同和空中四合院里，也能找到园林之

正阳门车站开通纪念——北京的第一列火车

美。北京坊东至珠宝市街，南至廊房二条，西至煤市街，北至西河沿街，保留并延续了廊房头条、廊房二条、门框胡同、三富胡同等重要地脉肌理，最大限度地保护和重塑了本地的历史原貌，整体呈现“一主街、三广场、多胡同”的空间格局。整体建筑风格延续了民国时期建筑特色，通过集群设计，恢复了排子胡同等原有的胡同肌理，实现新老建筑互生共融。置身其中，游人经常会产生一种穿越感。早春的阳光透过薄云洒下来，新店面的落地玻璃墙上，立刻映出不远处的老房子，历史的纵深感自然显露出来。玻璃门一开，一阵浓郁的咖啡香气弥漫了半个院落。早春时节，散落在墙角、垂花门边、石阶旁的一丛丛翠竹开始返青，倚在青砖墙、花木窗前的早樱和粉桃，开出了三两枝花，雅而不媚，细吐清芬。曾经有着“京城商业第一楼”美誉的北京劝业场，修旧如旧，情趣盎然的下沉花园、精巧的水帘瀑布和

北京坊

水天井等特色景观，给人以闹中取静的审美感受。星巴克旗舰店门前用不锈钢材质铸就的假山石岸，在迷人的夜色里，如雪浪，似白云……北京坊的园林设计者，显然受到中国传统美学“境生象外”的影响。至少作为参观者，我发现中国古典园林艺术的含蓄和当代园林艺术的诗意，在这里不经意间得以交融和延展。

岂止于此？北京坊的空中四合院同样趣味盎然。坐在“祖母的厨房”餐厅外的露天餐桌前，意想不到的风景奔入眼帘：蓝天白云之下，北面可以眺望奥林匹克公园的五环玲珑塔，钟楼、鼓楼、景山、北海、紫禁城、天安门等中轴线上的地标建筑和景象，由北向南列阵而来，大气磅礴。扭头西望，新华社大厦赫然在目，若是赶上夕阳时分，西边无边无际的楼宇街衢融汇在金色的余晖里，大城之美尽收眼底。俯首近观，栏杆下斜向西南的煤市街车流人流如织，叫卖声不绝于耳，街对面的八大胡同以平和静谧的姿态封存着数百年的过往。在这样的空中院落，看到不一样的风景，恰恰是中国园林艺术中“借景入园”的妙用。在此用餐，点一份烤薯皮，一份炸鸡柳，一杯啤酒，一盘沙拉，于暮色四合、夜风习习之际，时而刀叉并举，间或骋目四顾，体味岁月之悠，感悟中轴之美。

从北京坊向南400余步，在与杨梅竹斜街相连的樱桃胡同中部，还有一处小巧的口袋公园，名叫“樱桃百花园”，值得涉足玩味。早在明清时期，此地北侧有个花园，因种植各种花草供琉璃窑厂的官员观赏，故名“百花园”。百花园的前身是天陶菜市场，占地面积约1850平方米，聚集着百余商户，大栅栏、东琉璃厂、西琉璃厂的街坊四邻都来这儿买菜。2016年市场拆除后，代之以百花园。园林虽小，景致精微，好像城市里的一个“花插”或者“手把件”，可以怡神养性。一条青砖花边的蜿蜒小路贯穿公园，路两侧有“牡丹台”“片石生情”“涵秀花韵”3处景点，假山叠石、绿廊垂络、拴马桩石竖立，绿树鲜花四处生姿。邻人闲坐，鸟鸣间关，微风吹度，悠然自得。

从早到晚，逛前门大栅栏，转琉璃厂、北京坊的海内外游客络绎不绝，走到这里，一种“人境结庐”的心境油然而生。从他们的镜头后面，就能感觉到他们的艳羡之情。每与游人闲聊至此，胡同里的老爷子往往仰脸一笑。那意思是，此中之乐，给个知县都不换。

第二辑

仙景篇

西安门　盛锡珊绘

太庙观柏　社坛赏花

按照“前朝后寝，左祖右社”的周制，北京中轴线上的核心地带由这坛、庙、宫、廷4部分组成。社稷坛，相当于民间的土地庙；太庙，说白了，就是皇帝家的家庙，相当于老百姓的祠堂；宫，是皇帝一家老小居住的地方；廷，是皇帝和大臣们一起商量国是的地方。概而言之，这里是明清皇帝们拜神、祭祖、议事、家居的基本活动区域。说到园林景观方面，紫禁城的前朝部分似乎没什么可说的，除了一条玉带河、几座内金水桥，三大殿周围连棵树都没有。所以本章内容只涉及太庙、社稷坛和御花园、乾隆花园几部分。

据北京市园林绿化局提供的数字，北京目前有古树名木4万余株，遍布坛庙园林、街巷村镇。北京历代的统治者都强调绿化，因为这里地处华北平原的北部，自然植被远逊于南方，必须依靠植树造林抵御土地沙化，防止水土流失。元世祖忽必烈颁布《农桑之制十四条》，其中规定，每丁岁种桑、枣20株。土性不宜者，可种榆、柳等。同时严饬各级官吏督促实施，如失职或申报不实，按律治罪。不仅催种，而且强调种树的成活率，严惩乱砍滥伐树木。由此可见，这个见惯了“风吹草低见牛羊”，祖祖辈辈生活在蒙古大草原上的游牧民族，出于长治久安和因地制宜，对植树造林园林绿化的重视程度丝毫不逊于中原政权。

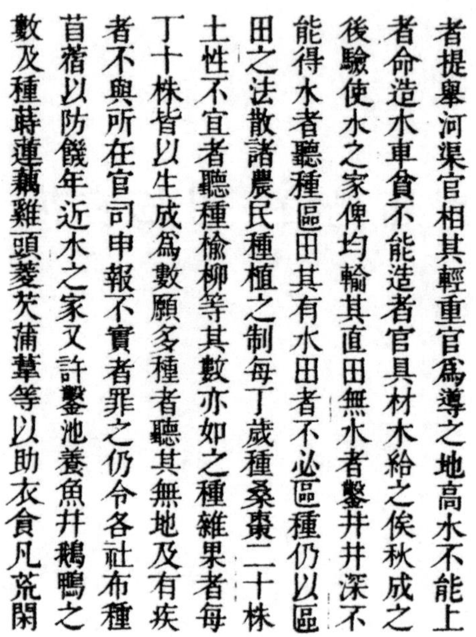
者提舉河渠官相其輕重官爲導之地高水不能上者命造木車貧不能造者官具材木給之俟秋成之後驗使水之家俾均輸其直田無水者鑿井井深不能得水者聽種區田其有水田者不必區種仍以區田之法散諸農民種植之制每丁歲種桑棗二十株土性不宜者聽種榆柳等其數亦如之種雜果者每丁十株皆以生成爲數願多種者聽其無地及有疾者不與所在官司申報不實者罪之仍令各社布種苜蓿以防饑年近水之家又許鑿池養魚幷鵝鴨之數及種蒔蓮藕雞頭菱芡蒲葦等以助衣食凡荒閑

《钦定古今图书集成·经济汇编·食货典》中关于元种树的描述

明永乐皇帝迁都北京后，便提出在坛庙、道路两旁广植树木。为防止元代残兵南扰，永乐皇帝在长城内外植树作为防御敌人的辅助手段。居庸关附近的村民盗伐林木10余株，被查后，“廷杖四十，课以罚金”。他还到太庙亲手种下第一株柏树，且令人“周以为护，时为灌之”。由于看管周到，该树枝叶繁茂，为太庙群柏之首，被尊为“神树”。明代后期在京城内广植行道树，紫禁城四周夹道皆槐树，十步一株。从东华门至景山，夹道也都植有槐树，今景山西街仍留有当时栽植的古槐数株，至今已300多年。崇祯五年（1632）春，皇陵植树千余株，旬月后大多枯死。崇祯皇帝命人彻查，原来是上林苑林衡署（负责皇家果树花木种植机构）的官员在采购树苗时，以次充好，从中贪墨，涉案官员遂被革职查办。仅仅过了 12 年，崇祯十七年（1644）三月十九日，“闯王”李自成攻入北京，崇祯皇帝在煤山东侧的一株古槐（俗称歪脖儿树）上自缢殉国，冥冥之中，似乎逃不脱他与京城古树之间诡谲悲怆的命运安排。

到了清代，康熙皇帝尤其重视河堤上的树木种植。康熙三十七年（1698），康熙皇帝巡视永定河时，特命直隶巡抚于成龙筑新堤以根治永定河水患，广植树木于堤上，以防堤溃并建议多植柳树。为调动永定河沿岸村民植树的积极性，清政府还制定了若干奖励办法，其中有“植木以户为计，凡五十株以上者奖，百株另奖，千株重奖，无一食言”。

雍正二年（1724）二月，雍正皇帝发布一道植树上谕：“舍旁田畔以及荒山旷野，度量土宜，种植树木。桑柘可以饲蚕，枣栗可以佐食，柏桐可以资用。即榛楛杂木，亦足以供炊爨。”上谕中告诫地方官吏要“各体朕拳拳爱民之意，实心奉行”。他还要求对已栽植的树木加以保护：“严禁非时之斧斤，牛羊之践踏，奸徒之盗窃，亦为民利。”乾隆皇帝曾多次巡查京城的树木种植情况，并根据北京地区的气候和土质特点，提倡多植柳树和槐树。清代编纂的《永定河志》记载：乾隆皇帝曾规定河兵每人每年要种柳 100 棵，树苗的规格是“长八尺，径三寸”，要求栽植标准是“惊蛰后地气通，于附堤内外十丈柳隙，刨坑深三尺栽种”。栽后要保浇保活，“不时灌溉，至夏秋之交，点成活树木以七成为率，岁终报部议”。他将植柳经验写成一首五言诗《堤柳》：“堤柳以护堤，宜内不宜外。内则根盘结，御浪堤弗败。外惟徒饰观，水至堤乃坏。此理本易晓，倒置尚有在。而况其精微，莫解亦奚怪。经过命补植，缓急或少赖。治标兹小助，探源斯岂逮。”诗中所论，俨然出自一位深谙护堤种树的行家里手。镌刻此诗的石碑，至今仍立在永定河金门闸东侧南坝台上。据说道光年间，有香山附近村民夜间到静宜园的墙外砍伐林木10余株，被夜巡的八旗护军拿住，随即被送至大牢问罪。细想此事之所以按重罪查办，或许不在村民盗伐几棵树上，而是他们竟敢偷到了皇帝的头上，犯了所谓“大不敬”。

1915年7月，在孙中山的倡议下，民国政府将每年的清明节定为“植树节”。北京也加大了树木的栽种和管理力度，明确了植树及林木看护为警察厅的职责之一。每年春季，由各城区巡警在辖区马路两侧栽植行道树，同时“沿街而巡，以维树木，遇损伤者，轻则训之，重则罚之，不一而论”。1925年1月，北京市政府发布了一份全市行道树的勘察报告，其中提到全市各行道树多属槐树（国槐和刺槐），只有3处的行道树与众不同，而且都在北京中轴线上：一是西黄城根有柳树，二是景山前街有梓树、楸树，三是天安门前有绒花树（合欢树）。侧面体现了北京中轴线沿线园林绿化的独特魅力。

手植柏　传奇风物出永乐

说到明清太庙，咱们先说说太庙外面东北角的一个地方——“沙滩”。据史料载，辽金时期，“沙滩”地处城市东北部的郊野，元明清时期居于皇城之中。官方在清光绪六年（1880）前后正式命名“沙滩”。为什么皇城之中有这么一片“沙滩”呢？

至今众说纷纭，有的认为这是元代以前的古河道留下的历史印记；有的认为是为修皇城堆放沙石材料的地方，故有此名；有的认为是城北的玉河泛滥时泥沙冲积而成；还有的说是挖筒子河时，河道流沙不止；等等。当然，流传最为广泛的一种说法是“永乐换土”。

太庙有700余株古柏，多为明代太庙初建时所植，少数为清代补种，树龄高者达500年以上，低者也有300年以上。在太庙外院琉璃门南侧，有一株著名的“神柏”。相传为太庙始建时明成祖朱棣手植的第一棵树。永乐十八年（1420）太庙初成，园内遍植新柏，可是因为土质不宜，连种两次，均未能成活。后来有经验丰富的园林工匠献策，“摸着石头过河”，将太庙的瘠薄沙土与皇城外东北角的沃土对换一下，然后包裹树根，带土移栽。或许为了开脱责任，还请来“福泽深厚”的永乐皇帝亲自栽下第一棵柏树，万一连皇帝种的都存活不了，也有个说辞。结果歪打正着，这棵树活了！而且一口气活了600年，至今还硬硬朗朗的。明清两朝皇帝入太庙祭祀，都在这棵“神柏”前下辇，步行进入三大殿祭祖。皇城外东北角的“沙滩”也因此得名。

执此看法的人认为，1959年修建人民大会堂时工人们发现，这里的地基都是沉积的沙石，专家们确认为古河道遗址。大会堂与太庙相距不远，因此太庙的土质应该与其大抵相同。而沙滩一带在元代以前属郊野之地，地势开阔，地表土壤会比较肥沃。明初太庙在接连植树不活的情况下，以沙土与别处的表层沃土调换，可能性很大。恰恰沙滩一带在皇城的规划中，没有重要的建筑用地，只是划归御马监管辖，除监署和庙宇外，地上建筑寥寥。从这里调换太庙的沙土，亦属顺理成章。换了土壤的太庙，很快变成了一片“希望的田野”，柏树们坚定了扎根太庙的信心，一棵又一棵，一片又一片，渐渐形成太庙四外柏森森的景象。永乐皇帝不久又参加了一次太庙的春季植树造林活动，他在太庙北侧的筒子河边种下了第二棵柏树。这就是今天我们看到的“明成祖手植柏”，如今已经长成高 13.5 米、树干径围 5.5 米的“巨无霸”，领太庙群柏之首，魁伟遒劲，枝繁叶茂。

太庙的东南角上是传说中明代太子们参差错落地种下的“太子林”，在南墙内侧的空场上也有一片柏林，北侧临筒子河畔和西侧也是古柏竖立。两树之间的间距至少有 5 米，这样的种植方法足够让它们从幼苗长到参天而互不影响。在太庙的“西柏林”中，有一株形单影只、造型独特的古柏，被玉石栏杆围护，尽显殊荣。它的主干向南倾斜，主干前端的上部生长着两大枝干，很像梅花鹿的一对儿大犄角。主干前端有一个横向裂口，酷似鹿的嘴，“鹿唇”的斜上方有一个树眼，恰似梅花鹿的大眼睛，这就是著名的“鹿形柏”。传说有一年，一头即将被献祭的鹿牲，在太庙生了一头小鹿。小鹿命大，被祠祭署里一名孤苦无依的小太监当成玩伴藏起来养着。到了皇家祭祀那天，太庙里鼓乐齐鸣，受了惊的小鹿挣脱绳索，冲撞了銮仪执事，旋即西逃。御前护卫急忙抽弓搭箭射向小鹿。被射中的小鹿幻化成柏树的模样，原本要被大内高手碎尸万段，却被意外出现的一群仙鹤护住身体，应了“鹤鹿同春”的祥瑞之兆，因此被乾隆皇帝赦免，还赐名“鹿回头”。这样因古柏树形而生发出来的民间故事，的确给参观游览增添了一层传奇色彩。当然，这种传说只是一种民间口头文学，而

明成祖手植柏

且不会早于民国时期。因为在 1926 年之前，太庙仍由清室保管，从未对外开放，“鹿形柏”又有几人亲眼得见呢？

太庙里还有一株“柏上柏”，也颇值得一观。“树上树”在全国各地的古树奇观中常见，其形成原因，往往是其他植物的种子，因外力（如风、鸟兽啄食排泄等）落于有腐殖质的树杈树洞内，在适宜的温度、湿度下发芽而成。北京这种“树上树”有 20 株左右。太庙的这株“柏上柏”靠近故宫一侧，位于太庙的西北角。下面是明代建太庙时所植的古柏，粗壮挺拔。上面的“柏上柏”，生在 8 米高的一根斜枝上，是清初“天下大定”后所生。其座枝指向紫禁城午门方向，仿佛预示着清朝承袭明朝宫阙社稷根基稳固之意。为了防止斜枝折断，地上用 3 根铁柱支撑着一个托盘，共同托住这棵天上的“柏上柏”。所以这棵“柏上柏”也是 300 多年树龄的国家一级古树了。另一株“望楼柏”在太庙后部的筒子河旁，它主干上的几个大枝分枝点很低，几乎贴着地面就斜向伸出，条条枝干粗壮雄浑，从大枝间正好可以看见故宫精美的东南角楼，好似把角楼“镶嵌”在由古柏大枝组成的画框中，故而得名“望楼柏”。

太庙的柏林，如同凛然伫立的长者，在红墙黄瓦之间，见过皇家祭祀的威仪，见过风雨飘摇的破败，见过民众游园的欣喜，见过演唱歌会的喧嚣……几百年来，堂皇也罢，卑劣也罢，悲怆也罢，可笑也罢，历史不停地更换着“行头”，不断上演着新场面。只有这些古柏，始终不动声色地冷眼旁观，饱经沧桑而沉静如初。有时，我面对柏林兀自在想，或许夜半时分，人迹不至，它们才会喁喁私语，沙沙作响，只有午夜微风能听得懂它们的心中所感。

井亭山　今古一脉咏流年

在太庙里述说园林小景，似乎有点“放下西瓜聊芝麻”。作为“天下第一宗庙”，讲最高规格的宏大建筑，讲皇家严格的祭祀礼法，讲严谨庄重的空间布局，都是直工直令的内容。讲太庙里的园林小景，莫非就乏善可陈了吗？其实，只要您稍一留神，就会发现被人们熟视无睹的精彩。

先说说太庙里的古井。有人问，既然明永乐年间这里连柏树都种不活，肯定和土质贫瘠、水源缺乏有关，怎么还会有井水呢？

的确，水是园林的灵魂。古人造园，不像现在可以设泵加压调来远水，倘若园中无水，首先绿化就无法实现，其次消防也无计可施，再次园林也缺少灵动的生机。不知您发现没有，太庙至少有 3 口古井，它们几乎都在一条线上，这条“线”，就是从西边的紫禁城里流过来的玉带河。此河从太庙的“仪门”大戟门前流过，门前设 7 座汉白玉石桥，云龙望柱，精美非常。太庙现存的古井，基本都开凿在玉带河沿岸，说明有这条人工河长年累月永不干涸地流过，河床周边涵养了大量水源，经过土层的过滤，清冽的井水自然取之不尽用之不竭。当然，我不是水文专家，只是根据“井水不犯河水”的布局状况，一种书生臆测罢了。

大戟门外东西两侧，各有一座六角黄琉璃瓦盝顶井亭，与太庙的中轴线完全对称。两井亭始建于明代，高 8.55 米，顶部中空，梁架用镏金斗拱承托，亭内正中各有水井一口。井口正对着中空的天宇，古人认为天水落入井中，天地一水，以此奉祀祖先，是为至敬。

两口古井上面都放置了六角汉白玉井圈，只是现在井口已经用水泥封死。这让我想起了 2019 年听著名漫画家李滨声聊起的一段往事。1952 年 10 月，亚洲及太平洋区域和平会议在北京召开前夕，当时市总工会拟在劳动人民文化宫（太庙）大戟门前广场建一高台座的和平鸽雕塑，配合时事宣传。因时间紧找不到接受雕塑建造的单位，就把这个重要任务交给了李滨声。其间遇见一桩突发事件，至今滨老还记忆犹新："那是六、七月间，一天我和李泽田正在东配殿工作，忽然听外边有人喊出事了！有小孩落井了！我俩赶到琉璃门内东首玉带桥的南面，那个六角井亭前已围了不少人。第一时间赶到的是俱乐部工作科的一位青年干部，他不顾个人安危，马上要下井救落水的儿童。因事发突然，什么器械绳索都没有，耽搁了时间。那位青年干部终于

玉带河旁的井亭

下到井下救上来那个孩子，遗憾的是那孩子已经停止了呼吸，围观的人无不动容，那些小伙伴更是一片哭声。我这才看清那位救人的青年干部是宋文成，虽然平时和他没有交往但彼此认识，知道他是个共产党员。”或出于安全考虑古井就此封住，也未可知。

东边这口井，离太庙的牺牲所很近，井水主要是用于清洗“牲牢”。牺牲所由北殿、正门、治牲房、宰牲亭等组成，是皇家祭祀祖先宰杀牲畜、制作牺牲的地方，祭祖所用的牛、羊、猪等（称作“牲牢”）均在此宰杀。宰牲要经过“入涤”“省牲”“宰杀”3个程序。治牲房位于正门内，黄琉璃瓦悬山顶，室内无柱，设有毛血池，是洗涤牲畜及礼部尚书在祭祀前3天省牲之处。

大戟门西侧的古井，离神厨很近，井水主要用于烹制和加工祭品。神厨为黄琉璃瓦单檐悬山顶，面阔五间，进深一间，是制作牺牲等祭品的厨房。内设锅灶，上有天窗，经数百年烟熏火燎，室内屋顶已被熏黑。神厨烹饪时所用之水皆从西井亭井中汲取。

东西两口古井，在用水功能上既有分工又有合作，生熟分开，各司其职。2009年上半年，施工人员在太庙修缮整治的过程中，又发现了一口古井，位于前琉璃门西侧，即现在部三喜烈士雕像的前方不远处，在玉带河的南侧，离西边的六角井亭很近。有专家分析，这古井之水可能是太庙擦拭保洁、洒扫庭除之用。

说完玉带河边上的古井，咱们再聊聊玉带河上的古桥。玉带河从太庙的大戟门前流过，宛如玉带，河上的7座石桥，是皇帝和王公大臣们祭祖的必经之路。明代的玉带桥下并没有水，是象征性的河流，而且桥上也没有栏杆。清乾隆二十三年（1758），乾隆皇帝下令设立内务府总理工程处，负责勘测，设计，修建宫殿、苑囿、热河行宫等。乾隆二十五年（1760），太庙得以全面修缮，新开了寝殿通往祧庙的东西两个侧门。乾隆皇帝告祭太庙时发现，长处越长，其短处显得越短，太庙越是恢宏肃穆，大戟门前的玉带河越是显得寒酸简陋：一是河中无水，是干沟；二是桥上无栏杆，既不安全又不美观。他当即下旨引金水河水入玉带河。乾隆二十八年（1763），又将玉带河上7座桥的26块汉白玉栏板和望柱进行拆改，增加了288块栏板和望柱，增建了两座水闸，使玉带河暖季流水充盈，玉带桥因有水增加了灵气而愈加美丽。

如果您从太庙东门进来左转，会发现那里竟然有一片富有诗情画意的假山池沼、茂林修竹。转到靠近故宫的西侧红墙之下，西南角也有一片假山，尽管不如东侧的假山层次丰富，但同样在太庙里显得风格迥异，特立独行。

太庙是皇家祭祀祖先的重地，本身没有任何供人游玩赏乐的功能，因此它的布局、建筑、设施、植被，都对应的是其神祇作用。令人奇怪的是，在太庙的东西两侧，竟然修了两座玲珑剔透的假山，这是怎么回事儿呢？

原来这两座假山并非与太庙共生的产物，而是根据太庙功能的改变，后来增添的。它的历史不过七十来年。众所周知，1924年，太庙被辟为和平公园，其奉祀功能废除，赋予了民众游览休憩的新功能。而1914年在皇城南墙上开凿的太庙“南门”，此时也顺理成章地成了和平公园的正门，也就是今天劳动人民文化宫的南门。1928年，北伐结束，东北易帜，国家统一不久，和平公园划归国民政府内

太庙

政部管辖。1931 年，由故宫博物院接管，称“太庙分院”，拟重新向游人开放。1932 年的《中华》图画杂志上，北平著名摄影师李尧生发表了一组“北平太庙开放纪事”的摄影照片：“故宫博物院太庙分院，北伐军克复北平后，曾开放一次，旋以票价过昂，游人裹足，不久即停闭。近以东三省沦陷，关外居民，相率逃入平津，各公共场所，游人陡增，遂又计划开放。十月八日，即开放之第一日也。庙门内东侧树林中，有灰鹤数头，盖久无人居，境殊幽胜，乃为鹤所栖。”可见此时的“太庙分院”，已经成为关外难民避难的场所了。不知那些供奉在大殿里的清代帝王，看了满院子从白山黑水的家乡，仓皇入庙逃到眼前来的子民作何感想。难民久住，这里又渐渐成了地摊市场，躲清静的灰鹤也跑到他处去了。“民国四公子”之一的张伯驹曾在其《竹枝词》中写道：“登场百货各争标，太庙翻成市井嚣。野鹤不知人世改，将雏相避远离巢。”他自注云：“时于太庙陈列百货，竞相买卖，庙东侧古柏上向有鹤巢，因畏嘈杂避去。”

太庙灰鹤向来有名，“鹿形柏”的传说就与灰鹤有关。清末学者瓜尔佳·唐晏（震钧）在《天咫偶闻》中记载：“太庙中多灰鹤，社坛中多蛇，天坛产益母草。此皆地秀所钟，聚于一处。一墙之限，外此求之不得，足异也。庙社之中，宫鸦满树。每日晨飞出城求食，薄暮始返，结阵如云，不下千万，都人呼为寒鸦。往往民家学塾以为散学之候。”据说和平公园开放后，东南侧的树林外还立有“鹤喜静，请勿恫吓”的提示牌，足见几百年来灰鹤是这里的常住户，园方觉得理应保护。只是离乱年间，人尚且苟活，流离失所，逃难他乡，灰鹤又岂能独享岁月静好？

新中国成立之初，荒废几十年的太庙早已破败不堪，殿庑荒草覆顶，园中蓬蒿腰深，从清末起堆了几十年的垃圾山高及红墙黄瓦，恶臭难闻……中共北京市委文委书记李伯钊建议，参照苏联模式建立工

太庙花园

人文化宫，作为全市职工群众文化活动的阵地。经北京市总工会主席萧明和全国总工会副主席李立三向政务院请示，在周恩来总理的主持下，政务院第一次会议批准，将原本隶属于故宫博物院的太庙转拨给北京市政府，拨 405143 斤小米作为筹备经费。

太庙东面的垃圾堆彻底清除后，园方又从西城区太平胡同 10 号请来了清代“山子张”的后人张蔚庭，在此挖池沼，造假山，植花木，建亭台，焕然一新，景色宜人。这才是太庙里假山的由来。

假山，老北京过去也叫“山子”，堆假山的师傅又叫“山子匠”。

我国有“山子张”和“山石韩”两大流派，都是为皇家园囿和达官贵人的私邸宅院营造园林山水，称为“北张南韩”。“山石韩”诞生于清晚期，久战江南，第一代传人叫韩恒生，第二代叫韩步本，也是父子家传，克绍箕裘，专攻假山叠造。民国年间，苏沪一带许多私家花园都是请韩步本手造叠山。直到改革开放后，“山石韩”才到北京发展，钓鱼台国宾馆、日坛公园、香山饭店的假山营造，北海公园静心斋、恭王府花园等处的假山修复，都留下了他们的聪明才智。

“山子张”的第一代传人叫张南垣，《清史稿》中称之为“山石张”。“山子张”家族参与了清初近百年皇家园林的造园叠山，其中以第二代传人张然为主。张南垣之子张然于清康熙初年为北京冯溥建万柳堂，为王熙改建怡园，并作为第一个从民间被征召来主持建造宫苑的造园叠山大师，参与到皇家瀛台、静明园以及畅春园的叠山造园之中。尔后众多王公大臣也竞相邀请张然为其叠山造园。张然“供奉内廷”达 30 余年，后其子孙继续从事皇家园林的营造。张然之子张淑为第三代“山子张”。“山子张”的山石堆叠造型有十大手法，即

“安、接、挎、悬、斗、卡、连、垂、剑、拼”，法自然，入情理，出意料，不以孤石为能，注重整体效果。自乾隆之后，清室衰颓，造园乏力，“山子张”造园叠山绝艺渐成屠龙之术。

给太庙造假山、池沼的张蔚庭，生于清末，民国年间除为北平的一些公园叠山之外，兼营瓦作以及花园竹篱、漏窗铺地等生意。他曾在西单南栅栏大街租了个门脸儿，卖上水石，创作盆景，聊以维持生计。新中国成立后，张蔚庭的手艺终于有了用武之地，先是太庙东南角的园中园和西南角的山景，后是社稷坛西门北路的攒山，都是他的杰作。1959 年，钓鱼台国宾馆要进行叠石理水掇山，张蔚庭主持新建和修复的景点达 30 多处，包括西南角年久失修的钓鱼台遗址，这成为张蔚庭的山石代表之作。1978 年，老人在北京故去，“山子张”遂成绝响。太庙里的两座假山，给中轴线上的这片建筑留下了难得的园林之美和山水灵气。置身其中，不亦幸哉？

社稷坛　国之公园自此来

从太庙西行，穿午门广场，就到了中轴线西侧的中山公园（社稷坛，建成时名为“中央公园”）。此前，中国只有皇家御苑和私家花园，没有供民众休憩的“公园”。清同治七年（1868），上海建成的“外滩公园”，只接待洋人游玩，其“入园规则”的第五条规定：“除洋人之佣人外，其余华人均不得入内。”因此算不上真正意义上的国民公园。

1913 年 4 月的一天，时任交通总长的朱启钤再次走进多年前到过的社稷坛，发现这里“遍地榛莽，间种苜蓿，以饲羊豕，其西南部

1940 年社稷坛旧影

分则为坛户饲养牛羊及他种畜类，渤溲凌杂，尤为荒秽不堪”，悲怆满怀，不能自已。社稷坛古代是祭祀社神和稷神的地方，“社”是土地，“稷”是五谷，社稷代表着土地和收成。社稷坛呈正方形，三层平台由汉白玉砌成，坛上铺“中黄、东青、南红、西白、北黑”五色国土，象征着“普天之下，莫非王土”。坛台正中央处立有一方形石柱，称为“社主石”或“江山石”，上尖下方，寓意“江山永固，社稷长存”。为什么要按五个方位选取五种颜色的土壤呢？在中华传统文化中，天数中“九”最大，地数中“五”最大。在各个领域中，都存在着五个基本元素，“五”代表的是全部，涵盖大地上的一切。五种颜色代表金、木、水、火、土五行，也代表西、东、北、南、中五方。古人认为，五个方位又与五方尊崇的神物结合：东方尊太昊，辅佐为木神；南方尊炎帝，辅佐为火神；西方尊少昊，辅佐为金神；北方尊颛顼，辅佐为水神；正中尊黄帝，辅佐为土神。明清时期，每逢大祭举行之前，都要将坛面上的土进行更换。明代从河南取黄色的土；从浙江、福建、两广地区取红色的土；从江西、湖广、陕西取白色的土；从山东取青色的土；从北京取黑色的土。从全国300多个县，各取土百斤，从四面八方运往京城。清代的黑土，则改由关外采取。“文化大革命”时，五色土全部改为黄土，用来种棉花，“文化大革命”结束后才恢复了原貌。如今，社稷坛的五色土采自云南红土、黑龙江黑土、甘肃敦煌白土、黄土高原黄土以及四川盆地的赤土。

朱启钤

那么，社稷坛上的五色土究竟有多厚呢？据记载，社稷坛上的五色土在明弘治五年（1492）以前厚二寸四分，弘治五年时，弘治皇帝将其改为一寸，后皆遵此制。每年春秋仲月上戊日，皇帝都要亲自到社稷坛祭祀社神和稷神，祭祀前要由顺天府负责更换新土。自明永乐十九年（1421）至清宣统三年（1911），明清两代皇帝在这里共举行过1300余次祭祀活动。帝制既终，社稷归民，祭坛随之荒废。

前面提到的朱启钤，字桂辛，号蠖公，贵州开阳人。我第一次听说这个名字是在1994年秋天。当时我刚参加工作不久，作为北京文联《北京纪事》杂志的编辑，到新文化街叶祖孚处约稿。叶老是上海人，青年时期到北京求学，是燕京大学的高才生，后成为中共地下党员。新中国成立后，他曾任前门区政府秘书长等职务，晚年任北京市政协的副秘书长兼文史委员会主任。叶老那天赠我一本书，名叫《蠖公纪事》。请教了叶老，我才知道书名上那个不认识的字，音同“或”，是小虫的意思。可为什么封面上那位胸前挂满勋章的先生，给自己取这么个“号”，当时还真闹不懂。叶老告诉我，朱启钤曾任民国代总理，赞襄过袁世凯称帝，开辟了中国第一座公园，保护了北戴河别墅区，拒绝了日伪政权的任职……是个复杂而有争议的人物。他不同于一般的政客，他还是民国时期著名的实业家和古建筑学家，中国营造学社就是他创建的。所以说起中山公园，必须提到朱启钤。

离开社稷坛数月后，朱启钤改任内务总长兼京都市政公所督办。1914 年春，他促成了一宗世所罕见的“交易”。当时热河行宫运来一批文物和 44 头山鹿，无处安置。朱启钤觉得这是个好时机，就向民国政府提议和清室交涉，按照《清室优待条件》的规定，清室本该移居颐和园，可是溥仪家当太多，暂时不便移居，还住故宫。但双方议定除太庙外，清室把三大殿以南包括社稷坛的地方让出来，划归民国政府管辖。清室人员改由北面的神武门出入。这个想法很快得到了民国政府的批准和清室的同意。

为什么朱启钤想把北京的第一座公园定在社稷坛呢？他觉得社稷坛“地址恢阔，殿宇崔嵬，且近接国门，后邻御河，处内外城之中央，交通綦为便利”，是开辟公园的不二之选。不过根据《清室优待条件》，当时社稷坛还归清皇室所有。

1914 年秋冬时节，在人力、财力不足的情况下，朱启钤得到了步兵统领江朝宗的支持。江朝宗派工兵营全营出动，几百名健勇在社稷坛披荆斩棘，锄镐并举，仅用 10 天就将鼠洞蛇窟，一扫而尽，荒草榛莽，悉数根除，还在南面的皇城城墙上辟出一座园门，为了审美对称，也在天安门东侧的太庙南墙上辟出一座暂不投入使用的园门。其实这已不是朱启钤第一次拆皇城的城墙改造古城了。1912年，袁世凯把总统府搬进中南海。在朱启钤的主持下，中南海的宝月楼被改造成总统府的正门，名为“新华门”。为了方便出入，宝月楼前原有的一段皇城城墙和楼外的清真寺被拆除，楼下辟为车道。为了挡住路南的破烂民居，朱启钤在路南侧修筑了一道花墙，至今仍在。

公园草创之初，只能因陋就简，在社稷坛内“安了几处木篱，安了无数的电灯，西面土山子上修建了一座圆式单亭，往北建筑一座日式小亭，再往北又盖了一座长方草亭”，大致有了点儿公园的模样。

中央公园门口

1914年10月10日，朱启钤决定改“社稷坛”之名为“中央公园”（即今天的中山公园），试行开放30天。自此中国历史上第一座“公园”，以“中央公园”之名，正式接待游人参观。

公园开放之时，为安全起见，朱启钤特意函请京师警察厅的大批警员来维持治安，并通知京城各方面的“水会”来备不时之需。10月10日当天，中央公园里聚集了200多名穿黑色警服和扎白色绑腿的警员，外加20多家水会的席棚，每家水会的消防员都穿着胸前背后印着“水”字的号坎儿，守着几十口贮满清水、一字排开的“太平缸”，随时准备取水灭火。这阵仗，成了那天游客们认为最有意思的“景致”。公园东门内有一条通往拜殿的御道，这是昔日只有皇帝才能走的路，如今大家都上去感受了一下帝制废除后，国民自由平等的待遇。中国人的第一座公园，就是拿皇家的祭坛改造的，这是100多年前人们反对专制独裁最好的明证。

为了建设好中央公园，朱启钤可谓殚精竭虑，一方面通过成立董事会筹措资金，他和段祺瑞、汤化龙等人带头捐款，他自己一个人就捐了大洋1000元，在各界贤达的共同努力下，仅仅半年就募款4万余元，市政公所又补助建园经费1.32万元，这在当时可是一笔巨款。“担负公园各部经营治事之董事均属纯义务行为，不取任何薪水及补贴”。朱启钤还在社稷坛南坛门外东侧找了3间破旧的北房，稍作清理后作为专务建园事宜的“办公室”，取名“一息斋”，取“一息尚存，不容稍懈”之意以自励。无论国事多忙，他都坚持每天来此工作一段时间。兴建中央公园的同时，朱启钤也在主持改建正阳门工程，他决定拆除大清门内的千步廊，用拆下来的木料修建中央公园内的长

1900 年大清门内的千步廊

长廊（1924 年建过厅长廊，1931 年建油饰长廊）

廊。尽管因此招来非议，可他认准的道儿，就一直走下去：除了保留并维修五色土坛、殿堂、墙垣等古建筑外，还对园中数百株古柏逐一登记造册，妥善管理，广植花木；又从清河镇运来了300车云片石，在西坛门外堆土山建茅亭，“引渠为池，累土为山，花坞水榭，映带左右，有水木明瑟之胜”。清室从热河行宫运来的44头山鹿，放养在外坛西侧，也成了一处动物景观。

此外，各界赠送给中央公园的花鸟，也甚为丰富，有朝鲜釜山送来的金带围芍药花、金潜庵赠的太平花、极乐寺赠的文官花、刘千里赠的昙花、徐董事赠的桧树、乐咏西等赠的孔雀、故宫赠的鹦鹉等。此外，几年间在园内栽种700多棵丁香树、30余畦牡丹、3000余株芍药、4000多盆菊花，以及几百株桃、杏、海棠、梅、藤萝等观赏植物。到20世纪30年代中期统计，共植树7000余株、盆栽花木8000余个，还养殖禽类100只、金鱼1000尾，另外还收有名人字画90幅。中央公园在百余名员工的齐心努力下初具规模，非议早已止于公园的盛况，各界舆论齐赞蠖公的“首善之举”。

中央公园的游览项目堪称摩登而富有创意：外坛东门内驰道之南设立的“行健会”，是北京最早的民间体育组织。名称源自《易经》“天行健，君子以自强不息”之意，始建于1915年5月。开始由公园董事长朱启钤和董事曾叔度、张仲仁提议设立。行健会设有棋、球、投壶、阅报室，室外设网球场2个、射圃1处，供游人使用。行健会实行会员制，会员交一定数目的会费即可参加一切体育活动。1928年前后为最盛时期，有会员数百人，著名京剧表演艺术家程艳秋、金少山、叶盛兰经常来此打太极拳。会员还组织了网球、篮球、足球代表队，与欧美同学会等代表队比赛。行健会前后开办了35年，1950年停办。

陈列着各种医学标本的“卫生陈列所”，是北京最早的群众防病知识宣传阵地。该所成立于1915年，展品分为衣服卫生、饮食卫生、居住卫生、儿童卫生、卫生常识、胎生、花柳病、肺痨、传染病、医药共10组。在社稷坛西南角（神库）内陈列各种实物、标本等，对社会公众开放。该所1933年隶属北平市卫生处，1950年批准扩大为卫生教育馆。另外，来今雨轩、绘影楼、春明馆等新式茶座不仅卖茶，还卖咖啡、冰淇淋、柠檬水、橘子水、咖喱饺等，新鲜时尚；格言亭、喷水池等，也是中西合璧的匠心之作；儿童体育场、溜冰场乃至高尔夫球场等健身场所相继开设，成了青少年热衷的“打卡地”。为了保护来之不易的公园环境，朱启钤还在其《一息斋记》中表明心迹：“南有乔木，勿剪勿拜。往来行言，以近有德。民亦劳止，迄可小息。惠此京师，以永终誉。”当时曾有人把园中景点特色做了一番幽默的总结：来今雨轩是会客厅，政界要人公务之余在此会面餐叙，名士教授亦常涉足其间；长美轩是五方元音，茶座客多人杂，饭菜可口，物美价廉；春明馆是老人堂，情调不可为外人道，仅是座间的聊天闲叙，就能让年轻人长进学问；柏斯馨是青年会，年轻人溜冰跳舞，喝汽水，吃咖喱饺，交际中谈情说爱。

民国初期，圆明园遗址内尚有不少珍贵的遗物，比如著名的“兰亭八柱”，上面刻有乾隆皇帝收集的前朝书法家和他本人临摹的《兰亭集序》和《兰亭诗》，朱启钤怕这些历经劫难的国宝再遭劫祸，专门遣人将它们移置中央公园。兵部街鸿胪寺里的习礼亭也拆了落架，整体搬迁到中央公园靠中轴线西南一点的地方。清代宫苑中的青莲朵等名石，同期移入园中。1918 年，从河北省大名县搬来了千年古刹的一对蹲坐式石狮。这对石狮是河北大名镇守使王怀庆和统领李阶平捐献的。两个石狮重 8800 余斤，用牛车运至北京中央公园，立于南坛外，昂首挺立，雄俊有神。1956 年，经北京市文物组专家鉴定，认为可能是宋代作品，距今已有千年历史。1966 年“文化大革命”中，公园职工为了保护这对千年石狮，就地挖坑掩藏，直到 1971 年才挖出来，置于南坛门外。朱启钤还在公园南侧建了格言亭。八角形的格言亭完全仿西洋式建筑，后来给“公理战胜坊”腾地儿，整体挪到了中山公园东北部，至今还在。“文化大革命”中，红卫兵把格言亭里孔子、孟子、子思、岳飞、王阳明的 8 条格言都磨掉了。

值得一提的是，社稷坛北面的大殿，在 100 多年前曾作为图书馆向公众开放过，促成此事的人，是鲁迅。1916 年，鲁迅到中央公园游览，当转到后戟殿时，他发现此处是绝佳的图书馆之所。于是，他代表教育部与中央公园交涉，商洽在中央公园内开设图书馆事宜。1916 年 9 月，教育部拟就中央公园附设通俗图书馆，呈文称:“各国通例，恒于公园中附设图书馆、教育博物馆等，使一般国民于藏修游息之际，无形自然之中，得增进其常识，涵养其性情……本部有鉴于此，拟就园中社稷坛大殿二重附设通俗图书馆及教育博物馆。”此后经鲁迅与中央公园等多次协商，最终确定以社稷坛大殿后的二重殿 5 大间和平房 7 间为馆舍。因条件限制，设立一所正式通俗图书馆的计划未能达成，暂定名为“中央公园图书阅览所”，并于 1917 年 8 月举行典礼，对外开放阅览。中央公园图书阅览所开馆时，鲁迅冒雨参加了典礼。

立于南坛门外的宋代石狮

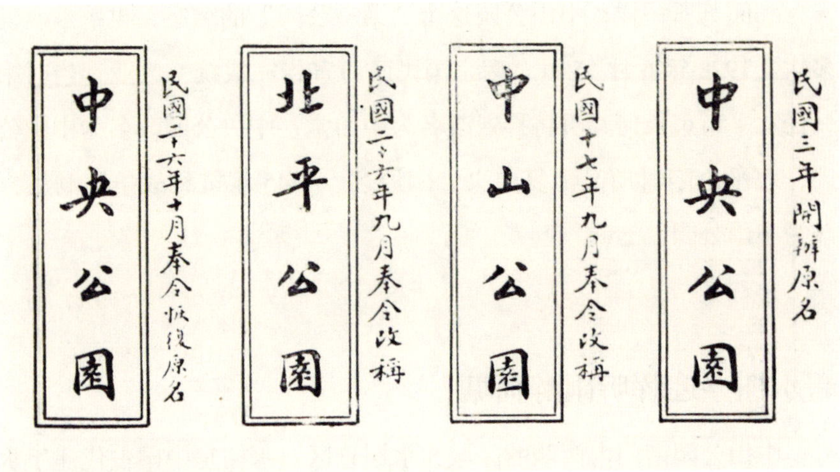

中山公园名称曾数度更改

中央公园图书阅览所创办之初，主要以征集和社会捐赠为主。为广征各类图书报刊资料，中央公园图书阅览所致函各单位，“惟事在创始，所有图书必须广为搜集，庶可以壮储阅……奉恳慨捐全份并按期惠寄，以博阅览而扬美风。则本所及阅览人均受益良多矣”。此函发后，应者如云，加上采购来的图书，开馆一年后馆藏图书已初具规模，藏有古今图书 4000 余册、中外报章 50 余种。到了 1926 年，中央公园图书阅览所改名为“京师第三普通图书馆”，后又数易其名。抗日战争胜利后，北平市政府恢复馆名为“北平市中山图书馆”。1946 年 2 月，北平市中山图书馆并入北平市立图书馆，称为“北平市立图书馆分馆”，馆址仍设在中山公园社稷坛。新中国成立后，该馆与北平市立图书馆一起迁入国子监，成为首都图书馆。因此如今首都图书馆里的部分图书，是来自原中央公园图书阅览所的。

和阅览所一样，中山公园这个“第一公园”的名字，也曾被改动多次。1928 年 6 月 15 日，南京国民政府宣告完成统一大业，当时第一任北平市市长何其巩将拜殿改名为中山堂，中央公园改名为中山公园，北平沦陷时期又恢复中央公园原名，1945 年抗日战争胜利后再改为中山公园。

碧水榭　迎晖听雨醉荷塘

中山公园南门内西侧的区域为水榭景区。水榭是中国古代建于水边的观景建筑。战国时建于高台之上的敞屋原被称为“榭”。榭从射，有军事建筑的意义，也有观赏的作用。秦汉时期的文献中多有“高台榭、美宫室”“层台累榭”的记载。魏晋以后，随着高台建筑的消失，建于高台的榭就移到了花间水际，成为园林中供人休憩的场所了。

园林中的水榭多从驳岸探出半个身子来，以立柱架于水上，建筑多为单层、平面或方形或长方形，结构轻巧，四面开敞，视野豁然。临水的一面，常设坐凳栏杆和弓形靠背，称为飞来椅和美人靠，供人凭栏侧坐，斜观水面风光，有入画之美。

据史料记载，中山公园的水榭建于 1916 年夏秋之间，由织女桥引水入园，在唐花坞前一片荷塘南岸建起北厅 3 间，东西厅各建 3 间，环厅内外建游廊，均为砖木结构，卷棚筒瓦屋面。南面建垂花门一座，左右筑花墙，独成一处庭院。北厅地基一半坐于水中，有地下室 2 间，北半部环厅游廊以水泥柱墩支架于水面之上，为三合院式水榭。1928 年春，将南面垂花门及花墙拆除，增建南厅 5 间，歇山式灰瓦顶，砖木结构，内外走廊，四面厅房与廊连接，扩建工程于1928年10月竣工，建筑面积818.7平方米。外廊南面沿廊柱设坐凳，东、西、北三面沿外廊柱设靠栏坐凳。原公园董事恽宝惠曾手书“水榭”匾额，现已摘除。由水榭向西侧是一座用山石堆就的小山，小山东面山脚下有六角亭一座，单檐攒尖，水泥地面，柏木为柱，紧邻山腰朝阳的山坳处，坐西朝东，取名为“迎晖亭”。沿石阶而下，一座

中山公园四宜轩

青石桥与小岛相连，此桥取名为“听雨桥”。小岛上建有一座“工”字形建筑，称四宜轩。“四宜”寓意春花夏风秋月冬雪，一年四季皆宜游赏。四宜轩原有房舍 4 间，砖木结构，硬山黑瓦顶。1919 年夏改建时与后檐衔接横建房屋 3 间，整组建筑面积 38.2 平方米。据朱启钤讲，建园时此处供奉关帝，故称关帝庙，原供神像 6 尊，关云长面西坐在中央，周仓站在近侧，下边侍立左右的是其部将关平、赵累、王甫、廖化。

水榭建成后，经常在这里举行画展。1935 年，水榭举办了轰动北平的张大千个人画展。意气风发的张大千在此邂逅了北平的京韵大鼓名角杨宛君，后来杨小姐成了他的三夫人。民国时期，水榭一年到

1928 年湖社画会会员留影，该画会曾多次在中山公园举办画展

碧水榭（程功提供）

头不断举行个人画展、协会画展。1947 年，水榭还承办了一次大型的北平画家联合画展。1949 年以后，中山公园水榭还经常举办画展。据著名文化学者赵珩回忆，他小时候经常在水榭看画展，不但有中国画展，也有西洋画展。水榭举办的最后一次画展是 1966 年 3 月“德国五百年名画展”，其中还有丢勒的作品，因此记得特别清楚。“我那会儿上高中，利用中午时间在中山公园瑞珍厚吃了午饭，一个人去看‘德国五百年名画展’。3 月中旬春寒料峭，中山公园一个游人也没有，水榭没有暖气，冷得不得了，寒气彻骨，印象非常深刻。”20 世纪 80 年代，各公园出租情况日见其多，中山公园也不例外。记忆中北京文学杂志社就曾在水榭长期租住办公。当然，在这样景色怡人的环境里编辑文学稿件，与作家、作者修改作品谈选题，是一桩极风雅、超惬意的美事。我在六部口文联本部的北京纪事杂志社工作的时候，一想到此就深羡不已。

2004年9月17日，中山公园水榭风景区经过大修“美容”，再次向广大游客开放。这次水榭工程耗资150万元，历时近8个月，是中山公园建园以来最大规模的一次水榭景观改造。改造后的水榭风景区由四宜轩、迎晖亭、听雨桥、绘月石和湖心岛等组成，其中改造重点是重新堆叠景点的山石。现在杂石全部被搬走，选用质地好、造型美的房山石，让游客感受到“横看成岭侧成峰，远近高低各不同”的审美效果。

唐花坞 姹紫嫣红一百春

说到社稷坛，它与天坛、太庙、紫禁城“同庚”，都是600岁的“寿星老儿”。可是社稷坛里的柏树，却比其他几位“同龄”的树木要古老得多。因为社稷坛所在的地方，在唐代，曾是幽州城东北郊的一座古刹，辽代又扩建为兴国寺，元代被圈入大都城内，改名为万寿兴国寺。明永乐皇帝迁都北京后，在此基础上建起了社稷坛，是明清两代皇帝每年春秋仲月上戊日祭太社和太稷的场所。这样算下来，社稷坛里的古柏，年龄最大的已经上千岁了，是真正的“千岁千岁千千岁”。

这样的“千岁柏”在中山公园内共有7株，一字排列在社稷坛南侧红墙外，西边2株，东边5株。这7株参天辽柏，蓊蓊郁郁、遒劲挺拔，树冠高达20多米，盘曲苍虬的胸径有6米多，人称“中山辽柏”或“七柏”。7株古柏中最粗的那株位于石狮子东侧，4个成年人手牵手才能勉强合抱过来。东侧5株古柏当中还有一株与紫藤伴生，据园内工作人员介绍，由于年岁久远，这株古树一半枯死，另一半仍正常生长，后人不忍心将枯死的一半伐去，就将一棵紫藤种在附近。现如今，紫藤也已经生长近百年，粗大的藤条攀缘而上，每年4月都开满紫色的花朵。还有一株古柏，树干紧紧倚靠着旁边的太湖石，树石相伴，形影不离。

距离7株古柏不远的南坛墙东侧，还有一处“古柏奇观”，那就是著名的“槐柏合抱”。500多年的古柏中间硬怀抱着一株200多年的槐树，不仔细辨认，看不出哪是槐树哪是侧柏。由于这株槐树比柏树长得高，从远处看，细小的槐树枝条就像是为柏树撑起的一把绿伞。明清时期种植的柏树，至今还有600余株存活，肃穆苍郁，气象森然。

古柏林的南面，水榭的北边，有座精巧玲珑飞燕展翅形状的建筑——唐花坞。它背靠三面临水的水榭，附近长廊曲折，假山莲池，幽径芳林，景色宜人。其中间为八角亭式结构建筑，两旁为玻璃暖房，朱漆绿瓦，蓝色亭檐，明艳亮丽。

唐花，又称“堂花”，指的是室内栽培的花卉。《燕京岁时记·唐花》载：“凡卖花者，谓熏治之花为唐花。每至新年，互相馈赠。牡丹呈艳，金橘垂黄，满座芬芳，温香扑鼻，三春艳冶，尽在一堂。故又谓之堂花也。”明清时期过年，北京人用新开的唐花互相馈赠，足见当时温室栽培花卉技术的成熟。明代刘侗的《帝京景物略》对此有记载：“草桥惟冬花，支尽三季之种，坏土窖藏之，蕴火坑晅之。十月中旬，牡丹已进御矣。元旦，进椿芽、黄瓜。”意思是说，草桥出产冬花，剪尽春、夏、秋三季开花的花木的枝条，藏在土窖里，再用火坑加温。十月中旬，牡丹花就能够进贡宫中了。大年初一，就能

槐柏合抱

进贡椿芽和黄瓜。提供新鲜花卉的主要种植园有两处，一处在丰台，另一处在草桥。在这些地方，很多花农用的正是温室栽培技术。丰台的花卉基地兴于元代。《析津志》载："京师丰台芍药连畦接畛，荷担市者日万余。"到了明清时期，丰台花卉规模依然很大，清沈德潜有"丰台远近并栽花"的诗句。清王士祯《香祖笔记》上说："京师鬻花者以丰台芍药为最，南中所产惟梅、桂、建兰、茉莉、栀子之属……"可见丰台的花卉规模非常大，南方多种名花也出现在京城。草桥的应季鲜花同样供不应求，《帝京景物略》载："右安门外南十里草桥……居人遂花为业。都人卖花担，每辰千百，散入都门。入春而梅、而山茶、而水仙、而探春，中春而桃李、而海棠、而丁香……"由于唐花需要精心栽培，因而价值不菲，在当时也不是一般老百姓消费得起的。在叶祖孚的《北京琉璃厂》一书中，曾引用了清代诗人程风沂的一首竹枝词《庙市口占》："夭桃郁李杏花天，暖窖熏笼自隔年。才得一枝倾国色，豪家不惜买千钱。"尽管有点儿贵，但对于殷实人家来说，武则天时代的梦想，终于实现了。

1915 年，中央公园建造唐花坞，市民冬天可以到中央公园赏花，这个"梦想"也是朱启钤的一大手笔。当时唐花坞为砖木结构，建房 15 间，整体为飞燕展翅形式。顾名思义，"唐花坞"就是指可贮放由暖房培育花卉的水边建筑。民国年间，唐花坞里的牡丹、梅花等花卉在腊月同时开放，成为京城春节花事胜景。以至于后来北京有句俏皮话："满大街的侃爷天天在，唐花坞的鲜花开不败。"

1935 年，唐花坞因为水蒸气长期侵蚀木质柁柱，出现安全隐患。为防止危险，公园暂时封闭了唐花坞，决定在原址上重修。1936 年 4

唐花坞外景

唐花坞唐花

月，中山公园委员会以投标方式，与广和兴建筑厂签订修建土木工程合同。同年6月与中华汽炉行签订暖气自来水工程合同，暖气自来水工程由刘南策、汪申伯参加设计、监工。重建后，唐花坞增为17间房，全部工程为钢筋混凝土结构，特别当中那间大屋改建成八角亭子式，屋顶缀以孔雀绿色琉璃瓦，整座建筑庄重、典雅。旧时文人常在来今雨轩品茗联诗，欢聚后便去唐花坞观赏群芳。尤其是春节前后，这里经常举办极具特色的花市或花展。外面冰天雪地，来唐花坞赏花者迤逦不绝，人们逛花坞也常购买几盆盛放的牡丹或万寿菊带回家，装点新年。

新中国成立后，唐花坞1964年再次得到修缮，1970年因园内重点工程拆除了前面的山石。修缮后的唐花坞保持了原有的飞燕展翅造型，南面正门上方悬挂着写意画家、书法家董寿平题写的“唐花坞”匾额。迎门山石产自河北易县西陵深山中，当地人称之为“涵水石”。据记载，此石刚运到园中时仅有数磅重，20年后，苔原寸许，石已有百余斤重了。此类山石多产于山谷幽深之处，因常处阴湿的地方，质地松脆，含水分极多，石上长有绿苔非常可爱。涵水石后有一座桥状廊子，红漆门楼，门楼上高悬着“玉堂富贵”的匾额。东西两侧各建8间花房，为半壁式，两端均有门。花房内筑有地炕，可生火烘焙育花，这里不分春夏秋冬，一年四季都有花卉争芳吐艳，供游人欣赏。近几十年，北京的植物园和植物研究所的巨型温室，早已给热带、亚热带的奇树名花准备好了一切，人们可以随时观赏到世界各地的特色植物。但是要想在北京的中轴线上欣赏到“春色一年无绝期”，唐花坞至今还保持着“独此一家，别无分店”的百年纪录。

观奇石 圆明旧物记沧桑

中央公园开放之初，在建房修路、叠砌假山时，使用了不少圆明园遗址的石料，还陆续运来了 4 座镌刻有乾隆皇帝题字的观赏奇石，这就是著名的搴芝石、绘月石、青云片石和青莲朵石。

其中名气最大的当数青莲朵石，其下部形似荷叶，上部形似莲花，雨润之后则呈现出粉红色。青莲朵石是一块数易其地、留传千年的太湖石。太湖石因产于太湖而得名，来自太湖的苏州洞庭西山、宜兴一带的石灰岩，以鼋山和禹期山所产尤佳，以造型取胜。太湖石讲

青莲朵石

究“瘦、皱、漏、透”，是由石灰岩遭到长时间侵蚀后慢慢形成的，分为水石和干石两种。水石是在河湖中经水波荡涤，历久侵蚀而缓慢形成的。干石则是地质时期的石灰岩在酸性红壤的历久侵蚀下而形成。或玲珑剔透，灵秀飘逸；或雄浑古拙，凝重深沉，皆出于自然造化，非人工所为。望之则雅趣骤至，心境淡然。太湖石有 3 种色彩：白色太湖石、青黑色太湖石、青灰色太湖石。采石工人携带工具潜水取石，用大绳捆绑，吊上大船运往造园工地。明代画家兼造园家文震亨在《长物志》中写道：“太湖石在水中者为贵，岁久被波涛冲击，皆成空石，面面玲珑。”

上文提到的这块青莲朵石，是乾隆皇帝从杭州弄来的。南宋初期，临安城内望仙桥东有座德寿宫，原本是秦桧的府邸，后来高宗赵构晚年倦勤，当起了太上皇，就命人把这座秦府改建为宫殿，又称北宫或北内。新宫殿于绍兴三十二年（1162）六月落成，此时秦桧已死去 7 个年头。德寿宫内除了宫室、楼阁、亭台之外，还开凿了一片池塘，引入西湖水，池上叠石为山，栽花植树，形状略如灵隐寺前的飞来峰。这块当时称为“芙蓉”的青莲朵巨石，被安放在德寿宫西侧的文杏馆、浣溪一带，石旁有一株古苔梅。所谓“苔梅”，就是枝干上长苔藓的梅树。据史料记载，淳熙五年（1178）二月初一，孝宗皇帝到德寿宫朝拜太上皇赵构。父子俩曾在石桥亭子上共赏梅花。赵构还给皇帝儿子普及知识：“苔梅有两种，一种产宜兴张公洞者，苔藓甚厚，花极香；一种出越上，苔如绿丝，长尺余。今岁二种同时着花，不可不少留一观。”

清乾隆十六年（1751），乾隆皇帝首次下江南时，见到此石就走不动道儿了，在石旁摩挲良久。据清代吴振棫的《养吉斋丛录》记载："杭州宗阳宫，即南宋德寿宫旧址。旧有穹石曰芙蓉，具玲珑刻削之致。石旁有苔梅一株，久萎。断碑尚存，上刻梅石。梅为孙杕作，石为蓝瑛作。高宗辛未南巡，尝拂拭是石。大吏遂辇送京师，命置之茜园太虚室，赐名青莲朵，并记以诗。汪（文端）由敦、梁（文庄）诗正，皆有奉敕合作。"一块沉寂了数百年的石头，就此改变了命运。

据说清乾隆皇帝当时并没想带走此石，地方官为了拍主子马屁，自作主张给运到北京来了。如此重物，既来之，又不易退之，只好收之。圆明园长春园里的茜园太虚室老松树下，成了它的新家。乾隆皇帝赐名为青莲朵，并在他的《题太虚室》诗中说出了爱石的来龙去脉："飞来德寿青莲朵，辞却梅英伴老松。"

圆明园的茜园是清朝皇帝经常游憩的园中园，乾隆二十一年（1756）乾隆皇帝在圆明园住了 157 天，曾四次在茜园传晚膳。茜园宫门分为三路，西宫门是垂花门，为陆路，门楣悬挂一块乾隆皇帝御书"茜园"黑漆金字玉匾，门内就"盛开"着这块青莲朵。北宫门为水路，门殿七间，额为"清晖娱人"，门外阶下临水设码头。南宫门称为"茜园门"，是从长春园进入绮春园的通道。乾隆三十二年（1767）又重摹梅石碑一通，置于茜园门内，并修建碑亭。青莲朵石上刻有乾隆十七年（1752）御笔行书《青莲朵》七绝五首及乾隆三十一年（1766）御笔行书"青莲朵"三个字。乾隆皇帝在他的《青莲朵》诗序中说："客岁驻辇杭城，偶于宋德寿宫故址寻所谓蓝瑛梅石碑迹。碑尚杰竖，梅已槁仆。而其侧犹有擢崟玲珑碍兀刻削者一峰存焉。抚摩良久。回銮后地方大吏竟以舟便致贡。念事已成，留置御园……名之曰青莲朵。”诗句云：“梅亡石在石谁怜，碑迹长从梅石传。石过江来碑独在，江梅春到总依然。”“刻削英英陆地莲，一拳提示色空禅。飞来鹫岭分明在，幽赏翻因意慊然。”由此可见，乾隆皇帝对青莲朵的钟爱非同一般。

乾隆皇帝没有想到的是，他去世后60年，英法联军劫掠烧毁了圆明园，万园之园付之一炬，青莲朵却幸存下来。光绪年间，名士毛澂在诗中特别提到青莲朵，感慨圆明园劫后的惨状：“汨罗不管金蟾锁，上阳骨葬青莲朵。回首阿房一片红，错认湖山旧灯火。”

1927年，青莲朵石被运到中央公园，安放在五色土祭坛西门外的小山坡下，供游人参观。800多年来，青莲朵石栉风沐雨，历经岁月剥蚀，风沙磨洗，已非初出太湖、甫至北京的“芙蓉貌”“青莲容”，只能从其轮廓怀想昔日的风姿韵致了。连石上所刻乾隆御制诗文，也风化斑驳，难以辨认。2013年5月12日，青莲朵石再次乔迁，从中山公园移到了新建成的中国园林博物馆中，作为镇馆之宝，在风景秀美的永定河畔“颐养天年”。

中山公园里的另一块名石青云片，同样来头不小。这是一块长达丈许的青色巨石，势若飞云流霞，乾隆皇帝赐名“青云片”。它还有个“哥哥”叫“青芝岫”，“住”在颐和园的乐寿堂前。

明万历、天启年间，有位“友石先生”米万钟，爱石成癖。他一生收藏了大量奇石，对每一块石头都把玩摩挲，画貌题赞，整理成《绢本画石长卷》。他在京西大房山购得大小两块青石，大青石长8米、宽2米、高4米，小青石也有3米多长。两石经自然风

北太湖石“青云片”

化，通体千孔百穴，嶙峋瘦透，“昂首而俯，足跛而敛，濯之色而青，叩之声而悦”。他不惜花重金，雇数百人，用 44 匹骡马拉了 7 天，才将大青石拉下山来。又花了 5 天时间，将其从大房山下运至良乡。正当米万钟准备将此石运回海淀勺园之际，却遭阉党魏忠贤构陷而罢官，巨石遂弃于良乡道旁。当地乡民认为此石不吉，称之

“败家石”。百余年后，乾隆皇帝去易县西陵祭祖途中，发现了这两块巨石，他见两丈多长的大青石雄浑突兀，称为雄石，赐名“青芝岫”，运到清漪园（今颐和园）的乐寿堂；见一丈长的小青石通透玲珑，称为雌石，赐名“青云片”，运到圆明园的时赏斋。乾隆皇帝有《时赏斋》诗云：“当门湖石秀屏横，坐喜松阴满砌清。”吟咏的石头屏风就是这块“青云片”。圆明园被毁后，该石被弃于荒野。1925年才被人们从废墟中挖出，移至中央公园内，安放在来今雨轩西边的路旁，遂成为公园一景。1971年，移至来今雨轩南边现在的位置。至今，青云片石及底座基本完好，镌刻于石上的8首诗，尚可辨其大略。

搴芝石是一块6尺高的太湖石，状如挺拔的灵芝，乾隆皇帝赐名“搴芝”。此石原在圆明园东部的长春园含经堂淳化轩的庭院里。1914年，朱启钤将搴芝石运到中央公园，安放在五色土坛西边的宰牲亭前。绘月石，当年也在含经堂后院的淳化轩庭院里，同为圆明园旧物。此石上下各有半月形的孔洞，夜晚时月光透过孔洞，可在地面投射出月牙状的光影，乾隆皇帝因而赐名“绘月”。1919年，镌有乾隆皇帝题字的绘月石，被运到中央公园，安放在水榭北边小岛上的四宜轩东侧。

此外，在来今雨轩北面约百米靠东墙处，还安放着一块南极岩石。这是1984年11月中国首次赴南极考察队，为感谢北京市人民政府和市民对南极考察事业的关怀与支持，于1985年7月赠送的，石上有“南极岩石”4个瘦劲的楷书大字。南极岩石下设青白石雕筑的须弥座，上饰云纹，高1米，长1.6米，宽1.1米。

南极岩石

蕙芳园

蕙芳园　竹影兰姿傍梅魂

蕙芳园位于中山公园社稷坛内坛的西北角，其原址是公园的育花温室区。为弘扬中国兰花文化，1988 年，北京市决定动工兴建蕙芳园。1990 年 9 月蕙芳园建成开放，占地面积 7600 平方米，建筑面积 986 平方米，是中国最大的兰圃之一。蕙芳园采用封闭式的造园手法，用竹和松篱分隔空间，通过地形变换、植物疏密，造成一个清雅静谧的“自然”景观。景区分为 4 个部分：一区从入口至柴门以南为序幕区，40 米长的竹林，曲径通幽，枝叶婆娑，眼前一片清凉。二区入柴门往北至四合院以南为主景区，以黄土铺垫成小丘陵地貌，用山石造成山势，古意盎然。三区为展览区，是一组北方民居形式的四合院，南北房各 5 间，东西房各 3 间，硬山黑瓦卷棚屋面，南房明间门楣上悬挂着朱德委员长题写的“兰室”匾额，院中置太湖石一座。四区为育花区。

中山公园的兰花可以上溯到 1959 年，第一批兰花是从上海购进的。从上海请来的育兰师傅诸涨富，负责为中山公园养育兰花，传授养兰技艺，自此开始了北方地区大量养育兰花的历史。中山公园的兰花培育，离不了一位大人物的扶植和奉献，他就是中国人民解放军的主要缔造者之一、中华人民共和国的开国元勋、曾任全国人大常委会委员长的朱德。他不仅多次到中山公园赏兰，和园艺职工交流种兰心得，还在 1960 年公园建南兰室时应约题写匾额“兰室”。1964 年秋，中南海里的花卉向北京市园林局移交，朱德决定把兰花移交给中山公园，共计移交兰花 1001 盆。至此，中山公园培植兰花 200 余个品种 2700 多盆。

蕙芳园展室中的兰花

20世纪七八十年代，中山公园派人到广东省仁化、从化山区，贵州省贵阳市的花溪、乌当，湖南省岳阳山区，云南省思茅等地采集野生兰花。到1983年，中山公园拥有了产自江苏、浙江、安徽、四川、福建、广东、湖南、云南、贵州、河南、西藏、台湾等12个省、自治区的兰花，包括春兰、蕙兰、建兰、墨兰等200余个品种。兰花，已经成为中山公园一张带香味儿的名片。

在蕙芳园的南侧，社稷坛西南侧，还有一座“梅园”。1988年初建，2003年扩建至今，面积4000平方米，栽植梅花30余种110余株。每年春季，园中梅花绽放、新笋滴翠，室内兰香袭人，梅、兰、竹三君子在中山公园如同古代雅集的高士，为游人增添了不可多得的诗情画意。

中山公园还有一种花广为人知，就是郁金香。1977年5月，荷兰公主贝娅特丽克丝偕同克劳斯亲王，对我国进行友好访问，受到热情接待。当年10月6日，她委托荷兰驻华使馆赠送我国4箱郁金香种球，共计39个优良郁金香品种并附图片，由外交部礼宾司接收后转交中山公园栽培。从1978年始，公园在内坛露地栽种，共计26畦3555头，供游人观赏。花落之后，起出种球储藏，翌年继续栽种。直到1980年，连续栽植了3年。1996年4月15日，中山公园举办了“中荷郁金香国际花卉展览会”。这是北京第一次举办大型郁金香专题游园会，全园展出郁金香73个品种50万株共11万盆，20多天共接待游客30余万人次，成为当时京城赏花的一大热点。

郁金香素来享有“花中皇后”的美誉，是高度园艺化的花卉种类。郁金香品种繁多，分为15个类型，在各国育种专家的努力下，现有品种达到3000余个，商业品种达到1000余个。从1996年起，中山公园每年举办郁金香春季游园会，20多年来，中山公园的园艺师们对郁金香的栽培习性、品种特征、应用特性熟悉程度越来越高，并由此辐射到其他球根花卉，在潜移默化中提高了中山公园的整体园林园艺水平。中山公园郁金香游园会的时间为每年4月上旬至5月上旬，当其时也，京城大地气温回升，煦日和风，是北京人外出赏花的最美时节，尤其是站在中山公园的古柏林下，欣赏造型各异、堆云织锦一般的郁金香，更有一种融汇中西、穿越古今的隽永味道。

金鱼廊（程功提供）

金鱼廊　愉园墙上知鱼乐

有人说，中国古代上流社会热衷的金鱼、京巴、太湖石、病梅盆景，都是一些违反自然规律的“病态美”，好像国人只是对阴柔、软媚、瘦弱、残缺的东西感兴趣。其实这只是人们审美情趣的一个方面。中国人也推崇苍松古柏，热爱黄河泰山，难道就仅仅是崇尚壮硕，独爱阳刚了？同样，西方人既赞美

骑士剑客，激赏硬汉烈马，也迷恋于维纳斯的残缺雕像和蒙娜丽莎的神秘微笑，醉心于蕾丝花边、高跟鞋、比基尼。人类审美的多样性，本无可厚非，更不宜厚此薄彼。我站在中山公园的金鱼廊里，不仅想到了这些，还想到了庄子与惠施的“知鱼乐”。只不过，庄子他们生活的时代，还没有金鱼。

国人养金鱼，大约始于宋代，兴盛于明清。明代，北京外城已有成规模的金鱼养殖地，在今天的天桥以东、天坛以北。清代已有地名叫“金鱼池”。这里曾是永定河古河道，由于地势低洼，辽金时形成许多小湖泊，湖畔居民以养鱼为业。明代以后，这里成为北京城乃至全中国的金鱼出产地和集散地。《燕都游览志》中说：“鱼藻池在崇文门外西南，俗呼曰金鱼池。畜养朱鱼，以供市易。”清代的《顺天府志》中这样描述金鱼池：“池广数十亩，分百余池地。”据民国时期的报纸报道，这些鱼池有六七十个，且深浅不一，深的有两三米，浅的也深过一米。

金鱼池所养的鱼分为食用鱼、红鲫鱼、金鱼三种。食用鱼多是产于他处的鲤鱼、草鱼、鲫鱼等，转养于此以待上市出售。红鲫鱼，即城中挑担子叫卖的“小金鱼儿”，价格低廉，老百姓经常买几条回家养着玩儿。上档次的名贵品种，如“望天儿”“绣球”“五花龙睛”等，一般人家绝少舍得花这个钱。民国时期，一尾龙睛鱼最贵的可卖到六七块银圆，幼鱼也要四五角。那时候，一块大洋能买两袋洋面。升斗小民，谁愿意为养个金鱼花那么多钱呢？名贵的金鱼饲养起来并非易事，得有专门的“鱼把式”来伺候金鱼，这就更不是小门小户玩得起的玩意儿了。北京清末民初的金鱼，可分为草、文、龙、蛋四大类，品种达 200 多个。草金鱼就是上边说的红鲫鱼，样子最普通，价格最便宜。文种鱼体形短小，有背鳍，各鳍都比较长，尾鳍双叶，因从上面看体形像个“文”字而得名。没有背鳍的是蛋种鱼，体形短小，圆如鸡卵。龙种鱼的种类较多，主要特点是眼球凸出，各鳍发达。

京城公园里养金鱼历史最久、养得最多的，莫过于中山公园。中山公园饲养、陈列金鱼始于 1915 年，园中设有金鱼苑，用大木盆饲养金鱼，“木海观鱼”是当时北京的一大盛景。这里的金鱼最初是公园董事捐献的，由祖上曾在清宫养金鱼的徐姓师傅担任“鱼把式”，人称“金鱼徐”。据说自清乾隆十年（1745）开始，徐家就有人在宫里为皇家养金鱼。中央公园开放后，“金鱼徐”第八代传人徐国庆、第九代传人徐金生，先后在园内饲养金鱼，培育金鱼新品种。1917 年规模扩大，添置了水泥鱼池，开始从外面购买金鱼饲养。新中国成立后，中山公园的金鱼养殖有了长足发展，徐金生将一些祖传的名贵金鱼品种捐赠给了中山公园。1954 年，徐金生受国务院总理周恩来委派，护送 100 尾珍品金鱼前往印度，作为国礼庆贺印度总理尼赫鲁的 65 岁生日。

1980 年，中山公园为扩大游览面积，将内坛东北角的育花温室外迁，就地修建了一处以观赏金鱼为主题的特色景区。因“鱼”与“愉”谐音，所以新景区以“愉园”命名，意谓赏鱼之园。愉园西傍中山堂，北临音乐堂，远望午门雁翅楼，东接古柏虬松。整个景区古色古香，庭院内花木扶疏，绿草茵茵，清雅静谧，可以怡神养性。愉园占地面积 7230 平方米，建筑面积 614 平方米，整个景区坐北朝南，前部是一个敞坪，为庭院绿化区，中部为园林建筑、金鱼观赏区，后部为金鱼养殖区。建筑形式采用中轴线两侧均衡式布局，前面正中为重檐蓝琉璃瓦屋面八方亭，东面为单檐筒瓦屋面正方亭，西面为单檐筒瓦屋面长方亭。三亭均悬亭额，东亭“倚霞”，西亭“流云”，中亭“览粹”，由著名书法家陈叔亮书写。三亭以 38 间半壁廊相连，廊上嵌有金鱼展窗 32 个，内镶衬玻璃缸展金鱼供游客观赏。廊东端壁上嵌有《愉园小记》石刻一方。长廊东、西建垂花门两座，东为双垂花门，西为单垂花门。廊前正中有观鱼池，长 14 米，宽 7 米，周

愉园金鱼池

端康皇贵太妃与末代皇后婉容、淑妃文绣在延禧宫观鱼

设围栏，以青白石筑成，取名“乐泉”，池内放养草金鱼、锦鲤。廊后为饲养室。1983 年 7 月 25 日，主持愉园设计的著名古建园林专家姜振鹏，在愉园落成之际，亲笔撰写了一篇《愉园小记》。文中说：“园中遍植嘉木，露篁竹、显奇石，亭廊缦回，宛若霁虹。墙红柳绿，雕栏画栋。朝晖晡霞，蝉娟璧影。春华秋实，素馨清风。水中锦鳞游泳，行流云而色彩霞，熙熙然若遨游仙宫。览粹之情，得无尽乎？然一园之就，乃万物生情。游斯地也，则有心悦情怡，满目欣然，其乐无穷者矣。览者可自探妙趣也。”从这段文字可以看出，姜振鹏对自己设计完成的古建新作踌躇满志，似乎堪与范仲淹想象中的岳阳楼相

媲美。游人在此观美景、读美文，自是人生乐事！

近些年，愉园恢复了“木海观鱼”的游览项目，除了展示金鱼长廊的 32 个金鱼展缸和 11 个老木海的精品金鱼外，还另布置展示槽、瓦盆各 30 余盆的金鱼供大家欣赏，其中包括“红顶黑龙睛”“玉顶红兰寿”“五花水泡”等名贵金鱼 20 余种。

所谓“木海”，其实就是一种较大的养鱼用的木盆，其大小可依据环境、用途而定。木海最大直径约 2 米，比较讲究的是柏木，其次是杉木，形状为圆形或椭圆形。木海和瓦盆都具有透气性能好、隔热好等优点，且容易生长青苔，有益于保持盆内良好水质。也有的鱼盆是双层底，盆底有许多直径约 1 厘米的小孔，换水时拔掉下边的塞子可将鱼的粪便等污物排出，用这种盆养鱼操作便捷。很多“鱼把式”都知道，相对于玻璃鱼缸来说，木海本身更结实，容易搬运和保存，没有锐物碰碎之虞。用木海养鱼，冬夏水温稳定，受自然环境影响较小。其良好的透气性和青苔附着优势，使盆中的水质更好控制，而且造型古朴，富有雅趣。木海的缺点就是比较占地儿，和玻璃鱼缸、水族箱比起来，观赏性略逊一筹。嵌在中山公园金鱼长廊墙上的 32 个玻璃展缸，更能吸引游人的目光，因为展缸设计的位置，与游人身高相当，可以平视欣赏，一路走过，能产生一种与鱼同游的美妙感受。

深宫秀色　御园嘉木

花园，历来不是个省心的地儿。先看民间花园，杜丽娘要不是逛花园，怎么能梦到柳梦梅？张君瑞半夜不跳进后花园，如何私会崔莺莺？据说在元明清的戏曲小说里，男女主人公在花园私订终身的桥段至少有 53 个。“后花园里订终身，落难公子中状元”，成了坊间说唱的故事套子。故事地点之所以选在花园，就是因为这里良辰美景，花前月下，可以“你侬我侬”地山盟海誓，倾诉相思，上演无穷无尽的爱情桥段。那么，皇帝家的御花园又当如何呢？传说李白曾在唐明皇的御花园里戏弄过高力士；在刘宝瑞的相声里，大总管崔英在道光皇帝的御花园埋藏过偷来的夜明珠；就连中举之后疯癫发作的老秀才范进都在幻境中认为“御花园与万岁并肩同游”……可见人们对御花园充满幻想。御花园在封建时代也是平民百姓的禁地，它的名气不小于那座至高无上的“金銮殿”。大概和“哈姆雷特”“林黛玉”差不多，

溥仪在御花园千秋亭西侧的屋顶上

人人心中都有一座不一样的御花园吧。直到 1925 年故宫博物院对外开放，人们才亲眼看到了想象中的御花园原来是个什么样儿。

如今咱们看到的御花园，是明永乐十五年（1417）始建的，永乐十八年（1420）建成，名为“宫后苑”。清代雍正皇帝更名为“御花园”。御花园位于中轴线紫禁城的北端，正南门有坤宁门和坤宁宫相连，左右分设琼苑东门、琼苑西门两个角门，可通东西六宫；北面是集福门、延和门、承光门围合的牌楼坊门和顺贞门，正对着紫禁城最北界的神武门。御花园园墙内东西宽 135 米，南北深 89 米，占地 12015 平方米，面积不到恭王府花园的一半儿。皇上家的花园居然没有王爷府的花园大，岂非咄咄怪事？其实，故宫占地 72 万平方米，比恭王府大了几十倍，但出于防火、防雷击、防盗、防刺客，以及突出外朝宏伟气势等多重原因，除了御花园、永寿宫花园和建福宫花园外，树木植被很少。嘉庆十八年（1813），紫禁城的隆宗门被林清率领的起义军攻破，有人爬树上房，直逼养心殿。嘉庆皇帝在平息事态后，下旨大砍树木，自此宫中树木更加稀少。

钦安殿　中轴线上一尊神

御花园这块地方，最初不是按照园林来规划营建的，而是修建紫禁城时，按照明永乐皇帝的旨意在中轴线北端神武门（当时叫玄武门）以内的区域建造了一座钦安殿，用来供奉真武大帝。真武坐姿的镏金神像至今还保持原状供奉在钦安殿的正龛里，目光炯炯，三绺墨髯，右手持剑，右腿盘起，左腿垂放，端坐在玄武神龟之上。近年除去龙袍玉带，现出遍身金甲，更显器宇轩昂。这也是北京中轴线上目前唯一的神像。

钦安殿修得气势恢宏，四周松柏参天，如同真武大帝居住的真庆仙都。直到明景泰年间才开始在周围增建其他园林建筑。为了增加钦安殿的神秘色彩和宗教力量，各种“怪力乱神”的传言弥散开来。有人说，明清官员凡至此者，事先必须戒酒戒荤腥，否则必遭天谴。钦安殿的东北角传闻有两处足迹，那是明嘉靖时一次永寿宫大火，一次坤宁宫大火，真武大帝立此施救留下的。到了清代，皇帝也听信方士的片面之词，在钦安殿的右侧竖起一根巨大的长杆，“饰以金顶彩龙，曰帝王杆”。每次新帝登基，都要把帝王杆修饰一次，在登基之日油饰一番。民国时期故宫对外开放以后，人们见这根帝王杆虽然剥蚀严重，但色彩还是新的，就是清宣统小皇帝登极时油饰的。钦安殿内还

故宫御花园钦安殿

存着两件神乎其神的物件，一件是一口“青龙缸”，传说是北宋年间黄河发大水，岳飞和其母曾坐在这口缸里漂出汤阴县幸免于难。另一件是个“龙皮鼓”，据说也是罕见之物。耐人寻味的是，自永乐十八年（1420）紫禁城建成以来，其中轴线上的主要宫殿，几乎都经历过火灾重建。只有这座钦安殿安然度过整整 600 年的岁月，明初的建筑与陈设至今保存完好，只是清乾隆年间在大殿南侧增建了 5 间抱厦。钦安殿建筑的与众不同之处，还在于它不是一座尖顶殿宇，而是采用了故宫里不常见的重檐盝顶，就是 4 条正脊围成平顶，四面出坡，下接庑殿顶，镏金宝瓶直接坐落在一个平台上。盝顶建筑在元明清时期，多见于井亭，只不过四脊围成的平顶中空，承接雨雪之水。古人认为天上的水是“无根水”，与井中的水合二为一，有天地相通之意。我猜测，钦安殿的盝顶结构，或许与真武大帝主北方壬癸水有关。因供奉神像的殿宇不能中空，所以上覆平顶，设镏金宝瓶。

近些年，据专家研究发现，相比其他木结构古建筑，明代的重檐盝顶结构稳定性更好，具有更强的抗震能力。可见，钦安殿在北京中轴线上的研究价值和历史地位的确不容小觑。

20世纪初钦安殿内景

明嘉靖十四年（1535）四月，笃信道教一心升仙的嘉靖皇帝，在钦安殿四周增建缭垣（外围墙），将大殿包围起来。北方属水，真武大帝又是水神，故在殿前正中开设“天一之门”，取“天一生水，地六成之”之意，以防失火。到了清代，门额将“之”字去掉，改为“天一门”，以示不尚虚文之意。在天一门内东侧靠墙的地方，有一根刻工极精美的石柱，俗传是鲁班爷下凡凿刻的，此说亦是极具赞美之意。

有趣的是，天一门前还有一对铜镏金的“反腐神兽”——獬豸。汉代杨孚在《异物志》上说，獬豸头生独角，似狮子非狮子，似羊非羊，威武狰狞，能辨忠奸知曲直，常以独角触邪恶之人，俗称“辨奸兽”。当然，这对獬豸从没有帮皇帝“清君侧”，更没有为百姓匡扶正义，只负责蹲在天一门前，给真武大帝看门护院。

御花园里有四座亭子，分别代表春夏秋冬四季。东侧有两个亭子，名为万春和浮碧；西侧相对应的位置也有两个亭子，叫千秋及澄瑞。万春亭，东方与春季对应，故名万春。与它对应的便是西边的千秋亭，西方与秋季对应，故名千秋。万春亭和千秋亭造型相同，都是作为钦安殿的辅助性仪式建筑，建于明嘉靖十五年（1536）。亭子是四出抱厦组成十字折角平面的多角亭，屋顶是天圆地方的重檐攒尖，合于“天圆地方”的古代明堂形制。两座对亭遥相呼应，造型纤巧秀丽，为御花园增色不少，可称御花园里最为精美的建筑。它们的细微差别在宝顶上，万春亭顶部宝顶上有云纹（火焰纹），千秋亭则没有。亭和抱厦顶均为绿琉璃瓦黄剪边，攒尖顶上安琉璃宝顶。亭东西两侧为石雕栏板，同时也是桥的栏板，南北两面在石

天一门前给真武大帝看门护院的两尊獬豸

栏板中间设两步台阶为亭的出入口。方亭内天花正中有双龙戏珠八方藻井，周围为百花图案，檐下苏式彩画，抱厦三面开敞。池中水引自筒子河，池壁雕有石蟠首出水口，池中芙蓉出水，游鱼穿泳。

万春亭北面的浮碧亭和它对面的澄瑞亭，都是一式方亭，跨于水池之上，只在朝南的一面伸出抱厦，在浮碧亭和澄瑞亭的“井”字天花上，看到的不是宫殿中惯用的龙凤纹样，而是梅花、兰花、牡丹、芍药等花朵图案，还有桃、石榴等果实图案，形象生动。

1959 年，御花园经历了一次环境整治，拆除了一些危房临建。比如钦安殿两侧院内有两间清末建的破旧灰瓦房，把院子里的柏树都盖进房中了，跟后来北京一些大杂院里的景象差不多。另有两处罩棚也年久失修濒临倒塌。在古建筑专家单士元的主持下，将这些从整体和局部看都无实际价值的清末“违建”彻底拆除了，在原地植上了两片竹林。翠竹与院内的白皮松，墙外的数株榆叶梅相呼应，形成了一处松、竹、梅“岁寒三友”的妙境。还有一处拆除后在原地上砌了个方砖台子，里面植上了数竿翠竹，其间摆设了 6 块长短不等的淡绿色剑石，石前植有数株牡丹，其中一株墨牡丹乃花中珍品。花开之际，红墙黄瓦之下，绿色剑石与翠竹映衬，红牡丹与墨牡丹争妍，御苑新春，称一时之盛。可惜的是，鹿台下养鹿的圆形鹿囿和东侧的鹤圈等，那年也一并被拆除了。

到了明景泰六年（1455），以钦安殿为中心和主轴，这片区域开始罗列奇石，栽植嘉木，堆叠假山，逐渐向花园过渡。至于现存的这些亭榭楼阁，主要是清代添置的。园内建筑采取了中轴对称的布局。中路是以钦安殿为主体建筑的院落。东路建筑有堆秀山、御景亭、摛

1924 年溥仪与泰戈尔在四神祠前的合影

藻堂、浮碧亭、万春亭、绛雪轩；西路建筑有延晖阁、位育斋、澄瑞亭、千秋亭、养性斋，还有四神祠、井亭、鹿台、鹿囿等。东西两路建筑基本对称。这些建筑绝大多数为游憩观赏之用，唯有摛藻堂从乾隆时起，贮存《四库全书荟要》，供皇帝查阅。上述建筑多倚围墙，只以少数精美造型的亭台立于园中，空间舒朗开阔。园内遍植古柏老槐，罗列奇石玉座、金麟铜像、盆花桩景，增添了园内景象的变化，丰富了园景的层次。御花园地面用各色卵石镶拼成福、禄、寿象征性图案，丰富多彩。著名的堆秀山是宫中重阳节登高的地方，叠石独特，磴道盘曲，下有石雕蟠龙喷水，上筑御景亭，可南望宫阙，北顾景山，西眺琼岛，四周景色一时尽收眼底。

观鹿台　仙苑旧景何处寻

故宫里不仅是“龙飞凤舞”的世界，也有鹿、鹤、麒麟、玄武、大象等珍禽瑞兽的造型，其中鹤、鹿尤多。比如西六宫的储秀宫阶下有一对铜鹿，翊坤宫阶前有一对口衔灵芝的铜鹤。“鹿”的谐音字是福禄的“禄”，鹤是长寿的象征。在神话中它们都是神仙的坐骑或随侍童子。铜鹿与铜鹤的组合，还有一个寓意，就是“六合同春”。“六合”读音为“陆合”，就是东西南北上下，即天下宇内之意。“春”是长寿的意思，因为春秋代表岁月。“六合同春”，意为江山万代，共享太平。

在宫苑御囿中豢鹿养鹤，古已有之。西周文王修造的灵囿，就是养鹿的地方。宋徽宗的鹿苑，养鹿曾经达到上千头。元明清时期，中

梅花鹿

轴线南面的南海子，也是皇家养鹿行围打猎的园囿。当然，故宫御花园的鹿囿，肯定是中轴线上唯一养鹿的所在。鹿囿在御花园的西南，和御花园东南角的鹤圈形成鹿鹤同春的景观，那里至今还有一座假山上筑就的高台，名“观鹿台”，台下留有一道半圆形的鹿圈围栏地基遗址。站在观鹿台上，雍正皇帝曾经留下《抚鹿》古诗一首：“遥指蓬山麓，轩临弱水渍。鹿驯眠细草，沙暖覆香云。石亦含灵气，泉皆发异芬。呦呦鸣未已，林外每呼群。”清帝溥仪逊位后，继续住在故宫时，鹿囿内还有四头鹿。据说溥仪的淑妃文绣，也曾写过一篇《哀鹿苑》：“春光明媚，红绿满园，余偶散步其中。游目骋怀，信可乐也。倚树稍憩，忽闻囿鹿悲鸣婉转。俯而观之，奄奄待毙，状殊可怜。余以此鹿得入御园，受恩俸豢养，永保其生，亦可谓之幸也。然野畜不畜于家，如此鹿在园内，不得其自由，犹狱内之犯人……”其文心境与雍正当年截然相反，文绣显然是在借着可怜鹿的状况，哀叹自己的不幸。

鹤圈位于御花园东南角，原来是养鹤的地方。鹿的惨状如此，鹤也好不到哪儿去，估计当年灰鹤们见御花园光景不再，展翅飞到左近的太庙和社稷坛里自谋生路去了。原来鹤圈的遗址上，现在是一块三米多高的太湖石。这块太湖石原是圆明园的遗物，1959 年春在北京西直门外的一家工厂里边发现的，该单位规划场地，要将其处理掉。此事被当时任故宫园林顾问的韩铁庵得知，他赶紧将此事告诉负责故宫古建园林的单士元。单士元自然相信韩铁庵的眼力，委托当时的庭园科科长马良杰与厂方谈妥，以百元价格将其买下。

近年来，故宫游览用上了新媒体，游客戴上 VR（虚拟现实）设备，眼前就能重现雍正、乾隆时期御花园的繁荣景象。故宫新发布的 VR 作品《御花园》，利用三维特效真实呈现了御花园全貌，结合史料研究，创造性地还原了御花园曾经的生态系统，虚拟世界复原了御花园中曾经饲养的小鹿、游鱼和曾种植过的海棠树等，在直观展现御花园历史风貌的同时，营造出活泼灵动的园林空间。在 VR 之下不仅能看到昔日的鹿囿，还能看到曾经的“海棠绛雪”。

据史料记载，海棠是紫禁城中栽植最为广泛的花木之一。故宫现在还有文华殿和永寿宫两处可以观赏海棠。清代，在御花园东南角的绛雪轩前也曾有五株海棠，春天海棠花初放时颜色殷红，微风拂过，海棠花瓣恰似绛色的雪片纷纷扬扬洒满庭院，这便是“绛雪”二字的由来。雍正、乾隆等皇帝均在此写就多首有关海棠的诗。

绛雪轩始建于明永乐十八年（1420），明末焚毁于大顺农民军的战火，清顺治年间重建，清乾隆年间重修，是一座典型的清式建筑，为御花园中赏景休息之处。其后依东宫墙，坐东朝西，面阔五间，前接歇山卷棚顶抱厦三间，平面为“凸”字形。明间开门，次间和梢间为槛窗，上为福、寿、万字支窗，下为大玻璃方窗。门窗为楠木本色不加油饰，柱、框、梁、枋用斑竹纹彩画装饰，显得清凉雅静。轩内的匾额是乾隆皇帝的御书“视履考祥”，来自《易经·履卦》“视履考祥，其旋元吉”。下面的三组楹联均出自乾隆皇帝，正堂有“东壁焕图书，琳琅满目；西清瞻典册，经纬从心”，右室楹联为“树将暖旭轻笼牖，花与香风并入帘”，内室楹联是“花初经雨红犹浅，树欲成阴绿渐稠”。

花坛中原植海棠树5株，清乾隆七年（1742）由大学士鄂尔泰、张廷玉等人编纂的《国朝宫史》记：“西向者为绛雪轩，轩前多植海棠。”乾隆皇帝尝与群臣吟咏于此，曾赋：“秾春何处归来早，堆秀山前绛雪轩。”“丹砂炼就笑颜微，开处春巡恰乍归。暇日高轩成小立，东风绛雪未酣霏。”当年绛雪轩的诗样美景是可以想见的。绛雪轩花坛前竖立的远古木质化石柱也十分珍奇，叫木化石，即硅化木。据记载，东北的松木沉入松花江，经过上亿年的硅化过程，就成硅化木了。这块硅化木是当年黑龙江的一个将军进献给乾隆皇帝的。乾隆皇帝高兴之余，题诗一首，刻于其上。其实硅化木并不鲜见，在北京延庆东北部就有一座硅化木公园，仅裸露在地表的硅化木就有57株，皆是1.7亿年前的树干遗存。

绛雪轩前的古海棠枯死于何时，我没有查到相关记载。清末，慈禧经庚子之乱西狩回銮，命花匠从河南开封移来瑞圣花（即太平花）植于轩前的方形琉璃花坛内，替代了枯死的古海棠，借太平花的名称祈望太平。虽然太平花谢落时，也似瑞雪飘飞，但已非绛色，宜称“白雪轩”了。令人遗憾的是，后世的一些书籍文章不加考证，穿凿附会，信口雌黄，有的人把北宋年间就有的“太平瑞圣花”，说成是“种出异国，外间盖不多见”。还有的说之所以建绛雪轩，是因为清政府镇压大小金川暴乱得胜后有人以此花进贡，乾隆皇帝赐名“太平花”，种在御花园里，“每年四季开花，色白如雪”云云。其实稍一用心就会发现，收复大小金川是在乾隆四十年（1775），而成书于乾隆七年（1742）的《国朝宫史》中就已经提到绛雪轩和海棠花了。如此敷衍成文，岂不误人子弟？

连理柏　御花园里拉郎配

说了御花园里曾经拥有的精彩，咱们再说说园中现存的奇迹。御花园里最著名的古柏，是位于天一门内清乾隆年间种植的“连理柏”。“连理柏”是由两株古柏组成，双柏的主干跨在北京的中轴线上，双干相对倾斜生长，上部相交缠绕在一起，形成一个巨大的树冠。而且树干相交的部位已融为一体，成为一棵树。更为奇特的是，从树的北边看，树上西侧的一个大枝，其扭曲处很像一颗猴头，褐色绒毛，脑门低平，眼部发亮，栩栩如生。这个“猴头”是怎么长出来的呢？原来这是树干受伤后，因病理和生理作用而形成的。有人认为柏树体内也和其他植物一样，有防卫反应基因，病原物从伤口侵入后，基因产生的物质可以直接或间接对病原物的侵染起到防御作用。这时受伤部位及周边细胞、组织都激发起来，形成一个保卫自身，攻击病原物的“前沿阵地”，这就是树瘤，也叫树瘿。连理柏上的这个树瘿，凹凸有致，神似一颗猴头。

这对连理柏是乾隆皇帝授意所植，其双柏的“连理”也是经人工整形“撮合”而成。有趣的是，在天一门正南的大铜鼎前，也有一对古柏，它们相对倾斜向上的两个大枯枝远看仿佛相交，不过近看其实并无相交。另外，在故宫东部的景福宫里，南北两个月亮门前各有一对乾隆年间种植的“连理柏”，这两对“连理柏”分别和月亮门融为一体，或许考试的学生应该多来走一走——“门门双百（柏）”。

汉代无名氏所著纬书《孝经援神契》中说“德至于草木，则木连理”，可见汉朝人认为树木连理，是因德所致，有草木通灵的意思。当然，自东汉起，人们还喜欢把树木的连理，看作忠贞爱情的象征。唐代大诗人白居易在《长恨歌》中发出“在天愿作比翼鸟，在地愿为连理枝”的咏叹。御花园里的这对连理柏，在北京的中轴线上“牵手”260多年，堪称奇观。清逊帝溥仪和皇后婉容曾在连理柏前合影，那段煎心的婚姻早已逝去，唯有此照犹存。如今，很多游览故宫的情侣，纷纷在连理柏前合影留念，不知他们心中作何感想。

细心的人会发现，故宫御花园里的连理柏或人字柏至少有四五处，都是人工培育而成的。万春亭门前的4株人字柏，是园艺师采用桩景创伤处理法，将桧柏从根、茎中间劈开到合适的高度，用浸湿的布片将伤口紧紧包住，再用油布包裹，保持一定的湿度，然后各自带根栽在树池中。连理柏则是将两株柏树在一定高度的相同位置，割去韧皮部，露出形成层，绑扎在一起，构成“人”字形。这些园艺手法显现了古代匠人的高超水平。当然，自然界也有纯天然形成的连理树，条件需要两个：一是树与树之间较近的距离，二是曾经长期受到地势、风力等外力的影响，其根部或枝干的表皮组织磨破，露出形成层，紧靠在一起，逐渐连为一体。比如河北内丘县和庄乡神头村扁鹊庙内，有9株千年古柏根部扭结在一起，形成“九龙盘根柏”，堪称奇观。

御花园内其他的古柏距今也有四五百年，大多植于明代。东侧的万春亭北有古藤缠古柏的“驼峰柏”。这对驼峰柏也是“连理柏”，为明代所植，但双柏早已枯死。在双柏的北侧种植了一根古藤，这根古藤距今已有300多年，是北京年纪最大的古藤之一。古藤的枝干爬满双柏的巨冠，在夏秋时节绿叶满树，远远望去，整个树冠很像骆驼的双峰。万春亭的西侧有株“凤凰柏”，园北的延晖阁旁有株“大肚

故宫连理柏

罗汉柏”，园西边从南到北一字排开，矗立着18株“十八罗汉柏”。这些古柏器宇轩昂，遒劲雄浑。

当然，按“任职级别”看，御花园里“官阶”最高的，莫过于东北角摛藻堂旁的“遮荫侯”柏。“摛藻”的意思是“铺张辞藻”，乾隆皇帝为摛藻堂题写的匾额是“摛藻抒华”，点明了这里是文化精华的地方。摛藻堂面阔五间，西里间是乾隆皇帝的书房，楠木门框外侧的楹联是“左右图书静中涵道妙，春秋风月佳处得天和”，内侧是“从来多古意，可以赋新诗”，横批是“宿风”。摛藻堂其余4间，安放着巨大的楠木书架，边框上刻着书籍的编号，这就是曾经贮存《四库全书》的精华浓缩版《四库全书荟要》的地方。乾隆皇帝决定编纂《四库全书》的时候，已经62岁了，而编纂工程预计需要10年。乾隆皇帝考虑到全书篇幅过于浩繁，将来难以检索阅读，因此决定同时编纂一部精华浓缩版的《四库全书荟要》。这部《四库全书荟要》将近1.2万册，相当于《四库全书》篇幅的1/3，比《四库全书》提前了4年编成，抄写制作了两部，一部藏于圆明园的味腴书室，后与圆明园同时被焚毁，另一部收藏在御花园的摛藻堂。抗战前夕，故宫藏品的精华被转移到南方，称为“古物南迁”，后来这部《四库全书荟要》又被运往台湾。如今的摛藻堂里边，只留下来当年陈列《四库全书荟要》的书架，上边还刻着书籍的编号，摛藻堂现在成了故宫里的一家书店。

言归正传，还说那位树界的“遮荫侯”——乾隆皇帝敕封的侯爵，地位高于当时的正一品大员，属于“超品”的“人上人”爵位。柏树封侯，大概也就成了“树上树”了。如今看来，这种“封赠”更多的

摛藻堂故宫书店

是一种滑稽和荒诞。

据说乾隆皇帝每次南巡，这株老柏树就变得灰白泛红，行将枯死，一旦圣驾还宫，它又一片新绿，生机盎然。太监们把这“怪事”添油加醋地禀报给乾隆皇帝。乾隆皇帝一听就想起自己数次下江南，总是不凉不热，和风习习，莫非这古柏有灵随驾南行，一路遮阳蔽日？越想越是这么回事儿，乾隆皇帝一高兴，就敕封此柏为“遮荫侯”。封爵之后余兴未减，还赐《古柏行》诗一首：“摛藻堂边一株柏，根盘厚地枝拿天。八千春秋仅传说，厥寿少当四百年。”从那时算起，这株侯爷柏又活了 260 多年，应该快 700 岁了，当算元代的活文物。其实顺嘴册封棵古树，一不用给俸禄，二不用赐府邸，反而给“君权神授”的自己平添了一层神秘色彩，何乐而不为呢？后来有人发现，乾隆皇帝一生六下江南，差不多每次都是正月上元节过后出发，四月下旬回京。出京时还是天寒地冻，草木凋敝，回京时候已经是初夏时节，古柏随季节而变化，这或许就是“灵柏”的秘密。

后来，乾隆皇帝封树封上了瘾，近到北海团城、西山潭柘寺，

蟠龙槐

远到辽宁闾山、浙江天目山，到处给古树封官赐爵。唐司空图曾说“不著一字，尽得风流”，乾隆皇帝乱封古树，岂不是“不花一文，尽显恩宠”？当然，皇帝封树，客观上对这些古树起到了较好的保护作用。

除了这些“连理柏”“灵柏”之外，御花园里的其他珍稀草木同样值得玩味游赏。在御花园天一门里的钦安殿前，还有两棵白皮松是清初的遗物，其中东侧的一棵名为“卧龙松”。园西南的两棵清代龙爪枣为北京的龙枣之最。御花园的坤宁门前有两棵明代的古楸树，春季紫花盛开时节，分外绚丽。园东南角和西南角各有一棵巨大的龙爪槐，尤其是东边的一棵，是北京的龙爪槐之最。此树是槐的变种，用国槐做砧木嫁接而成，小枝扭曲而下垂如虬龙探爪，树冠如一顶翠绿色的巨型帐篷，覆盖面积达 80 平方米。此槐姿态奇绝、情趣盎然，人称“蟠龙槐”。故宫里的古槐如今所剩不多，却都气度非凡。西华门内的“紫禁十八槐”是明初建紫禁城时栽种的，目前尚存 16 株，树龄已有 600 多岁，树围最大者达 4.7 米，需 3 个成年人才能合抱。

在钦安殿的门外，陈设着许多美丽的奇石，其中一座奇石上边有一个人形，被称为“诸葛亮拜北斗”。还有一座形似很多粘连在一起的海参，被称为“海参石”。两石相对而立，皆以自然形成的石纹闻名。

“诸葛亮拜北斗”是奇石朝东的石面上呈现出一个躬身下拜的人形，他头戴道巾，身着紫氅，长袖下垂，双手拱起，面对前上方点点星斗，作拜揖状，形态极为生动。关于这奇异的天然图纹，还附会着一段神奇的传说：诸葛亮伐魏出斜谷后，夜观天象，知自己将死，遂在五丈原按北斗七星位置摆了七盏灯，准备燃灯祭天七七四十九日，以求延寿。结果最后一日被魏延将灯踢灭，延寿未成，即口吐鲜血而亡。因为诸葛亮生前指挥打仗曾多次借助上天的力量获胜，因此他吐出的鲜血便在石头上化成自己的拜揖身影和北斗七星，以表铭感之情。所谓“奇石”，就是一块石头加一个故事，当然杜撰的故事也须在人情事理之中。其实“诸葛亮拜北斗”石是一块含砾石英岩。所谓“诸葛亮的身影”实际上是石英砂岩在成岩过程中，3 个大小不等的含铁质凸镜体巧连而成的深色图案，所谓“北斗星”，不过是一些大大小小的砾石而已。

“海参石”位于天一门路旁左侧，石长约 80 厘米，高约 60 厘米，石表面的形状犹如许多海参挤在一处，每个“海参”的大小和形状都与真海参酷似，有密集恐惧症的人看了可能会感到有些异样。盆景的下面配有一方形汉白玉石须弥座。史载明万历二十四年（1596），乾清宫和坤宁宫都被火灾焚毁，重建后，为了点缀景观，从云南运来了 40 箱奇石，尺寸有五尺的、四尺的、三尺的和一尺半的不等，而且全都拟定了吉祥好听的名字，有神龙云雨、天地交泰、龙翔凤舞、云霞出海、寿山福海等。钦安殿门外的这些奇石或许就是其中的一部分。

堆秀山　浮碧澄瑞赏鸣禽

御花园东北的堆秀山上，至今矗立着一棵清乾隆年间种植的白皮松，名曰“堆秀松”。此松遍身银白，树姿挺拔，它与周围的假山、

婉容等人在堆秀山上合影

方亭等相得益彰，并自成一景。

堆秀山，明曰“堆绣山”，这里原是明代观花殿的旧址，万历十一年（1583）改筑堆山。整座山完全是由奇形怪状的太湖石块堆砌而成，堆山匠师们称这种手法为“堆秀式”，因此得名。山北依宫墙，高三丈有余。这里是紫禁城内的一处制高点，每年九九重阳，皇帝后妃便来此登高眺望。自亭上可俯瞰后宫，御花园景色尽收眼底，浮碧亭和澄瑞亭下的曲池中水禽嬉戏；苍松翠柏和花草藤萝间仙鹤漫游；南望禁宫一片琉璃之海，黄色的琉璃瓦在晴空下映射出闪耀的光芒。亭上亦可远眺前朝，北望景山、北海，天气一级好的时候，还能看到如黛的西山。如今出于保护假山和游客安全，山道封住，御景亭不能登临，但可以通过 VR 设备欣赏。游览御花园的观众有机会登御景亭，俯瞰整个宫苑。

“御景亭”和“堆秀”之名皆为明万历皇帝所赐，清代至今仍保留着明代的旧称，现存的匾额皆清代所制。东侧山脚石壁上还刻有乾隆皇帝所题的“云根”二字，以赞誉石山似层云叠起之美。堆秀山虽是叠砌垒垛的假山，但由匠师们精心设计和巧妙地使用大小不一、形状各异的太湖石，在比较狭小的地面上，叠垒成一座怪石嶙峋、岩石陡峭的崇山峻岭，山上有些石块酷似鸡、狗、猪、猴、马、兔等十二生肖的动物形状，或卧或站，姿态各异，吸引人们去揣摩猜测，因而增添了观赏的趣味。山下有三条路可以到达山顶，东西山石间各有一条磴道，拾级而上可达山顶御景亭。除此以外，从山前正中洞内的石阶盘旋而上也可以到达山顶。御景亭平面方形，四柱，一斗二升交麻叶斗拱，攒尖顶，上覆翠绿琉璃瓦，黄色琉璃瓦剪边，镏金宝顶，四面设隔扇门。四周围绕着汉白玉石栏板。亭内天花藻井，面南设宝座。

堆秀山正面有岩洞，内为砖砌穹隆式石雕蟠龙藻井，洞门上额题满汉文“堆秀”。山洞洞口左右两侧山石间，设有一对石雕石狮驮石盆，石盆中有蟠龙喷水。山腰处暗设水缸储水，以管相连，据说为三口，以前每天都有人负责往里面注水，利用水的自然压力引水至蟠龙口中喷出，此为宫中仅存的“水法”。每组石雕分上、中、下三部分：其中下部是趴卧姿势的大石狮，向内歪着头张着大嘴，大尾巴横摆，体态壮硕，四肢粗壮，显得十分稳健，两只石狮造型一

堆秀山岩洞洞门上额题满汉文“堆秀”

样，前爪下无饰物，无法区别雄雌，不同的地方是东边的石狮耳朵向上卷，西边的石狮耳朵向下垂；中部是大石狮背上有两只较小的石狮，头尾相交靠在一起，挤靠着一起奋力托起一个大石盆，起到了"瓶颈"连接的作用；上部是扁鼓状的大石盆，盆中一条石刻蟠龙，龙头高昂，龙口中镶水管用来喷水，石盆盛水，水满后外溢流出，石盆外周边刻十五六只上下腾跃、活泼可爱的浮雕小石狮。整体上看，石刻以石狮为主，形状是下大上小，造型稳定，雕刻起伏流畅，龙嘴喷头是金属管制成，把金属管与石头雕刻品结合起来，在当时并非易事。据说当年为了让龙嘴喷水，太监们先提水至堆秀山顶，把水装入御景亭的铜水缸中，缸底有管道，水从山顶水缸中通过管道而下，产生压力再从石蟠龙口的喷嘴中喷出，形成水喷泉景象。石盆中水盛满后，水沿石盆边外溢形成水帘，这时石盆外周边的浮雕小石狮好似在水中嬉闹，底部大石狮被清水"沐浴"，水花四溅，石狮喷泉给御花园增添不少情趣。有专家推断，这对御花园石狮雕刻明显受到欧洲西方建筑装饰雕刻品的影响，其雕造时间应与圆明园相仿。

在堆秀山的东侧，过了摛藻堂紧靠宫墙，有一座不起眼的小亭子，也是明代的建筑，名叫凝香亭，原名金香亭，建于嘉靖十五年（1536），万历十九年（1591）后重建，现亭上无匾。和它对应的，在御花园西北角是玉翠亭，原名毓翠亭。两亭形制、构造基本相同。方形攒尖顶，四柱，柱间设坐凳栏杆，天花绘五彩百花。玉翠亭曾增设门窗。比较别致的是，两亭的瓦是黄、蓝、绿三色琉璃瓦相间，如棋盘格，显得十分活泼，为宫中所仅见。

石子路　戏文铺向漱芳斋

清光绪三十四年十月二十一日、二十二日（1908 年 11 月 14 日、15 日），光绪皇帝和慈禧太后相继离世。按清朝制度，国丧期间不得大兴土木。接掌权力不久的隆裕太后，却命她的心腹、新任大总管小德张主持修缮御花园。

园内甬路均以不同颜色的卵石精心铺砌而成，沿路观赏，妙趣无

漱芳斋

穷。御花园内的青砖甬路，两侧用彩色石子镶拼的图案铺成，有900余幅不同的图案，画面多为人物、花卉、景物、戏曲、典故等以及“三羊开泰”“五蝠捧寿”等吉祥内容。小德张为了迎合戏迷隆裕太后，在监工时，叫工匠在甬路旁镶拼了多幅有戏曲情节的石子画面。石子戏曲图之所以多铺在御花园西部，是因为清末宫内主要的演戏场所漱芳斋就在那里。宫里的听众边走路边低头看着“石子戏曲连环画”，不知不觉就到漱芳斋戏台了。

石子图中既有《灞桥挑袍》《过五关》这样宫里常听的“老爷戏”（关公戏），也有《顶灯》这样的文丑玩笑戏。《顶灯》的石子图在御花园西部四神祠附近的甬路旁，长约1米、宽约0.5米，共有4组情节。右起第一组为老婆手执擀面杖，逼迫嗜赌成性的老公跪在板凳上，头顶一盏点着蜡的烛台。第二组为老婆手执笤帚疙瘩横眉立目，老公头上顶着板凳，膝下跪着搓衣板，双手作揖，看来惩罚已经升级。第三组为老公跪上了板凳，头顶上换成了老婆的尿盆，而老婆手执洗衣服用的大棒槌，坐在一旁数说。第四组为老公不堪酷刑折磨，骑上毛驴逃走，腋下还夹着包袱，愤怒的老婆举着擀面杖和菜刀不依不饶地在后面追。生动风趣，充满市井生活气息。

现在看来，接地气的《顶灯》石子图给“高端大气上档次”的御花园，增添了烟火气和俚俗味儿，但搁在封建专制集权的大本营里，当年还真显得有点儿另类。试想若没有隆裕太后在后面撑腰，小德张敢如此大胆设计，也是需要一番勇气的。好在自乾隆以降，清代帝后们多有好戏之癖，至今宫内还存有大小戏台5座，足见昔日之盛。其中大型戏台有畅音阁，中型戏台有长春宫和漱芳斋，小型室内戏台有金昭玉粹及倦勤斋。

乾隆皇帝和慈禧太后自不必说，就连性格严肃、提倡节俭的嘉庆皇帝，也留有诸如“孙福喜嘴里念唱太快，以后慢慢地念唱”“‘如今世上的人’未念，是张文德忘了，重责二十大板”这样关于评戏的口谕。在以昆曲为“雅部”的时代，嘉庆皇帝曾下旨禁演“乱弹、梆子、弦索、秦腔”，理由是“声音即属淫靡，其所扮演者，非狭邪媟亵，即怪诞悖乱”。但是，这些“乱弹”因曲式流畅动听，内容贴近生活，“虽屡经明旨禁之，而其调终不能止”（清昭梿《啸亭杂录》）。最终，从汉剧和徽调发展演变来的皮黄戏，被帝后逐渐认可并演进了宫廷，就是如今的京剧。1922 年 12 月 1 日溥仪大婚，曾在漱芳斋连演 3 天大戏。同治皇帝的遗孀瑜太妃，在漱芳斋看了梅兰芳演出的《霸王别姬》之后感叹道：“以前跟着慈禧太后看了一辈子戏，也没看过梅兰芳这样的好戏，以前看过的戏真是白看了！”

养性斋　宣石如雪抱斯楼

和绛雪轩遥遥相对，位于御花园的西南角、琼苑西门北面的是养性斋。养性斋始建于明代，称乐志斋，清代改今名。斋为两层楼阁式，原为 7 间，坐西朝东。清乾隆十九年（1754）于楼两端向前各接出 3 间，改建为转角楼，平面呈“凹”字形，前出月台 1 座。嘉庆二十年（1815）重修，月台面改墁金砖。道光时亦曾修葺。养性斋为黄琉璃瓦转角庑殿顶，上层前檐出廊，下层东面明间开门，次间及南北转角 3 间均为支摘窗。楼上正中悬康熙皇帝御笔匾“飞龙在天”。

养性斋

楼下正中悬匾“居敬存诚”，北楼下东向匾为“悦心颐神”。养性斋前叠石环抱，曾有曲流馆，后拆除。

养性斋有个与众不同之处，人即使站在楼前，也难以见到此楼全貌，因为有一带假山环拥。这耸然屹立的假山，使用了百吨之巨的宣石堆叠而成。宣石，又称雪石、宣城石，主要产于皖南宣城、宁国一带山区。宣石在地质学上称石英岩，内含大量白色晶质石英，颜色洁白，与雪花、冰块相近。它还有一个特点，就是时光越久，越显洁白。明代计成在《园冶》一书中说：“惟斯石应旧，逾旧逾白，俨如雪山也。”洁白的宣石，层层叠叠，奇形怪状，峰上有峰，洞中连洞，让养性斋成为御花园中的山居小景。在养性斋对面还有一块南太湖石，造型空灵，姿态昂然，安放于雕花玉石座上，与养性斋前的“青龙白虎”相呼应，殊显优雅闲逸。清嘉庆、道光两位皇帝时常来此斋小憩。到了同治、光绪年间，这里鲜有人问津。据隆裕太后的大总管小德张回忆，庚子年（1900）八国联军进北京，慈禧太后来到御花园，就是在养性斋更换的便装，带着青衣小帽打扮的光绪皇帝仓皇出逃。清逊帝溥仪的英文教师庄士敦曾在此居住。庄士敦是一个中国通，中国话讲得非常流利。溥仪在《我的前半生》中写道，自己念书厌烦的时候，庄士敦能循循善诱，“讲些山南海北、古今中外的掌故”。他称赞庄士敦是自己的又一个灵魂。为了朝夕相处、便于交流，溥仪特意把养性斋赐给庄士敦当书房兼卧室。溥仪学习英文，也在这里。1922 年，当时宫中地位最尊崇的端康皇贵太妃（光绪皇帝瑾妃），曾携溥仪、溥杰、毓崇 3 人在养性斋前留影。这张照片至今仍清晰可辨。

养性斋的东面、观鹿台的北侧有一座井亭，为西井亭。与之对称的，在绛雪轩的西面、太湖石（鹤圈）的北侧，也有一座井亭，为东井亭。二亭的特点在于其下部为方形，顶部转为八方形，在四柱上各架一个与平面四角成 45 度的转角桁，两端各与悬在柱外的 4 根转角桁相接，于是形成八边，将承担顶部的荷载传送到四柱。因为利用悬挑达到力的平衡，所以也有称其为“担梁”的。亭顶部覆黄琉璃瓦，有 8 条脊，本应是八角攒尖顶，但按井亭做法而为盝顶，上安 4 对合角吻。亭檐下为花草枋心苏式彩画，白石雕栏板，云龙望柱头，覆莲雕花柱础，整座亭子造型别致，结构巧妙，装修精美，色彩鲜丽，为古建筑中少有的井亭实例。井亭中，井口对着的上方中空，一是为了延揽天光，接续“无根之水”，二是为了方便长杆淘井。

从西井亭一直向北走到头，左手就是位育斋。它位于御花园内西北角，西邻玉翠亭，东傍延晖阁。位育斋也是明代建筑，初名对育轩，嘉靖年间曾更名玉芳轩，清代改称今名。“位育”出自《中庸》“致中和，天地位焉，万物育焉”，即各得其所，得以生养发育之意，是儒家政治理想。

延晖阁在位育斋的东侧，明代初建时称为“清望阁”，坐北面南，面阔三间，黄琉璃瓦歇山顶，外观为上下两层，其内部两层之间有一暗层，据说建福宫的延春阁就是仿照这个设计的。前檐明间开门，灯笼框隔扇门六扇，两次间为灯笼框槛窗。阁之上层回廊环绕，玲珑轻盈。延晖阁高居于宫墙之内，与东部的堆秀山形成左右均衡的格局。这里还是一处供登临远眺的建筑，登阁俯视，园中古柏错落，风光旖旎，宫外景山五亭尽在目中。在冬季天气晴朗的日子，这里还可以看到西山的积雪。清代乾隆、道光、咸丰等皇帝常登此阁赏景，并吟诗作对。如乾隆皇帝的“锦座凝香，花敷春苑丽；晴窗挹翠，霞带晓屏舒”，就颇有些意境。

出了承光门也就出了御花园，向北就是顺贞门了。顺贞门位于内廷中路的北端，是内廷通往神武门的重要通道，无故禁开。皇后赴西苑先蚕坛行祭祀礼或去往圆明园、寿皇殿等处均出入此门，皇帝有时也从此门出入。此外，钦安殿道场之期，随时启闭以供道士进出，但须严行稽查，不许闲人混进去。明代若逢宫人病故，棺椁从顺贞门右侧门送出。清代后宫亲族女眷曾奉旨会亲于此，选秀女亦进此门，现建筑完好。承光门和顺贞门之间的夹道东西两侧，分别有一头镏金铜

溥仪与庄士敦在养性斋二楼

跪象。两头铜象都是两条前腿向前跪着。1924 年，溥仪、溥杰、润麒和庄士敦曾靠在其中的一头跪象前合影留念。近 100 年转眼过去了，斯人皆已逝，铜象跪如初。

1924 年溥仪（右）与庄士敦、溥杰（左二）、润麒（右二）合影

古华轩　长楸古柏是佳朋

宁寿宫花园，也叫“乾隆花园”。它位于故宫东北部，建筑布局精巧，组合得体，是中国宫廷花园的典范之作，被誉为“宫中苑”。据《北京志·世界文化遗产卷·故宫志》载，宁寿宫位于紫禁城东北部，是一处四周围有高大红墙的独立区域。明代是哕鸾宫、喈凤宫等太妃们生活养老的地方，成化周皇后、崇祯懿安皇后等都在这里住过。清初这些建筑全部被毁，仅在衍祺门一带留有少量的内宫用房。清康熙二十八年（1689），康熙皇帝把这里改建为宁寿宫，作为顺治皇帝孝惠章皇后颐养天年之所。乾隆三十七年（1772），乾隆皇帝宣布自己只做60年皇帝便让位，不超过他祖父康熙皇帝执政61年的纪录，以示敬祖。于是以“待归政后，备万年尊养之所”为由，下旨内务府，再次改建宁寿宫，作为退位后的颐养天年之所，并在宁寿宫区域的西北部修建了这座花园。

负责设计营造宁寿宫花园的，是工部样式房掌案“样式雷”第四代传人雷家玺。为了让乾隆皇帝晚年过得舒适滋润，雷家玺在花园的设计上费尽了心思。他把整个宁寿宫花园划分为四进院落，按南北两段轴线布置。乾隆皇帝平生数下江南，对苏杭园林之美情有独钟。雷家玺自然了解皇帝的心思，投其所好，专门依照苏杭园林的风格，精心安排了宁寿宫花园的布局。整个宁寿宫花园比御花园面积要小很多，但整体结构更加紧凑，空间转换更加灵活，艺术呈现更加多样。园中的主要建筑物包括古华轩、旭辉庭、遂初堂、竹香馆、萃赏楼、延趣楼、三友轩、耸秀亭、碧螺亭、符望阁、玉粹轩、倦勤斋等。

穿过乾隆花园的衍祺门，就是第一个院落——古华轩。民国时

古华轩

候，古华轩的匾额已遭毁弃，现在人们看到的，是后来重新制作的。古华轩前的那棵古楸木最有名。据说当年修建古华轩的时候，工匠打算将这棵楸木砍掉，平整土地后建一座面阔五间，歇山卷棚式屋顶的敞轩。乾隆听说后没有同意，他说房屋可以择地而建，计时而成，树木长这么大需要多少年月，况且死而不能复生，不如把房子后移，避开古楸。那么这棵古楸是什么年代留下的呢？

如今古华轩所在的位置，位于辽金时代都城东北郊兴国寺和明代太庙之北。按照寺庙、坟茔植楸的民俗，古楸很可能是古兴国寺的遗存，即先有古楸木，后有紫禁城。其实，古华轩的古楸木还不止这一株，此地共有 3 株古楸木。乾隆皇帝命避开古楸后移建轩，另外两株古楸就成为古华轩西侧假山上的古树了。只不过，这两株同时代的

禊赏亭内的石渠“九曲十八弯”

古树因为所处位置没有那么显眼，也没得到过乾隆皇帝的恩遇，所以默默无闻罢了。楸树在先秦时叫“榎”或“槚”。《左传》称之为“萩”。战国时期《孟子》谓之“贾”。到了西汉,《史记》才开始将它叫作楸。楸树有“木王”“黄金树”之美称，与东南亚黑檀木、紫檀木及美国枫木等齐名。宋《埤雅》载:“今呼牡丹谓之花王，楸为木王，盖木莫良于楸。”楸木寿命之长，不在松、柏、椿、槐、银杏之下。在山西省原平市扶苏庙内有一对龙凤巨楸，树龄 2000 多岁。其中一棵树胸围 13.2 米，高 35 米，被誉为“华夏第一楸”。据说这棵树中空的树洞，可容纳 4 个人坐下打牌。乾隆皇帝救下的这株古楸与之相比，应该算是“后浪”了。

乾隆四十一年（1776)，宁寿宫建成。第一进院落的主体建筑古华轩为敞轩，坐北面南，正面悬挂乾隆皇帝御笔“古华轩”木匾。轩之内外还悬木雕龙匾 4 块、明间楹联 1 副，均是乾隆皇帝为轩前的数百年古楸而题。他在一个木雕匾额上有“巨擘柏与楸，其年难计数。柏固恒弗凋，楸有枝为伍”数句。轩内还有楹联，上书“明月清风无尽藏，长楸古柏是佳朋”，皆以古楸木为吟咏的主题。

古华轩的东侧为抑斋，斋外的假山上有撷芳亭，亭西为矩亭。轩西是著名的禊赏亭。此亭坐西面东，坐落于须弥座平台上，面阔三间，进深三间，前出抱厦，平面呈“凸”字形，三面出歇山式顶，中间为四角攒尖琉璃宝顶，黄琉璃瓦绿剪边，檐下饰以苏式彩画。明间后设黑漆云龙屏门，挡住了亭后的高墙，有延伸花园西进之感。北侧有游廊接旭辉庭。

游客记忆最深的，大多是禊赏亭抱厦内的“曲水流觞”。地面凿石为渠，渠长 27 米，蜿蜒盘折“九曲十八弯”，称“流杯渠”。渠水来自亭南侧假山后掩蔽的水井，汲水入缸，经假山内暗渠流入渠内。乾隆皇帝在这里仿效的是东晋王羲之与友人在兰亭曲水流觞、临流赋诗的风雅。亭的内外装修均饰竹纹，象征王羲之兰亭修禊时“茂林修竹”的自然环境，亭前垒砌具有亭园情趣的山石踏步，亭檐下以刻有竹纹的汉白玉栏板围护，渲染了幽雅闲适的意境。乾隆对宁寿宫的改建工程很上心，数次前往施工现场查看，毕竟是将来自己养老的地方，马虎不得。掌案雷家玺更是为了宁寿宫花园的营建尽心竭力，严格把控每道建筑工序的质量关，不敢有丝毫闪失。现在看起来，禊赏亭乃至古华轩将古典文人的空间美学发挥到了极致，与中轴线上那些建筑大开大合的刚硬线条比起来，花园内回环的曲线，透露出主人寄情山水、心向自然的审美追求。据《日下旧闻考》记载，亭中除了现存的曲水流觞外，原先有石柱，上面还刻有乾隆临董其昌的《兰亭记》，民国时期已经不知下落了。

符望阁　最是祥霙漫天时

符望阁是宁寿宫花园的主体建筑，建于清乾隆三十七年（1772），嘉庆七年（1802）修葺，光绪十七年（1891）重修。其建筑形制是模仿建福宫花园的延春阁。平面呈方形，外观两层，内实三层，四角攒尖顶，蓝色琉璃瓦件饰檐、脊，其余铺黄色琉璃瓦。其室内装修颇具特色，以各种不同类型的装修巧妙地分隔空间，穿门越槛之际，往往迷失方向，故有“迷楼”之称。它是宁寿宫花园中最高大的建筑，登临其上可一览紫禁城内外的秀色。

据传，每年腊月二十一，皇帝要在符望阁赏饭给王公大臣，俗称“赐饭”。而对征战有功将帅或朝中近臣，在此也时有赏饭。这“赐饭”听起来是皇帝赏赐给臣子的一份荣耀，其实不然。“赐饭”不一定是与皇帝一同吃饭，通常是由司礼监掌印太监陪同，且礼仪烦琐，规矩甚多，特别是要站着或跪着把饭吃完，所以对于受赏者来说，是一件苦不堪言的事情，故此众臣私下里有这样一句话：“不怕圣上召见，就怕皇上赏饭。”

嘉庆皇帝青睐宁寿宫花园的景致，多次到花园中小住，特别是园中的符望阁，嘉庆皇帝多次在中秋之夜到此赏月，重阳之时到此登高，落雪之日到此登临赏雪。

有史料记载，嘉庆十五年（1810），因北京地区入冬后迟迟未降雪，嘉庆皇帝甚感不安："入冬久不见雪，二麦（即冬小麦、大麦）难以滋润，秋日丰年何望？"遂命礼部大臣到天坛"祈雪"。"京师自腊月以后，瑞雪频番（繁）……岁除日复大沛祥霙，连宵达旦。"这一日嘉庆皇帝上完早朝，刚一出乾清宫，就见天上飘起了雪花。当他沿着御道走到乾清门时，已是大雪纷飞，心里大悦，便传旨更衣备辇，直奔宁寿宫花园。不多时，嘉庆皇帝乘辇进入皇极门，过宁寿门、养心门等，来到宁寿宫花园，此时已是漫天大雪，花园中的树木变作玉树琼枝，晶莹剔透。嘉庆皇帝即兴登上符望阁，极目远望，宫中雪景美不胜收，新岁年景丰收可期。

倦勤斋　笙歌管弦寄闲情

宁寿宫花园的第四进院落，西北角是倦勤斋，坐北朝南，面阔九间，卷棚硬山顶，覆绿琉璃瓦，黄琉璃瓦剪边，前出廊，檐下绘苏式彩画。室内竹丝挂檐，玉璧镶嵌，夹纱双面绣隔心，一派江南风韵，精致优雅。

符望阁是宁寿宫花园中最高大的建筑，登临其上可一览紫禁城内外的秀色

乾隆亲题“倦勤斋”匾额

乾隆皇帝将其视为自己的养老居所，取“耄期倦于勤”之意，亲题“倦勤斋”匾额，悬于倦勤斋檐下正中央，并传旨“兹新盖宁寿宫，待予归政后居处则为太上皇临御之所”。乾隆六十年（1795）九月初三，85 岁的乾隆皇帝在圆明园勤政殿召集众皇子、皇孙、王公大臣，公布他的传位诏书：立皇十五子和硕嘉亲王颙琰为皇太子，改明年为嘉庆元年，元旦举行授受之礼。嘉庆元年（1796）新正，乾隆兑现了他多年前的诺言，将皇位传给了儿子颙琰。尽管乾隆退了位，却仍住在养心殿，没有按照清朝的礼制，在禅位之后移居他处。于是修好多年用于养老的宁寿宫，一直在等待着它的主人。

乾隆禅让后，朝廷的一切大权依旧在他手上。他经常临朝，接受百官朝贺，嘉庆则处于陪侍的地位。乾隆还给他自己揽权的行为起了一个好听的名字——“训政”，并在嘉庆三年（1798）表扬了自己的“训政”工作：“三载以来，孜孜训政，弗敢稍自暇逸。”直到嘉庆四年正月初三（1799 年 2 月 7 日），乾隆驾崩于养心殿。从雍正十三年（1735）25 岁时登基移居养心殿，直到 89 岁去世，他在这里一共生活了 64 年。作为“太上皇临御之所”的宁寿宫，一天也没有见它的主人搬来住，去遛个弯儿倒是常有的事。仅在乾隆四十一年（1776）至五十九年（1794），他就来宁寿宫花园倦勤斋 8 次。有时到倦勤斋小戏台观赏习艺太监演唱岔曲，即八角鼓、子弟书，有时在此小宴近臣。

倦勤斋面积不大，也没有礼制性的设施，但它的修饰、摆设，处处透着精心和讲究，内檐装修罩隔大框都用紫檀。分隔室内空间的隔扇，用鸡翅木框架拼接成灯笼框、冰裂纹或步步锦，中嵌玉石。隔扇中间，蒙着轻薄的夹纱，略有点透明，似玻璃而坚韧耐用，上面可题诗绘画。倦勤斋的夹纱，一律是双面绣，图案是缠枝花卉，行针运线步步精巧，不着痕迹，配色清雅，浓淡相宜。倦勤斋的竹黄工艺、竹丝镶嵌、双面绣、髹漆工艺都是在江南完成的，充满水乡灵气。

更有意思的是，倦勤斋被设计成一座“仙楼”。所谓仙楼，是一种将室内以木装修隔成二层阁楼的设计，它是从江南园林中移植过来的。倦勤斋空间有限，仙楼的设计使它陡增变数，有了空间上的节奏感。在仙楼的上层、下层，分别贴着竹雕的花鸟、山林、百鹿，房间里洋溢着祥和的气息。西四间的小戏台，时时传出丝竹管乐之声，乾隆皇帝命词臣填词，南府太监唱曲，自己沉醉其间，乐而忘忧。

小戏台边那幅通天落地的大壁画最为震撼，那或许属世界上最早的一批通景彩绘墙纸。画幅与墙壁等大，画中描绘的景象通过透视关系与室内的空间连成一体，像是真实世界的一部分：一道斑竹围成的篱笆后面，是一片丰饶的园林；粗壮的松柏下面，各种花卉盛开；双层宫殿金黄的歇山顶从篱笆的上面露出来，在蓝天下高昂着它的戗脊；画面的远景是一道宫墙，宫墙外，山影如黛，天高云淡，有喜鹊翱翔于碧空，棚顶是满满一架开满紫花的藤萝，仿佛有香气袭来……置身其中，仿佛进入另一个三维空间。艺术史家将这种“天衣无缝地画在建筑的墙壁和天花板上令人产生错觉效果的绘画”称为“通景画”。这样的通景画无疑深深吸引了乾隆皇帝，后来他在玉粹轩、养和精舍的明间和东间都如法炮制，这四个房间的通景画刚好组成春夏秋冬四个场景：春天群芳开烂漫，夏天紫藤满璎珞，秋天苍山飞雁阵，冬天梅香远益清。这些通景画虽然用的是中国绘画的笔墨，却融入了西方当时最流行的巴洛克艺术风格。我一直猜想，这一艺术呈现很可能与乾隆皇帝的御用画家郎世宁有关。到底是不是呢？

后来查资料显示，乾隆皇帝修建倦勤斋时，郎世宁已经去世。倦勤斋里的通景画，是郎世宁的学生王幼学所绘，与其师作品有几分神似。据记载，当年创作通景画时，乾隆皇帝网罗了全国顶级的名匠和建筑材料。通景画所用褙纸是当时的高丽纸，由桑树皮制成，是一种完全由桑皮纤维经手工加工制作而成的纸。这种纸早在清代中期便不再生产。前几年，故宫着手修复倦勤斋通景画时发现，很多材料的古法制作工艺已经失传，负责通景画修复的专家，费尽心思，终于成功地制造出了“仿乾隆高丽纸”。

自乾隆死后，倦勤斋久无人住。直到光绪十五年（1889），宁寿宫再次修葺一新。随后慈禧在宣布“撤帘归政”给已大婚亲政的光绪皇帝之后，搬进宁寿宫居住。倦勤斋的小戏台，便成了慈禧听戏的地方。每次演戏，慈禧都端坐台下正中间的位置，除了让太监、宫女在身边伺候外，有时也让光绪皇帝和后妃们相伴左右。每次演完戏之后，慈禧都对演员们有所赏赐，有时出手大方，赏银赏摆件，也有时抠门儿，一盒果子或是一盒点心就给打发了。

光绪二十年十月初十（1894 年 11 月 7 日）是慈禧六十大寿。慈禧晚年行事的做派，处处有意模仿乾隆皇帝。乾隆皇帝寿辰要去圆明园庆贺，并在沿途大摆排场，慈禧则打算在颐和园万寿山举办贺寿庆典，回紫禁城时沿途也要设置吉庆的街头景点，诸如花坛、彩牌楼之类。有道是“万般皆是命，半点不由人”，7 月间甲午海战北洋水师几乎全军覆没，慈禧不得不在 9 月 25 日降懿旨，取消在颐和园的庆典，在宁寿宫中黯然度过了她的六十大寿。光绪二十六年（1900），八国联军攻打北京城，情急之下，慈禧带着光绪皇帝等从神武门出逃。行前命太监将幽禁于北三所寿药房中的珍妃唤出。珍妃不愿走，慈禧一怒就令二总管太监崔玉贵将其推入宁寿宫北端与倦勤斋仅一门之隔的井中溺亡，该井后被称为“珍妃井”。倦勤斋也自此曲终人散，至民国间已荒芜特甚。

慈宁宫　临溪亭上叹流年

慈宁宫花园位于内廷外西路隆宗门西侧，是紫禁城中轴线上最靠西侧的一座花园。慈宁宫始建于明嘉靖十五年（1536），是在仁寿宫的旧址上撤除大善殿建成的。万历年间因火灾重建。万历皇帝的母亲李太后曾在此居住。清顺治十年（1653）、康熙二十八年（1689）、乾隆十六年（1751）均加以修葺，一直作为历代皇太后居住的正宫。乾隆三十四年（1769）兴工将慈宁宫正殿由单檐改为重檐，并将后寝殿后移，成为今天看到的样子。所以这里从一开始就是专为先帝的遗孀们准备的养老宫。按照封建礼仪，新皇帝不能与前朝的妃嫔同居东西六宫，须为她们另择居所。

慈宁宫门前有东西向狭长的通道。通道南侧是花园，北侧是宫殿区。宫殿区的正门为慈宁门，内有高台甬道与正殿慈宁宫相通，前院东西庑正中各开一门，东曰“徽音左门”，西曰“徽音右门”。正殿慈宁宫居中，黄琉璃瓦重檐歇山顶，面阔七间，当中五间各开四扇双交四椀菱花隔扇门。两梢间为砖砌坎墙，各开四扇双交四椀菱花隔扇窗，台上陈设镏金铜香炉四座。殿前出月台，正面出三阶，左右各出一阶。慈宁宫前的丹陛只有五级，比其他宫殿的台阶平缓许多，或许这也体现了慈宁宫“为老服务”的特殊性。据说顺治年间将紫禁城内绝大多数宫门牌匾中的蒙古文去除，仅使用满文和汉文，唯独慈宁宫牌匾依旧留有蒙古文，因为他的母亲布木布泰是蒙古族的博尔济吉特氏，也就是历史上著名的孝庄太后。所以慈宁宫的匾额，成为故宫唯一由三种文字书写的宫殿牌匾。

慈宁宫东西两山设卡墙，各开垂花门，可通后院。清代慈宁宫正

慈宁宫

殿悬挂着乾隆皇帝的御笔“宝箓骈禧”和“庆隆尊养”两块横匾，楹联为“爱日舒长，兰殿春晖凝彩仗；慈云环荫，萱庭佳气接蓬山”。慈宁宫的正殿主要是为皇太后举行重大典礼的地方。凡遇皇太后圣寿节、上徽号、进册宝、公主下嫁，均在此处举行庆贺仪式。特别是皇太后寿辰时，皇帝要亲自率众行礼，“彩衣躬舞，奉觞献寿”，皇子、皇孙和额驸也依照次序，在皇太后面前进舞一番，礼节十分隆重。民国时期，大殿辟为“佛经画像陈列室”，供游人参观。如今慈宁宫主殿也是故宫的精品陈列室。

自孝庄太后死后，实际上慈宁宫再也没有后世的太后、太妃们住过。这是为什么呢？其实这与康熙皇帝有关，康熙 8 岁登基，10 岁母亲去世，从小就跟着奶奶孝庄太后。孝庄辅佐康熙登基，帮他削三藩、收台湾郑氏，功不可没。所以康熙跟奶奶是最亲的。在孝庄太后病危之际，康熙皇帝请来各路法师，还亲率文武大臣到天坛祈告上苍，宁愿自己折寿也要保住孝庄的性命。他在诵读祝文时涕泪交流地说:“忆自弱龄，早失怙恃，趋承祖母膝下，三十余年，鞠养教诲，以至有成。设无祖母太皇太后，断不能致有今日成立，罔极之恩，毕生难报……若大数或穷，愿减臣龄，冀增太皇太后数年之寿。”在场之人无不落泪。

75岁的孝庄太后归天后，康熙执意将孝庄太后遗体留在慈宁宫，说:“慈宁宫在，孝庄太后就在；孝庄太后在，慈宁宫就在。”最后，诸位大臣纷纷上奏折不同意皇帝的做法，说如此太过荒唐。康熙只得将孝庄太后归葬于昭西陵。此后，康熙年年在慈宁宫祭拜孝庄太后，慈宁宫就好像变成了纪念孝庄太后的地方。后世的太后们还有谁敢到这里入住呢?

慈宁宫花园是紫禁城内的4座花园之一，是专供太后、太妃休闲游玩之地。相比御花园的“阆苑瑶台”、乾隆花园的“江南秀色”、建福宫花园的“恢宏壮丽”，慈宁宫花园就只能用“静谧安和”来形容了。这个园子是乾隆皇帝为其母崇庆皇太后修建的，南北长约130米，东西宽约50米，占地约6500平方米，比宁寿宫花园略大，总体呈狭长形。这是皇太后以及太妃、太嫔们礼佛休憩的地方。地面平坦，没有过多的山石起伏，仅有建筑物11座，占地不到全园的1/5，是宫内花园最空旷开敞的一座。慈宁宫花园里有百余棵古树，以松柏为主，间有梧桐、银杏、玉兰、丁香，集中分布在咸若馆前和临溪亭周围。花园门内的两棵明代古银杏，是北京市区内最古老的银杏。院内的紫玉兰、白玉兰是慈禧的心爱之物，咸丰皇帝曾给园内咸若馆前的玉兰题诗云:“咸若馆前三月半，紫云白雪玉玲珑。”

慈宁宫花园的几栋主要建筑集中于花园北部，以咸若馆为主殿，

慈宁宫花园内的临溪亭

慈宁宫花园宝相楼

面阔五间，前出抱厦，四周出围廊，是园中主体建筑，为清代太后、太妃礼佛之所。馆内悬“寿国香台”匾，为乾隆皇帝御书。咸若馆东西两侧有宝相楼和吉云楼，馆后正北为慈荫楼。三座楼形制相近，皆为两层，成“凵”形环抱咸若馆。馆内满堂陈设龛案、佛像、法器、供物等。两座紫檀木塔上，供有千尊瓷质无量寿佛，据说都是乾隆皇帝为母亲祝寿祈福而造。

花园南部叠石垒池，池中注水养鱼种荷，水池上横跨汉白玉石桥，桥上建亭一座，名曰“临溪亭”。临溪亭的东西两侧原有翠芳亭、绿云亭，现为面阔五间的庑房各一座。花园的东南角、西南角原各有井亭一座，绿云亭内原有流杯渠，与古华轩内禊赏亭的曲水流觞相仿，渠中之水就是从东南角的井内引出的。临溪亭南边设有花坛，高1米，6.5米见方，须弥座式，种有牡丹和芍药，与北花坛相对称。再向南绕过太湖石叠山，即为花园的南入口。假山区域在清代曾圈出一片区域，为鹿苑。

临溪亭中还有一堂独一无二的藻井。它的独到之处在于它完全是一笔一笔画出来的。亭顶海墁天花，在天花的正中央，一堂方正的金龙藻井熠熠生辉。仔细看才会发现，它并非常见的木雕贴金立体藻井，完全是在平面上彩绘出来的，五彩的颜色和沥粉贴金的手法，使之产生出立体纵深的视觉效果。这样的工艺，在紫禁城中独此一处。

和其他三处花园相比，慈宁宫花园由于受礼制、宗法、风水等多种因素制约，只能按照主次相辅、左右对称的格局安排，布局规整、严谨而单调，除了佛堂就是佛楼，主要依靠内部精巧的装修和院落中的水池、假山以及品种繁多的花木来烘托园林氛围。这些太后、太妃，有的已年迈苍苍，有的可能才二三十岁，都只能在此与青灯古佛为伴，看寂寞宫花开遍，空叹似水流年，终老于深宫冷院之中。

延春阁　古木积翠静且怡

在紫禁城里西北部还有一座花园，名叫建福宫花园。明代这里是西六宫之一，称“西五所”，是专门供皇太子居住的“少年宫”。“皇太子”就是“储君”，所以这座宫殿按规定除了他的师傅，一般文武大臣不许接近，因而也陡增了不少神秘感。

清丁观鹏《太簇始和图》，下方为建福宫花园（现存台北“故宫博物院”）

建福宫花园建于清乾隆七年（1742），其东为重华宫，南为建福宫，西面和北面是高高的宫墙。乾隆就是以皇太子的身份在这里度过了少年时光。他继皇位后，将这里改建为建福宫花园，作为他休息、游乐之所。建福宫花园参照江南园林设计的宫中之园而建，占地面积近5000平方米。园中建筑形式各不相同，亭台楼阁多样，游廊曲折，高低错落，配置山石树木，景色秀丽典雅。乾隆经常陪母后到此休息赏景。有文献记载，在乾隆皇帝的诗集中，有10多首是写建福宫花园的。花园里宫殿的匾额和楹联也有许多是乾隆皇帝亲笔题写的。他还写过一首《御制建福宫赋》，说建福宫花园之建筑是利用旧时宫殿改建的，俭而不陋，宫墙不扩，幽而静怡。他说他不赞成汉制之奢，峻宇雕墙、酒池肉林，应当居安思危，进贤纳谏，敛时五福，不要贪图安逸……此乃“建福”之本意。他还在诗中说“愿将建福宫中福，赐与寰区万姓家”。

建福宫花园的格局是以延春阁和静怡轩为主，延春阁壮丽宏伟，静怡轩开阔舒和。延春阁与花园假山上的积翠亭遥遥相对。静怡轩是皇太子的寝殿，面阔五间，进深三间，三卷勾连搭式屋顶，周有围廊，前檐出抱厦三间，左右有游廊与前矮垣相接，自成体系。西侧的游廊在这里既作为静怡轩院的西院墙，又辟垂花门与花园相连，使静怡轩作为建福宫的寝宫，既不离开轴线，又与花园相连。乾隆登基后，曾有两年夏天回到这里避暑，并不曾作诗，以体验“意静身则怡”的意境。建福宫花园四周有玉壶冰、凝晖堂、妙莲华室、碧琳馆、敬胜斋、吉云楼、慧曜楼、积翠亭等建筑错落有致地环绕。用游廊巧妙连接起各处建筑物，虚实相间，构思精巧。建福宫花园以牡丹和古松著称，在延春阁殿前是一大片牡丹。春日牡丹盛开，姹紫嫣红，乾隆皇帝便携后宫人等同来游赏。建福宫内延春阁前有一湖碧水，太湖石假山夹岸堆叠，湖南岸有一古松，古松倒映在湖水内，故名“一泉松”。

乾隆皇帝收藏的好东西，多半儿放在他的“潜龙之所”建福宫，尤以延春阁为最。他觉得放在自己从小居住的地方，最安全最放心。乾隆去世后，嘉庆皇帝下旨将此处收藏的珍玩宝物全部原殿加锁封存。此后，历经道光、咸丰、同治、光绪各朝，谁也没有启封，更没有查库。直到辛亥革命爆发，民国政府同末代皇帝溥仪商定，准

1923年6月建福宫毁于大火

20世纪初的建福宫延春阁

许他居住后宫，生活供应由民国政府提供。溥仪喜欢建福宫花园，就把它稍加装修，居住于此，并在此修造了供他玩球、看电影的地方。溥仪在回忆录中说，1922 年，建福宫大殿雨天漏水，他命人打开了建福宫内的一栋库房，随即被眼前的一切惊呆了：“我看见满屋都是堆到天花板的大箱子，箱皮上有嘉庆年的封条，里面是什么东西，谁也说不上来。我叫太监打开了一个，原来全是手卷字画和非常精巧的古玩玉器……有的库尽是彝器，有的库尽是瓷器，有的库尽是名画……在养心殿后面的库房里，我还发现了许多很有趣的百宝匣，据说这也是乾隆的玩物……一个百宝匣中，举凡字画、金石、玉器、铜器、瓷器、牙雕等，无一不备，名为百宝，实则一个小型的匣子即有几百种，大型的更不止千种。”他还登上屋顶天沟观看宫殿风光，背后是景山万春亭，至今留有照片……溥仪后来听说，有太监偷偷地撕开仓库的封条，偷盗其中的珍宝，悄悄运到地安门外销赃。

1923 年 6 月 27 日晚 9 点多，建福宫花园内的敬胜斋突然意外失火。东交民巷使馆区内的意大利消防队瞭望到紫禁城中火光冲天，便立即开着消防车驰入宫中救火，并切断了紫禁城的电源。随后北京消防局也前来救火。但因宫中既无自来水，又缺少水井，几吨水用完后，消防人员束手无策，眼睁睁看着火势由静怡轩一直烧到延春阁，以至周围的宫殿一起化为火海。数百年的参天松柏付之一炬。大火直至次日中午才被扑灭。此次大火共烧毁房屋三四百间和大量珍贵藏品，延春阁里乾隆当年收藏的全部古物，以及广生楼的全部藏文《大藏经》，吉云楼、凝晖堂的数千件大小金佛与金质法器等无一幸免，建福宫花园化为灰烬。其中延春阁里存放的宝物，是乾隆当年的最爱。但由于嘉庆封存后再无人打开，所以后世对里面的乾隆珍藏一无所知。2017 年，从延春阁废墟中流出的一个明代成化年间的斗彩月季杯，在国外拍卖中拍出了 1185 万元的天价。乾隆昔日所藏，可窥一斑。

建福宫大火发生后，巷议不绝，有人说是佛堂蜡烛起火所致，有人说系电线漏电引发，有人说是宫中供神燃灯不慎所致，还有人说是溥仪看电影后，电影胶片自燃起火。当时已 17 岁的溥仪放出话说，是宫内太监监守自盗，为了消灭证据故意纵火。他声称要检查太监有无弊端，要强行遣散所有太监，遂引起后宫大乱。冯玉祥闻讯，趁机派鹿钟麟前往故宫，通知溥仪回醇亲王府居住，令太监一律出宫，到地安门雁翅楼居住，紫禁城统统由民国政府接管。自此，建福宫花园从故宫“消失”了。直到 1995 年，总部设在香港的“中国文物保护基金会”捐助数百万美元，经故宫博物院设计施工，历经 5 年，在建福宫的遗址上重现了这座美轮美奂的花园。

除了上面介绍的这 4 个花园，其实紫禁城里还有个不是花园的花园，叫作“南花园”。南花园在西华门以南的东面，明代叫“灰池”，是用石灰泡稻草造草纸的地方。后来改成宫里的一处温室花房，里面种植些瓜果蔬菜，在炕洞子里烘养新鲜蔬菜，以备“春盘”荐生之用。立春那天，灰池出产的生萝卜就可以向帝后们进献了，谓之“咬春”。到了清代，这里改为南花园，就不仅仅是做温室大棚用了。园内栽种了不少花草树木，凡是江宁（今南京）、苏州、松江、杭州等地的织造所进献的盆景，都交给南花园的工匠们打理侍弄，养好的花卉盆景，按时送进各宫殿安放。最有意思的是，南花园秋天还负责收养蟋蟀，到了第二年元宵节的晚上，把蟋蟀放在用彩灯堆叠成巨鳌形状的“鳌山”上，帝后皇子们在欣赏花灯的时候，忽然听到蛐蛐的鸣叫声从鳌山里传出来，这种时空交错的感觉，立时增添了不少游赏的情趣。清代高士奇在其《金鳌退食笔记》中，对此做了较为详细的记述。

第三辑

山景篇

景山前街　盛锡珊绘

景山览胜　五亭争春

北京城里有几座山呢？从自然地理上说，这里是永定河的冲积平原，一座真正的山也没有。但从北京的历史遗存和人文景观上讲，北京城里尤其是中轴线上，可算是“山头林立”。

第一处是北海公园里的白塔山。它是金代离宫太宁宫里的琼华岛。忽必烈在中统二年（1261）对其进行修葺，至元八年（1271）赐名万寿山，是元大都的全城制高点。《元史》上多处记载的“万寿山”，指的就是琼华岛。清代《日下旧闻考》中记载：“元万寿山即金之琼华岛。陶宗仪《辍耕录》及《元史》或称万岁山，盖当日相沿互称。”直到清顺治八年（1651）“建白塔于山顶”，遂改名白塔山。

第二处是现在的景山。明永乐皇帝朱棣营建皇城时，在元代“青山”的基础上堆筑土山，意在压胜前朝的“风水”，命名为万岁山，亦称“万寿山”“镇山”，清初才改称“景山”。至于现在颐和园的万

北海公园白塔山

寿山，原称瓮山。乾隆十五年（1750），乾隆皇帝为庆贺生母钮祜禄氏六十寿辰，在山前明代的园静寺旧址上修建了大报恩延寿寺，并将瓮山改名万寿山，瓮山泊改名昆明湖。

除了琼华岛和万岁山，明代北京城里还有一座山，叫兔儿山。据史书记载，兔儿山高约五十丈，换算成现在的高度有160多米，相当于3个景山那么高。那兔儿山的位置在哪儿呢？为什么后来从北京城里消失了呢？

兔儿山又叫小山子、小蓬莱，在西安门内府右街图样山胡同附近，这一带早已无山，在明代属西苑，因附近原有兔儿山而得名。1965年将西土地庙、槐树胡同并入，定名图样山胡同。也有人称兔儿山为旋磨台，俗名转马台。山上垒石为山，穴山为洞，东西分径，可迂折至顶，山顶有旋磨台。明嘉靖十三年（1534）在山顶建有宫殿，名曰“清虚殿”。兔儿山在山腰垒石为洞，刻石为盘龙，设有“水法”，有水自盘龙龙吻而出，如瀑布一般，倾泻而下，水流分入小洞，复由殿侧注入兔儿山前的池中。池与园中水道相连，在园内弯曲流淌如曲水流觞。兔儿山上乔松参立，古藤萦绕，丝萝下垂，池边奇石林立。兔儿山一直以奇石为盛，据说这些石头是元人自南方运来，每运一石，折粮若干。

当时站在兔儿山四下俯瞰，整个都城尽收眼底，兔儿山的北边还有一组大光明殿为主体的宫殿群，既可赏景又便于休息。兔儿山也是明清帝王重阳登高之处，每到重阳节，宫监内臣还要换上重阳景菊花补服，吃迎霜兔、饮菊花酒。明崇祯末年，崇祯皇帝重阳登高时，在兔儿山上吟诗曰：“重阳旋磨台，共进菊花杯。歌曲征亡国，愁眉锁不开。”其情悲郁，有“满目怆然”之意。

明代兔儿山大都由一些内监道士看守。嘉靖皇帝曾与陶真人在兔儿山上炼丹、修行，他死后，兔儿山炼丹之事也就作罢了。到了天启年间，天启皇帝宠信其乳母客氏和太监魏忠贤，宫内有违背二人意志的太监、宫女，就被囚于兔儿山。清代兔儿山虽犹在宫苑，但逐渐被废弃。山上的奇石，有的被改置于他处，有的被皇帝赏人。据传，雍正年间的名将岳钟琪因战功卓著，在虎坊桥建房时，皇帝特赐兔儿山一块太湖石作为新宅点缀。此石高七八尺，玲珑剔透，奇巧秀美，在北京南城，此石被推为第一。乾隆年间，此宅为纪晓岚购得，他本人颇爱此石，还自称“孤石老人”。纪晓岚去世后，诗人黄安涛曾在嘉庆十八年（1813）从纪晓岚孙儿手中购得一半房产。辛亥革命后，此宅改为直隶会馆，那块奇石已不翼而飞，再也无人提及。其实乾隆年间，兔儿山就已经破败不堪，逐渐被夷为平地，而景山则成为北京城新的制高点。当时丈量景山为十一丈六尺，站在山顶可俯视全城。

刘禹锡说："山不在高，有仙则名。水不在深，有龙则灵。"北京城里的这三座山，其实都是皇家园林里的产物，都坐落在北京的中轴线上，都附着着浓郁的龙图腾文化和帝王气息，和老百姓没有任何关系。直到20世纪初，随着帝制消亡，共和肇始，公园开放，这些平原上的山色，才被民众所知晓。

绮望楼　春山独倚沐朝晖

一进景山南门，山脚下一座雕梁画栋的高楼，坐北朝南横亘眼前，这就是"绮望楼"。绮望楼始建于明代，称为"山前殿"。到清代，康熙皇帝经常在山前殿宴请各地来京朝贺的文武官员、各部落首领、公使等。乾隆十五年（1750），乾隆皇帝命人拆除明代的山前殿，在原址基础上兴建了绮望楼。

绮望楼在地理位置上，堪称绝佳之地：独占景山南麓，安坐中轴线上，南望神武宫阙，御河倒影、角楼仙姿尽收眼底；东沐朝晖，早霞晨光洒金披红；西映太白，晓月长风吟唱楼头。正所谓春山增瑞气，福地满祥光。绮望楼分为上下两层，黄琉璃筒瓦歇山顶，重楼重檐，面阔五间，进深三间。上檐单昂三踩斗拱，明间悬满汉文书匾额"绮望楼"；下檐单昂五踩斗拱，前带廊，有丁头拱雀替，旋子彩画。

绮望楼，楼后山顶即为万春亭（程功提供）

四周有汉白玉石护栏。楼内供奉孔子牌位。北、东、西三面墙下石台基上原有泥塑若干。此楼建成后，是景山官学堂学生祭拜先师孔子的地方。

康熙年间，清代内务府的官员多是包衣出身，识字者不多，能处理一些简单文字工作的就更加捉襟见肘。康熙皇帝对此深有感触，康熙二十四年（1685）四月，他下了一道旨："看来内府竟无能书射之人，应设学房，简选材堪书射者，令其学习。"第二年，内务府大臣遵旨议定在景山的北上门两旁设立满、汉官学各三间，在景山的北上门前开办了景山官学。从学生的构成来看，景山官学"将内务府佐领、内管领下闲散幼童，拣选三百六十名，分定清书三房，汉书三房"，此外"凡内务府人等，有家贫不能读书者，听其入学肄业"。

也就是说，允许内务府的贫家子弟就学，而且学生的“应用器物”也都由内务府免费供给，因而景山官学带有一定的普惠性。只是后来办学效果一般，雍正皇帝登基后，于雍正七年（1729）另外开设了咸安宫官学，培育可用人才。景山官学作为基础教育的机构同时存在。光绪二十八年（1902），清政府议准管学大臣张百熙建议，将内务府的景山官学和咸安宫官学改为内务府三旗小学堂。直至宣统皇帝逊位，内务府官学才退出历史舞台。

民国时期，绮望楼转变功能，开始承接一些文化展览，如 1937 年 2 月 25 日，故宫博物院在景山绮望楼展出流落英人手上的中国古文物照片 600 余幅。新中国成立后，绮望楼曾于 1950 年、1966 年、1973 年、1998 年进行过几次较大规模的修缮，除作为短期临时展览用房外，从未对外长期开放过。

2015 年 10 月 22 日，265 岁的绮望楼首次对市民免费全面开放，“景山历史文化展”同时在这里开展，展览以时间为主线，以景山的历史、建筑、文化为内容，通过 52 张珍贵的历史照片、50 张精美的手绘线描图、23 件文物、6 本文献、2 部影片，向游客讲述景山公园独特的存在价值和时代变迁。展品中利用绮望楼前南门广场的中轴线位置，选取北京中轴线上永定门、正阳门、天安门、故宫太和殿、景山、地安门、钟楼、鼓楼等主要建筑的手绘图，制作的《老北京中轴线主要建筑一览》铜板腐蚀地标，长达 14.63 米。游客一进门，就能感受到自己走在北京的中轴线上，无须赘言，景山这一中轴线中心点的绝佳位置和特殊身份，便可一目了然。展览中最珍贵的文物，就有景山主峰上万春亭的宝顶原件等。

万岁山　紫禁之城一屏风

毫无疑问，景山主峰上的万春亭，是现在北京中轴线空间坐标上的制高点，也是明清北京内城的中心点，站在此处南北眺望，中轴线上大多数建筑尽收眼底。那么，这座冲积扇上的土山是怎么来的呢？

景山最早形成于辽代，那时只是一座小土山，名字就叫“土丘”。到了元代，这里被划入御苑，也称后苑，遂改名“青山”，当时山下还有从“玄武湖”（今北海）引来的清流和一座桥梁。意大利旅行家、商人马可·波罗在他的中国游记中说，离元大都皇宫不远的北面，“距宫墙一箭之地，有一座人造的假山，山高整整一百步，四周长约1.6公里，山上遍植松柏等常青树木，由此得名青山”。明清两代也非常重视景山的植被绿化，《明宫史》有“山上树木葱郁、鹤鹿成群”的记载。清乾隆四年（1739）三月内务府档案记“景山等处栽种树木，按时价采买，已栽过罗汉松、白果松、马尾松、千松、柏松共六百四十三棵。今春又补栽白果松、罗汉松、马尾松、柏松共二百三十七棵”。

明永乐皇帝在营建紫禁城的过程中，把拆除元代皇宫及城墙废弃的渣土和开挖护城河的土方，堆筑在青山上下，进一步扩增了山势。明代前期称之为大内镇山，明万历三十八年（1610），更名为万岁山，将景山园林称为“百果园”；清顺治十二年（1655）改名“景山”，沿用至今。

京城百姓俗称景山为“煤山”。我小时候还常听老辈儿人这么说，还说山上有棵崇祯皇帝上吊的歪脖子老槐树。所以景山在我的儿童时代的想象中就是一个乌七八黑的大煤堆，上边还有个可怕的吊死鬼，简直就是“恐怖”的代名词。及至学校组织春游，我提心吊胆地到了那儿，发现竟然是个漫坡鲜花绿树的大山头。几个男同学顺着山道撒腿朝最高处跑，一口气冲到了山顶的大亭子里。往下一看，傻眼了！这一大片金碧辉煌的古建筑，不就是紫禁城嘛！转到亭子北边一看，钟、鼓楼看得真真儿的！我的家和学校就在鼓楼的东边不远处。从此，景山在我心里不再可怕了。

那么景山到底堆放过煤吗？明代刘若愚在《酌中志》宫廷规制中说：“万岁山，俗所谓煤山也。故老云：土渣堆筑而成。”并在文中纠正了煤山有煤的说法：“崇祯己巳（崇祯二年，1629）冬，大京兆刘宗周疏亦误指为真有煤。”中国社会科学院考古研究所元大都遗址勘察考古证实，钻探下去全为砖头瓦砾和泥土，并无煤炭。但至今一些旅游介绍中，仍说“皇宫启用后，在万岁山脚下堆放煤炭，以备皇宫之需”。

这种说法究竟来源于何处呢？明代沈德符在《万历野获编》中记载，“相传其下皆聚石炭，以备闭城不虞之用者”，接着又说“余初未之信，后见宋景濂手跋一画卷，载金台十二景，而万岁山居其一”。其实沈德符弄错了一个地名，就是前面咱们说过的“万岁山”。因为此“万岁山”非彼“万岁山”，大学士宋濂卒于明洪武十四年（1381），那个时候，朱元璋还在位，北平还是皇四子朱棣镇守的一座边城，景山当时还叫“青山”呢。宋学士笔下的“万岁山”，实际上指的是金代人堆筑的琼华岛。可见“煤山”之说，皆为以讹传讹。还有一种说法，认为“煤山”乃“眉山”之误传。因为如果从空中俯瞰景山，山势呈弧形，弯向南方，形如眉状。最让人无法接受的，就是有人借崇祯皇帝上吊一事，说景山是“霉山”，岂不枉哉！

景山所在的位置，其实与古人的建筑风水观念息息相关。“背山面水”是古人认为最理想的居住环境，依据“青龙、白虎、朱雀、玄武，天之四灵，以正四方”之说，紫禁城的北面是玄武之位，当有山为屏障，是为靠山。故堆筑五峰，镇守在那里。紫禁城南则开凿内金水河，形成山水环抱的格局。景山的主峰，既是中轴线上的制高点，也是全城对角线的交叉点，从传统方位上讲，景山恰是北京的“中央戊己土”。《明宫史》上记载了景山的自然风光：“山上树木葱郁、鹤鹿成群，呦呦之鸣与在阴之和互相答应，可并闻于霄汉。山之上，土成蹬道，每重阳日，圣驾在顶升座，可遥望靡涯矣。”从《乾隆京城全图》上看，当时这座御苑东邻御马监、西邻大高玄殿，南门名为北上门，正对着紫禁城的北门神武门。新中国成立后，为了疏解交通压力拓宽道路，景山的北上门及其左右围墙和筒子河畔的100间值房被拆除。

万春亭　无限风光眼底来

北京叫万春亭的地方有两处，而且离得很近。一处在景山的主峰上，一处在紫禁城的御花园东侧，与绛雪轩毗邻，前文已经说过。景山公园的万春亭位于景山的最高峰，其高度为45.7米，是老北京中轴线上最高和最佳的观景点。每年上巳节时，登上万春亭俯瞰北京城，南边金碧辉煌的故宫、北边的钟鼓二楼、西边北海公园的白塔尽收眼底，山坡上苍松翠柏、迎春吐金、春桃映红、绿柳含烟，一时春色无边。

万春亭南望紫禁城，美景尽收眼底

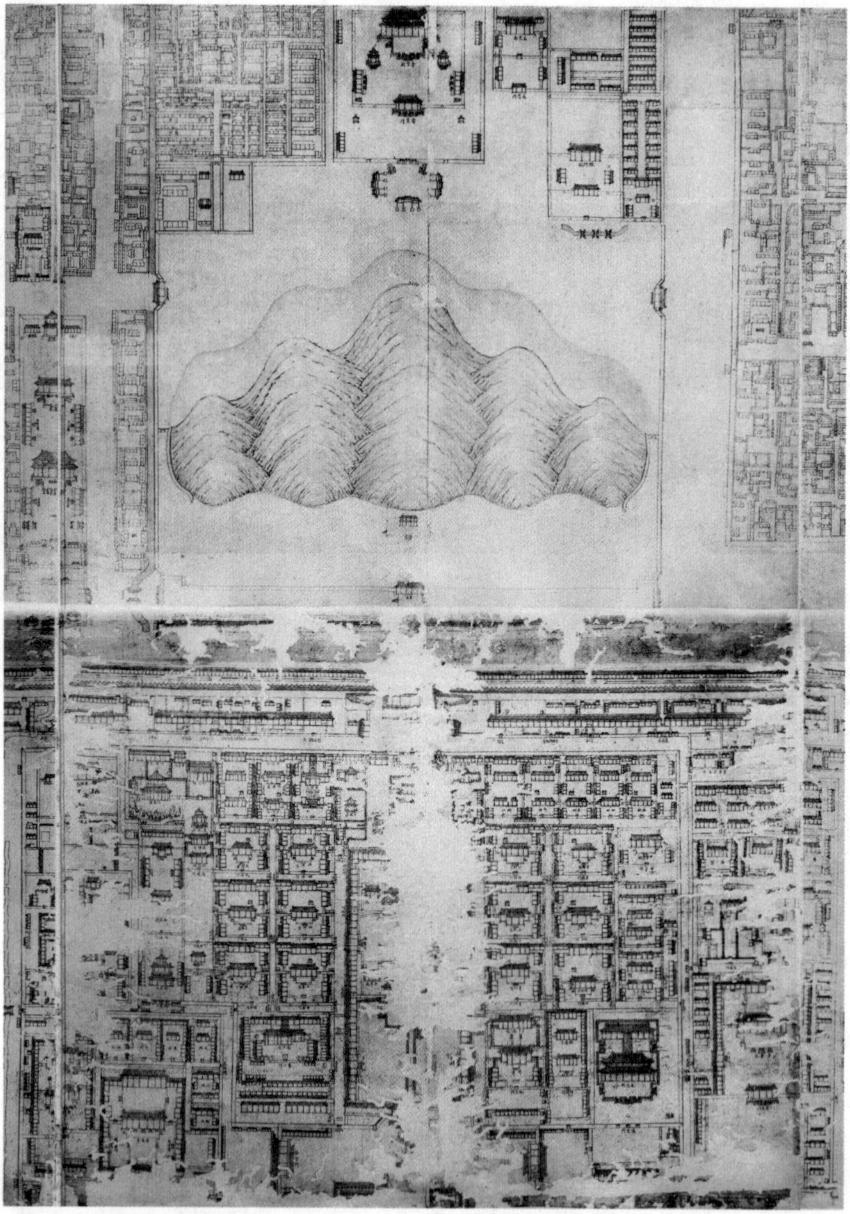

《乾隆京城全图》中的景山

景山公园东西宽540米，南北长530米，近乎正方形，占地约2.8万平方米。明代在山上曾建六座亭子，清初被毁。所以现在景山上的五座方亭是乾隆十六年（1751），乾隆皇帝命人在景山五座连缀的山峰上各建起一座亭子。其中万春亭居主峰，最为高大，亭高17.4米，四角攒尖顶，三重檐，黄琉璃瓦绿剪边，由内外两圈共32根柱子支撑，气势雄伟，傲视京城。它的东西两侧下方分别为观妙亭和辑芳亭，都是绿琉璃瓦黄剪边，重檐八角攒尖顶。这两亭东西再往下为周赏亭和富览亭，是蓝琉璃瓦褐剪边，重檐攒尖圆顶。五亭一字排开，依山就势，左右对称，以万春亭为中心，显得自然协调，在古柏苍松的衬托

20世纪初，自故宫东北侧望景山

下，如天开锦屏，雄秀无双。

万春亭内原供奉有毗卢遮那佛，与其他四亭的佛像合称“五方禅佛”。乾隆皇帝在五亭分置五佛，旨在五佛护佑大清江山永固。毗卢遮那佛原为木质金漆像，带莲座背光，高3米，于光绪二十六年（1900）被八国联军砍伤，“文化大革命”时被毁，现铜佛为1998年重铸。其他四亭中的铜佛均被八国联军掠走，现仅存1米高的石须弥座。

亲耕田　高阁秋日囤新谷

前文说过先农坛里的“一亩三分地”，是明清两代帝王的耤田。那么元代皇帝有没有亲耕田呢？有的话，在哪儿呢？其实就在现在的景山公园里，而且元代皇帝的亲耕田要比“一亩三分地”大得多，有8万平方米左右。

在寿皇殿建筑群的西面，有一大片空地，元代这里就是忽必烈的亲耕场所。据《析津志》记载：“厚载门松林之东北，柳巷御道之南（今景山公园管理处及少年宫球场处）有熟地八顷，内有田，上自构小殿三所。每岁，上亲率近侍躬耕，半箭许，若耤田例。次及近侍、中贵肆力。盖欲以供粢盛，遵古典也。东有一水碾所，日可十五石碾之。西大室在焉。正、东、西三殿，殿前十五步，即花房。苑内种莳、若谷、粟、麻、豆、瓜、果、蔬菜，随时而有。”元代皇帝亲耕处是在景山的松林北侧，每年来耕“半箭地”的距离，大约100米。那么，皇帝种地的农业用水从哪儿来呢？《析津志》还有这样的记载：“厚载门乃禁中之苑囿也。内有水碾，引水自玄武池灌溉花木，自有熟地八顷，内有小殿五所。”“玄武池”就是今天的北海，元代由玄武池引水到景山灌溉农田花木的水渠，现在依然完整、通畅。

元代在青山用过的“水碾”，是当时特有的水动石碾，与北方农村常见的碾子不同，在南方，还有个别的地方使用这种元代的水碾。景山的水碾虽然早已被拆除，但是元代水碾上的碾轮和称重用的官砝，却依然完好地保存在景山公园库房中。2006年初，景山公园在修缮东花房的施工中，挖掘出两个元代官砝，一个官砝上刻有“三百斤”的字样，一个刻有“五十斤”的字样。这样的石制官砝十分罕见，根据调查，目前全国仅发现了6个。在古代市场上，大宗的粮、盐、油、茶等货物，不可能用手提的小杆秤去称量，都要用一种类似于天平的衡器进行测重。这种衡器被支撑在一个坚固的支架上，上面架有衡木，衡木的两端系有绳索或挂架，一边为砝码，另一边放货物，以此测量货物的重量。由于砝码都是官制的，私人不准随意制作或改动，所以称为官砝。在战国以前，这种衡器已经普遍使用。根据对中国古代度量衡制度调查，元代1斤为今天的610克。景山挖掘的两个官砝，经过测重和换算，确定都符合元代的重量标准，可以认定这两个官砝都是元代皇帝在景山亲耕田收获作物时用的遗物。此外，景山至今还散落着一些元代水渠上的“封盖石”，保留着一口元代的皇家古井。元代的古井井口直径达95厘米，要比明清时期的井口大得多。由于长期使用，青白石雕刻的井口上，被井绳磨出一道道足有一指深的沟痕，布满了井口的内壁，尽显沧桑。

更有趣的是，景山还保留着两座元代的皇家粮仓。行人从景山后街经过，抬头便可以看见这两组建筑，但是知道它们是元代忽必烈耤田粮仓的人却寥寥无几。从外观上看，这两座建筑与一般的皇家楼阁没有太大区别，谁也不会将这两个建筑与元代皇帝的亲耕田联系在一起，更不会想到这是北京城中难以寻觅的元代遗物。元代皇家的官仓称为“廒”。虽然都是做储粮之用，但是皇帝在宫苑园林中设谷仓，不可能建成农村粮食囤子的模样，还要与其他皇家建筑相协调。在靠近景山北墙的东西两个侧门内，西侧的粮仓称为“兴庆阁”，东侧的称为“集祥阁”，这就是元代为皇帝在亲耕田边专门设置的仓廒。两阁的样式、结构、色彩完全相同。阁楼的上顶为单檐四角攒尖顶，覆黄色琉璃瓦剪绿边琉璃宝顶，四角安置装饰跑兽。阁的南面有一个不大的券门，有木板门对开，由于墙壁太厚，阁内空间不大，四面光墙一通到顶。上架为全木结构的阁楼式建筑，四周骑墙头做围廊，廊内四面锁窗，窗脚嵌铜活加固。廊外四周设木围栏，围廊的入口设在阁楼的西北角西侧和东北角的东侧，只有在墙外架云梯才可以登上阁楼。如果推开窗向里面看，阁楼中间没有楼板，上下贯通，人们只可沿围廊环绕行走。

兴庆阁与集祥阁的共同特点就是墙体很厚，达到 3.3 米，中间并没有夹壁墙，比金代在朝阳门内修建的太仓、元代修建的仓廒墙壁，都厚许多。这在古代建筑中十分罕见。两阁墙壁如此之厚，一方面是为了克服储粮后向外产生的巨大张力，一方面也是为了保持恒温；更为重要的是，两阁上，都建有方形的阁楼，四面开窗口，为了秋收时让皇帝可以看到人们扛着粮食，从仓廒上面的窗口往仓里面倾倒粮食的丰收场景。两阁之所以采用这种建筑形式，很可能是为了让皇帝欣赏一场丰收的现场秀。不过话说回来，忽必烈在位 30 余年间，北方基本上未发生大的自然灾害，农业生产得到恢复发展，值得肯定。清乾隆初年，这里曾经建有房屋，作为官学堂的习艺房和宿舍。民国期间的航拍照片上显示，这里又变成了一片平地。

歪脖树　思宗殉国东南枝

说起景山，就不能不提到山东侧的那棵“老歪脖树”，也就是明思宗朱由检自尽的地方。

“老歪脖树”是一棵古槐，位于景山五亭之一观妙亭东侧山坡上。只因明末李自成起义军攻入北京，崇祯皇帝在景山的这株古槐上自缢身亡而闻名。要说崇祯皇帝朱由检也是个“苦孩子”出身，幼年困窘，5岁时，其母刘氏获罪，被其父明光宗朱常洛下令杖杀，朱由检交由庶母西宫李妃抚养。数年后西李生了女儿，照管不过来，改由另一庶母东宫李妃抚养至成人。天启二年（1622），朱由检被其兄天启皇帝册封为信王。天启七年八月十一日（1627年9月19日），“木匠皇帝”天启皇帝病逝，因无子嗣，朱由检受遗命于同月二十四日（1627年10月2日）继承皇位，时年17岁。据说崇祯帝承继大统当日，一夜未眠，取来宦官身上的佩剑以防身，又牢记皇嫂张皇后的告诫，不吃宫中的食物，只吃袖中私藏的麦饼，生怕为阉首魏忠贤所害。次年正月初一（1628年2月5日），改年号为“崇祯”。同月，戮魏忠贤及其党崔呈秀尸。同年六月削魏忠贤党冯铨、魏广微籍。崇祯二年（1629）正月丁丑，定逆案，自崔呈秀以下凡六等。这一系列的举措，雷厉风行地清除了魏忠贤和客氏的势力，阉党之祸逐渐肃

民国时期的歪脖树

清，朝纲为之一振。权力格局重新分配后，庞大的文官势力却更加膨胀起来。年纪轻轻的崇祯皇帝克勤克俭，宵衣旰食，在位 17 年间用尽心力意图复兴明室，却依然无法对付强大的文官集团势力，直到王朝末日的到来。

崇祯十七年（1644）三月十九日凌晨，闯王起义军从彰义门（广安门）杀入京城。崇祯手执三眼枪与数十名太监骑马出东华门，被乱箭阻回。再跑到齐化门（朝阳门），成国公朱纯臣闭门不纳，后转向安定门，此地守军已作鸟兽散，大门紧锁，太监以利斧亦无法劈开。拂晓，大火四起，重返皇宫。此时天色将明，崇祯皇帝在前殿鸣钟召集百官，竟无一人前来。崇祯皇帝叹道："诸臣误朕也，国君死社稷，二百七十七年之天下，一旦弃之，皆为奸臣所误，以至于此！"言罢，崇祯皇帝复出神武门登景山东眺，见城外火光映天，知大势去矣！遂在景山东侧寿皇亭附近的歪脖古槐上自缢而死。崇祯自缢前，在蓝色袍服上写道："朕凉德藐躬，上干天咎，然皆诸臣误朕。朕死无面目见祖宗，自去冠冕，以发覆面。任贼分裂，无伤百姓一人。"

死时“以发覆面，白夹蓝袍白绸裤，一足跣，一足有绫袜”，身边仅有司礼监秉笔太监王承恩陪同。王承恩随后也自缢于旁边的海棠树上。三月二十一日，崇祯皇帝尸体被发现，大顺军士将崇祯皇帝与周皇后的尸棺移出宫禁，在东华门示众，“诸臣哭拜者三十人，拜而不哭者六十人，余皆睥睨过之”。世态炎凉一时毕现，崇祯帝后梓宫暂厝在紫禁城北面的筒子河边。数日后迁至昌平，当地平民将他们合葬在田贵妃墓中。

清顺治皇帝定都北京后，为笼络汉人之心，将崇祯皇帝移葬思陵，还给景山的古槐扣上“弑君罪树”的帽子，命人以铁链锁之，有道是“君王有罪无人问，古树无辜受枷锁”。1900 年八国联军将锁链掠走。1956 年拆除树圈并改为栏杆。1966 年“文化大革命”爆发后，全国各地来景山旅游的红卫兵在大串联期间，把这株老槐树的树皮和树枝拿走做纪念品。皮被剥净，老槐遂死。当时北京市园林局将情况上报市领导。1971 年，经周恩来总理同意，北京市革委会批准，市园林局下令将“罪槐”伐除。1981 年，景山公园管理处从景山南坡找到一株碗口粗的小槐树，将其移栽到老槐树原处。1996 年，公园管理处将东城区建国门内北顺城街 7 号门前一株有 150 多年树龄的古槐，移植至老槐树原处，替代了 1981 年新移植的小槐树，供游人参观。

景山出名的老槐树不止一棵，在公园的观德殿西侧还有一株千岁唐槐，胸径约 2 米，胸围 6 米有余，冠高约 20 米。远看树干挺拔，枝繁叶茂；近看主干中空，只剩下木栓层和苍老的树皮支撑着树冠。相传这株古槐曾经悬挂一块铸铁的云板用来报时，铁云板随着大树的不断生长，逐渐长入树里，树干开始空朽。因年代久远，树上的铸铁云板早已不知去向，在半空的树干里又生出一株小槐树。如今小树的胸径长到一尺多，树冠伸出树洞，外皮与大树的枝干也慢慢地长在了一起。这株古槐被称为“母子槐”或“槐中槐”。这样的“怀抱树”现在京城还有不少，比如昌平的“槐抱椿”、密云的“槐抱榆”、中山公园的“槐柏合抱”，都非人工嫁接，而是自然天成。据说，现今的国槐是唐槐的变种之一。北京人对唐槐极有感情，许多老胡同里看到用铁栅栏围住的古槐多是“唐槐”。

观德殿　二将军柏护白龙

景山公园里松柏密植，其中名气最大的当数二将军柏。二将军柏在景山公园东门不远处，远远望去最为高大。双柏植于9世纪，两树相邻，虬枝虎干，树形苍劲挺拔，英武雄威。虽然历经千年，“二将军”仍然枝叶繁茂，生机不减。

景山观德殿前，原是明清时期帝王的演武场。皇帝在这里欣赏骑射表演，通过习武的方式进行人才选拔，演武时所骑的御用马匹就拴在这两棵柏树东面的御马圈中。康熙初年，为了使八旗子弟不忘“马上得天下”的骑射传统，康熙皇帝经常在观德殿前检阅满洲子弟骑射技艺，有时还亲自上场示范。为了提倡忠勇神武的精神，他还为一旁的供奉关帝的护国忠义庙题写了“忠义”匾额，将射场边的两棵古柏赐名“二将军柏”。

景山后山登万春亭山道东侧有一株虬龙柏。据说嘉靖年间，宫中有一只狮子猫，毛色微青，只有双眉是晶莹洁白的，名为霜眉。这只小猫特别善解圣意，嘉靖皇帝要是想出去逛逛，霜眉每次都能事先理解主人的意图，跑在前面做先导。皇帝睡觉时，它不吃不喝守候在旁寸步不离，因此备受怜爱。霜眉死后，嘉靖皇帝十分伤心，命令儒臣为它撰写悼词，有个翰林院侍读袁炜写出“化狮为龙”句，深得帝心。后来奉嘉靖谕旨，将霜眉葬于万岁山北面的这株古柏之下，立碑

二将军柏

纪念，曰“虬龙冢”。如今冢已无存，虬龙柏犹苍郁如前。

景山绮望楼前东侧的“绮望松”，周赏亭前的“周赏松”，都是皇家园林中名气不小的古白皮松。白皮松，又名白果松、三针松、蟠龙松等，古代称为“栝子松”（亦称“栝松”）。一般松树的叶子都是两根松针一股，只有白皮松的松针是“每穗三须”。

古人视白皮松为“白龙”或“神龙”。自古常被栽植于皇家园林、帝王陵寝以及坛观寺庙。北京的古白皮松数量颇多，也是我国和世界上古白皮松最多的城市之一。北京的古白皮松，有不少集中在中轴线上，除了景山，北海、故宫御花园都能看到。北海公园白塔东北侧有“卧龙松”，白塔正东对着的陟山牌坊和陟山桥，附近就有“陟山松”；故宫御花园堆秀山上有“堆秀松”，天一门钦安殿前西侧有“卧龙松”。这些声名显赫的古白皮松，大多种植于乾隆年间，至今已近300年。为更好地保护这些古树名木，景山公园每年召开古树专家会，拟订古树复壮计划，常年进行古树复壮工程。2014年，景山公园编制了《古树保护详细规划》，制订各级古树和濒危树种的详细保护方案。通过树箍支撑、打孔透气、挖复壮沟、树洞防腐、铺装木栈台等系列措施，这些“活文物”活得硬硬朗朗。

牡丹园　魏紫姚黄玉版白

景山公园不仅有古木，还有名花。景山牡丹就遐迩闻名。景山公园的牡丹种植史源远流长，元代《大都宫殿考》中记载：“后苑中为金殿，四处尽植牡丹百余本，高可五尺。”《明宫史》中提到“寿皇殿之东曰永寿殿，曰观花殿，植牡丹、芍药甚多”。清代，景山更是皇帝赏牡丹的佳地。

牡丹是我国十大名花之首，芍药科落叶小灌木，故乡在我国秦岭一带，迄今已有2000多年的种植历史。秦汉时期，牡丹作为药物使用。隋代开始专供观赏。唐代牡丹成为“国花”，盛极东西两都。白居易诗云“花开花落二十日，一城之人皆若狂”，描写的正是长安民众争赏牡丹的盛况。北宋的洛阳成了全国牡丹栽培中心，有“洛阳牡丹冠天下”的令名。明清时期，安徽亳州、山东菏泽亦成为牡丹名乡。

景山公园牡丹花

因头簪牡丹而得名的唐周昉《簪花仕女图》(现存辽宁省博物馆)

牡丹有数百个品种，色分黄、红、白、紫、蓝、绿；型有单瓣型、荷花型、菊花型、绣球型、金环型之别。经历代培育，名品辈出，如黑牡丹中的“乌龙卧墨池”、粉红牡丹中的“赵粉”、红牡丹中的“醉杨妃”、白牡丹中的“雪塔”、绿牡丹中的“豆绿”等。其中“姚黄”“魏紫”“玉版白”更是驰名中外的珍品。鉴赏牡丹，以重瓣者佳，单瓣者次；色丹者上，黄者胜，绝异者奇。

牡丹的美名多为诗人赠予。诗人以“霞冠”“红艳袅烟”赞其红，以“裁云”“缀霜”“素华映月”咏其白。唐代李正封的“国色朝酣酒，天香夜染衣”，使牡丹有了“国色天香”之称。皮日休的“落尽残红始吐芳，佳名唤作百花王”，给了牡丹“百花王”的美誉。李白

则以“名花倾国两相欢，长得君王带笑看”谀颂杨贵妃有“羞花”之美。帝王将相之所以偏爱牡丹，还是看中牡丹有一种富贵气象，姿态雍容，花容端丽，故又称之为“富贵花”。在民间，也视牡丹有富足、幸福、美好之意，照壁、屋檐、家具、被褥、服饰上，经常出现牡丹婀娜的身影。

至今，景山公园已拥有国内外牡丹品种 555 个（包括中原牡丹品种 346 个、西北紫斑牡丹品种 109 个、国外牡丹品种 88 个、自育牡丹品种 12 个）2 万余株，涵盖九大色系十大花型。其中既有皇家御苑传统的牡丹名品，也有久负盛名的洛阳牡丹、菏泽牡丹，还有珍贵的紫斑牡丹以及景山自育的牡丹。每年谷雨前后，公园举办春季牡丹花卉展览，园内 2 万余株牡丹争奇斗艳形成种群各异的九大区域：盛唐婵娟、齐鲁之春、瑶池仙子、吴越风韵、国色天香、花舞弄影、锦贺东瀛、艳若蒸霞、绮望春色。景山公园的芍药花同样精彩纷呈，汇集了京城大部分芍药品种，包括珍贵品种“黄金轮”“大富贵”“金带围”“贵妃出浴”“火炼赤金”“胭脂点玉”“金沙灌顶”等。牡丹开罢，芍药登场，花红一片，景山一时香艳无双。

近年来，景山公园陆续在东门牡丹品种园、科普园艺中心、绮望楼南侧等区域补种了 1300 多棵牡丹，增加了“彤云”“玫瑰红”“山花烂漫”“青翠蓝”“紫红殿”“麒麟司”“白神”“月桂冠”“新国色”等 9 个牡丹新品。为了丰富牡丹花色和延长牡丹花期，还引进了广受游客好评的“初乌”“黑豹”等观赏性较强的黑色系牡丹。

寿皇殿　荣耀屈辱三百年

明清时期，景山不仅是讲究风水的镇山、帝王游赏的御苑，还有一个重要的功能——祭祀。有人说，皇帝祭祀天地，有天坛、地坛；祭祀祖先，有太庙。景山是祭祀什么的呢？

景山北面的寿皇殿，是明清两代专为宫廷设置的祭祀场所，这里是为大行皇帝举行国葬礼仪的地方。通俗讲，寿皇殿与现在的八宝山殡仪馆大礼堂有相似之处，是举行最高规格告别仪式的场所。寿皇殿建筑群的历史最早可以追溯到明万历十三年（1585），是北京中轴线古建筑群的重要组成部分，院落占地面积 21531.65 平方米。由于寿皇殿不是永乐年间北京城兴建时规划建设的，万寿山后还有其他建筑，所以万历时期的寿皇殿院落轴线整体偏东十几米，并不与北京的中轴线重合。从清康熙十九年（1680）的《康熙皇城宫殿衙署图》上，可以看到明代寿皇殿的建筑院落布局。明代的寿皇殿分四进院落，是明朝皇帝游玩和练习射箭的场所。

清顺治十二年（1655），万寿山改名景山。顺治十八年（1661）正月初七，顺治皇帝去世。在乾清宫停灵27天后，梓宫移至寿皇殿暂安。百日后，在寿皇殿前举行火化仪式，由高僧茆溪森主持。此后顺治皇帝的骨灰继续停放在寿皇殿，直到康熙二年（1663）四月，同孝献皇后董鄂氏及孝康章皇后佟佳氏的骨灰自景山移往遵化清东陵的孝陵安葬。

雍正年间，雍正皇帝将康熙皇帝的画像供奉于寿皇殿，从此寿皇殿正式成为祭祀祖先的“神御殿”。乾隆十三年（1748），乾隆皇帝认为明代寿皇殿的位置与北京城中轴线不重合，规格又低于同样功能的圆明园安佑宫，不能体现对祖先的尊重，于是开始扩建寿皇殿，将明代寿皇殿建筑拆除。当时，乾隆皇帝正在将雍和宫改建为藏传佛教寺院，为了避免浪费，他就把本应拆除的明代寿皇殿最后三座阁楼，整体迁建到了雍和宫。乾隆十五年（1750），新的寿皇殿完成，位置与北京城中轴线重合，建筑规制仿照太庙，体量和等级都大有提高。重建后的寿皇殿建筑群由内外两层院落组成，有正殿、左右山殿、东西配殿，以及神厨、神库、碑亭、井亭等附属建筑，属中国古代最高等级的建筑形式，也是北京中轴线上仅次于故宫的第二大建筑群。

寿皇殿是寿皇殿建筑群中的主体建筑，位于寿皇门正北面，坐北朝南，殿覆黄琉璃筒瓦重檐庑殿顶，上檐有七踩斗拱、和玺彩画。宫

重建的寿皇殿建筑群

殿面阔九间，进深三间，前后带廊，前有月台，绕以护栏，檐下明间悬满汉文“寿皇殿”匾额。殿内中龛匾曰“绍闻天下”，左龛匾曰“对越在天”，右龛匾曰“同天光被”，原供奉康熙“神御”，后作为供奉清代历朝皇帝神像的处所。

乾隆皇帝把之前供奉在其他地方的清帝画像都移到寿皇殿，并规定以后故去的皇帝、后妃御容像及印玺，都要供奉于寿皇殿中。寿皇殿内部置有大龙柜，柜内收藏着清代皇帝、后妃的各类画像。每年元旦、岁暮、令节及先帝诞辰、忌辰时，皇家都要在寿皇殿举行盛大的祭祖仪式。每逢除夕，在寿皇殿内部隔间的窗隔之外要放置 7 座大插屏，悬挂清代历代帝后朝服像，清太祖努尔哈赤像居正中，以下至嘉庆列帝后像以昭穆居左右，南向一字排开，道光帝起始的列帝后像悬挂于寿皇殿东西两面。隔间外这些临时悬挂的肖像至第二年正月初二即撤下收贮。有史料记载，乾隆皇帝曾 307 次来此亲祭；光绪皇帝来此祭祀的次数最多，达到了 421 次；宣统皇帝虽然只在位 3 年，也 11 次到此亲祭。1924 年，18 岁的逊帝溥仪还曾来寿皇殿拜谒过祖先，这也是他在寿皇殿参加的最后一次祭祀活动。

清代寿皇殿大门外添建了一座牌楼院，由 3 个牌楼围成：宫门外东、西、南面各有一座牌楼，都是最高等级的九举牌楼；夹杆石上有石镇兽，戗柱下有石戗兽，坊额均为乾隆皇帝所题。据《日下旧闻考》卷十九记载：“寿皇殿旧在景山东北，乾隆十四年上命移建。南临景山中峰，殿门外正中南向宝坊一，前额曰‘显承无斁’，后曰‘昭假惟馨’。左右宝坊各一，左之前额曰‘绍闻祇通’，后曰‘继序其皇’，右之前额曰‘世德作求’，后曰‘旧典时式’。北为砖城门三，

寿皇殿南门外“显承无斁”牌楼，当时尚有戗柱

门前石狮二，门内戟门五楹。”1947 年，因宝坊日渐倾斜，有倒塌之势，国民政府对这三座牌楼进行修缮，按照原制式修复，用木质替换了原有的石质匾芯。但换下来的石匾芯放哪儿了呢？没有任何档案记录下来。直到 2009 年景山公园清理库房时，意外地发现了三块石质匾芯，比对文字内容，发现与寿皇殿前牌楼上匾芯内容基本一致，并刻有“乾隆御笔之宝”印章，确为寿皇殿宝坊匾芯原件。至此，失踪了半个多世纪的寿皇殿宝坊匾芯终于重见天日。据说这三座九举牌楼原是金丝楠木梁柱，1947 年大修时改为混凝土柱，就把每座牌楼的 8 根木质戗杆去除了。戗兽是戗杆的基座，没有戗杆，戗兽也失去了功用。后来就把戗兽在地面上两两摆在一起，每座牌楼靠外侧一边的地面上都有四对戗兽。如今每座牌楼恢复了前后 8 根戗杆，每根戗杆的下面换上了新做的戗兽。每座牌楼依原样绘以金龙枋心旋子彩画，只贴金一项就用去库金金箔（纯度在 98%以上的黄金）52000 张，重约 1 公斤。牌楼上雕有各种镏金的龙凤吉祥图案，沥粉贴金，富丽堂皇。

寿皇殿的厄运始自光绪二十六年（1900）。八国联军占领北京后，法军侵占了景山。法军司令弗雷将该殿作为法军司令部，寿皇殿藏品惨遭法国侵略者的劫掠和破坏。法军洛蒂上尉曾在日记《在北京最后的日子》中写道：“1900 年 10 月 23 日，星期二，北京。当我推开寿皇殿沉重的大门时，里面一片漆黑。在大殿里我打开了一个落满灰尘的箱子，里面放着上百个君王的御玺。它们是用整块的玛瑙、玉石或金子制成的。”布里斯中尉则在日记中写道：“1900 年 10 月 25 日，这是一个不可忘记的日子，从没有见过这样辉煌的殿堂，里面的宝物不计其数。弗雷将军令我们将供案上许多闪着金光，也是他最喜爱的珍宝存入几个皮箱中。几十幅皇帝的画像，令我们小心卷起、封好，准备献给卢贝总统先生。”

法军司令弗雷回到巴黎不久，便将多幅帝后画像及文玩，作为“战利品”献给了时任法国总统埃米勒·弗朗索瓦·卢贝。多年后的1931年9月5日，他写信给法国文化部国家博物馆司司长，称：“弗雷夫人与我通过遗嘱将《乾隆皇帝肖像》《皇后肖像》及描绘中国皇帝生活场景（狩猎、驻扎、行进、车马、山水等等）四大卷绢本绘画捐献给卢浮宫博物馆。”随后，他将在寿皇殿掠夺的数十件珍宝“捐

景山中峰北望

献”给了卢浮宫。第二次世界大战结束后，卢浮宫将中国藏品移交给吉美博物馆（吉美国立亚洲艺术博物馆）收藏。目前馆内藏有著名宫廷画家、意大利传教士郎世宁所绘的《乾隆皇帝肖像》、《哈萨克贡马图》等作品。

1928 年，景山被开辟为公园，寿皇殿残存的画像收归故宫保存。民国年间，在寿皇门外以东，有一株产于波斯的古树，名叫“娑罗勒树”，也有译成“娑罗得得树”或“娑罗树”的，梵语是“重生果”的意思。树生的果实不大，有点儿像蓖麻子，用手指甲一掐，就有汁水溢出。据说早前寿皇殿的台阶东侧，也曾经有一株。1935 年的时候，那里只剩下了保护树根的条石，树已不知所终。在清代查慎行的《人

郎世宁《哈萨克贡马图》（现存法国巴黎吉美国立亚洲艺术博物馆）

海记》中，还有一段关于寿皇殿牌楼前道两边生有“蝎子草”的记载。说这种蝎子草来自塞外，有剧毒，伤及人的肌肤，比马蜂蜇了还厉害。此草在内地极为罕见，植株有四五尺高，叶子像麻，嫩的时候可以喂马，经霜一打叶子就变得辛辣不可触碰了。1955 年，寿皇殿交由北京市少年宫使用，原存神龛、家具等物品尽数移交故宫博物院。

1981 年 4 月 10 日晚，由于用电不慎引起火灾，寿皇门被全部烧毁，半径 30 米内的树木，都被大火的辐射热烤焦。2013 年 12 月，北京市少年宫腾退工作完成后，寿皇殿建筑群重新回归景山公园，并于 2016 年 4 月起开始修缮，寿皇门也得以重建。经过 4 年的修缮，寿皇殿建筑群恢复到清乾隆十五年（1750）的历史原貌。目前

寿皇殿共有古树 141 棵，其中树龄在 300 年以上的一级古树有 33 棵，100 ~ 300 年的二级古树有 108 棵。

或许只有这些几百年的老树，一声不吭地站在北京中轴线的中心点上，目睹沧桑荣辱，惯看秋月春风。光风霁月是景，惨淡凄凉是景，花团锦簇是景，仓皇辞庙是景，鹿鸣鹤舞是景，穷途末路是景，金碧辉煌是景，断井颓垣是景……数百年来，山常在，景常新，中轴不改；人易老，思不尽，苍茫满怀。

景山，一座世事皆景的山。

第四辑

水景篇

荷花市场　盛锡珊绘

琼岛春阴　太液秋波

北海的历史，要比明清时期的北京城早得多。金大定十九年（1179），金世宗在中都城东北郊的白莲潭（今北海中海一带），建成一座宫苑合一的离宫太宁宫，明昌二年（1191）更名万宁宫。因建在中都城的北面，所以这里又称北苑或北宫，实际上就是金世宗的夏宫。坐北朝南的紫宸殿为正殿，是金朝皇帝处理政务、召见群臣、举行庆典的场所。从这个时候开始，白莲潭畔东，北京最早的中轴线初露端倪。

金朝统治者在万宁宫的西园，采取中原古典园林"一池三山"的布局，湖池中坐落着用疏浚湖泊的泥土堆筑的三岛，即琼华岛、瑶光台（今团城）和位于今中海的小岛，东西两岸还建有诸多宫殿。琼华岛是万宁宫西园的主要景点，岛上遍布亭台殿阁，周建游廊，花木蓊郁，奇石堆叠，山顶建有广寒殿。瑶光台到明朝初期，四周仍被湖水包围，东西有桥与两岸连接，瑶光台上有瑶光楼，为金主驻跸纳凉之所。明代萧洵在《故宫遗录》中有所记述。昔日万宁宫御苑的旖旎风光，在金代诗人赵秉文的笔下描画出来："一声清跸九天开，白日雷霆引仗来。花萼夹城通禁籞，曲江两岸尽楼台。柳阴罅日迎雕辇，荷气分香入酒杯。遥想薰风临水殿，五弦声里阜民财。"

在金元两代，北海琼华岛还长住过一位著名的出家人，他就是长春真人丘处机。金代道教盛行，大定二十八年（1188），金世宗曾虔诚征召丘处机前来中都论道。丘处机到中都后，就住在太宁宫旁边的道观中。正大元年（1224）春天，丘处机应邀再次回到中都，这里的主人在9年前已经更换，此地成为成吉思汗铁木真的治所。根据成吉思汗的旨令，琼华岛及周围数十顷土地被赐作丘处机专用的道院。正大四年（1227），成吉思汗又下旨将琼华岛改名万安宫，天长观改名长春宫（即今白云观），并赠丘处机"金虎牌"，以"道家事一切仰神仙处置"，诏请丘处机掌管天下道教。正大四年（1227）七月初九，丘处机在长春宫宝玄堂羽化仙逝，享龄80岁。丘处机居住琼华岛期间曾赋诗曰："苍山突兀倚天孤，翠柏阴森绕殿扶。万顷烟霞常自有，一川风月等闲无。乔松挺拔来深涧，异石嵌空出太湖。尽是长生闲活计，修真荐福迈京都。"极尽赞美之词。

元世祖中统元年（1260），率领蒙古铁骑横扫欧亚大陆的忽必烈，以胜利者的姿态来到金中都，发现金朝宫阙早已毁于战火，只有北郊的万宁宫一带幸存下来。于是他便在琼华岛及其周边水域开始修葺和扩建，改琼华岛为"万寿山"，也称"万岁山"，岛上设有忽必烈的寝宫和理政之所。至元八年（1271）十一月，忽必烈改国号为元。至元十一年（1274），元大都建成，皇宫修好，可是忽必烈还是喜欢在万寿山上处理国事、休息生活。

或许对于草原游牧民族来说，水与生命有着同等的重要性。在刘秉忠的主持下，元大都以万寿山为核心、以太液池为重点规划皇城，将金代的白莲潭分为两部分，皇城外称积水潭，内为太液池。太液池由今北海和中海组成，其东岸是皇帝的宫城“大内”，具体范围在今紫禁城偏北；池西岸南有隆福宫（今中海西岸），隆福宫西有西御苑，北有兴圣宫，大致是现在文津街国家图书馆的位置，分别为太子和皇太后的寝宫。这三组宫殿夹太液池鼎立。环绕着三组宫殿和太液池的，有一道红墙即“萧墙”，也叫“红门阑马墙”，墙内为皇城。太液池的核心位置可想而知。

明永乐四年（1406），明成祖朱棣下诏在北京筹建宫殿，皇城在元大内旧址上开始营建，但整体位置向东南偏移，将元大都的中轴线向东移动了 150 米。明代通惠河的上游被包在皇城之内，阻断了漕船进入京城的通路，积水潭也逐渐改称什刹海。现在的北河沿、南河沿，原本是通惠河遗迹。它从步粮桥分流，一条由西压桥（今北海公园后门稍东处）入皇城进北海，一条由东不压桥紧贴皇城根向南流。到了明正统年间，皇宫因河道两侧有喧哗声，便把河道围到了皇城里面。南河沿这条河，流经御河桥南折向东，经船板胡同汇入泡子河。现在的南夹道，就是那时出现的。这条河道，新中国成立前夕已成臭沟，1954 年改成暗沟，修成马路。现在的北新华街和南新华街，在明清时期也并非城市道路，而是中南海的泄水河道，水往南流经琉璃厂桥到虎坊桥，附近有韩家潭、青厂潭、潘家河沿、章家桥等，也都

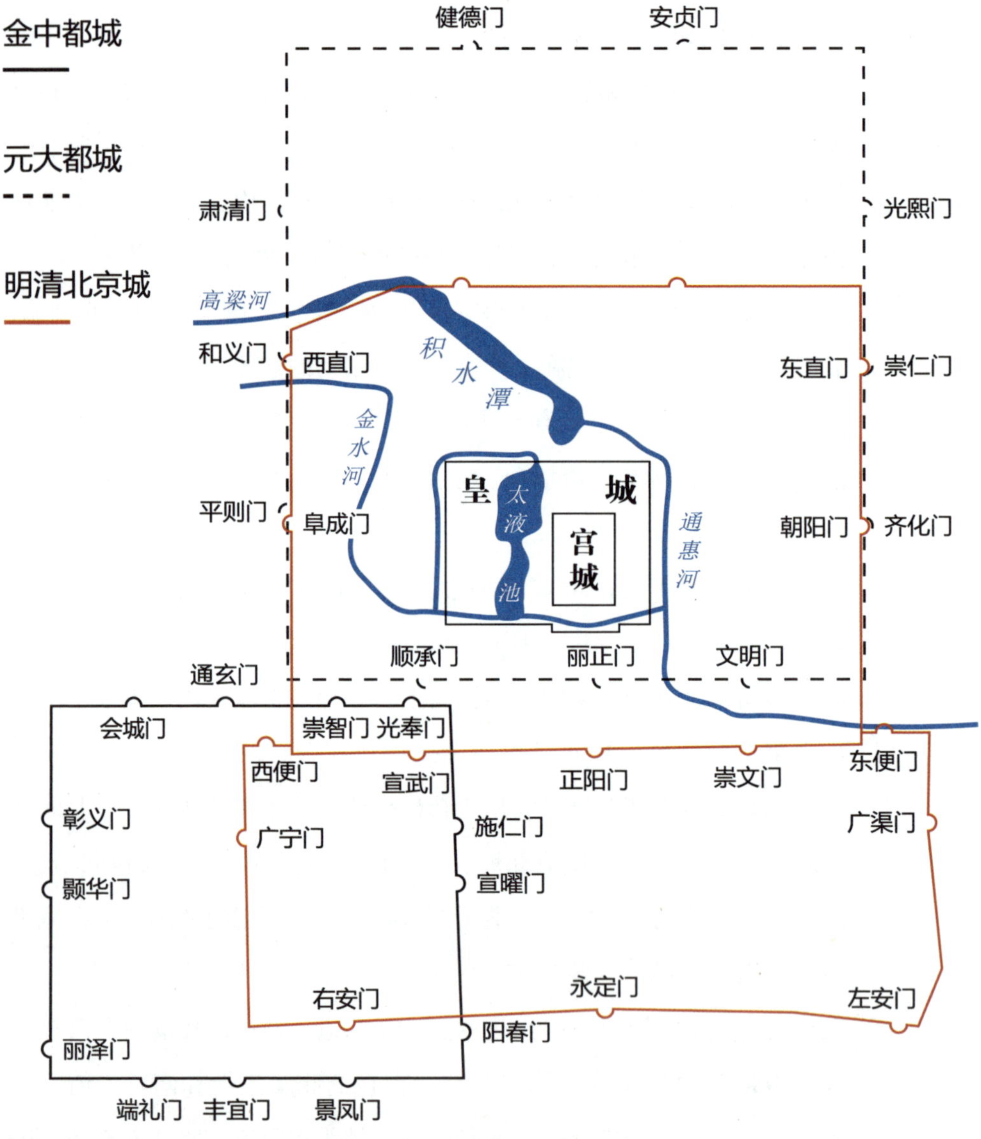
金中都城
元大都城
明清北京城
健德门
安贞门
肃清门
光熙门
高梁河
和义门
西直门
积水潭
东直门
崇仁门
金水河
皇城
太液池
宫城
平则门
阜成门
通惠河
朝阳门
齐化门
顺承门
丽正门
文明门
通玄门
会城门
崇智门
光奉门
西便门
宣武门
正阳门
崇文门
东便门
彰义门
广宁门
施仁门
广渠门
颢华门
宣曜门
右安门
永定门
左安门
阳春门
丽泽门
端礼门
丰宜门
景风门

北京城变迁图

是水泡子或河道。这一带从辽金起到元明时期都是水乡，是凉水河的上游，私家园林较多，如梁家园、孙承泽的孙公园、万柳堂等。

不仅河道调整，紫禁城的南门，也向南移至元大都的正南门丽正门处，改称承天门，就是今天的天安门。为了与南扩的宫城相协调，朱棣又在中海的南岸向前开挖出一片人工水域，这就是南海。开挖出的土方，在南海东侧堆起一座小岛名曰“南台”（今瀛台）。这样，太液池的水面扩展至今天的长安街一线，南海与元代的中海、北海统称为“前三海”。其中对公众开放的北海公园，尤其是北海公园的琼华岛，成为“前三海”园林景色的最佳看点，也是北京中轴线上最为耀眼的一颗明珠。

大玉海　张冠李戴谐趣多

北海公园的最南端，是已有800多年历史的团城。其实团城的本名叫“圆城”，俗呼“团城”。城近似圆形，城高约5米，周长仅276米，面积约4500平方米，还不如一个标准的足球场大。

辽金时期，团城是一座水中小岛，称为“圆坻”，是开挖太液池的泥土堆积而成的。金世宗在琼华岛上建造广寒殿（今白塔位置）的同时，在圆坻也建起了一座宫殿，和广寒殿遥遥相对。到了元代，忽必烈把小小的团城抬到了空前重要的位置上。他以团城为大内东西两宫的中间地带，团城以东为大内，以西为皇太后的兴圣宫和皇太子的隆福宫。团城顿时成为东西两宫的核心枢纽。传说当年忽必烈定皇宫位置的时候，在团城上向东射了一箭，箭落之地就是建造大内宫殿的

19 世纪末的北海团城，金鳌玉蝀桥清晰可见

地址。为了突出团城的地位，元人在旧殿基础上兴建了雄伟高大的仪天殿，岛的四周筑起石墙，圆坻改称“圆城”。北海称作“太液池”，琼岛称作“蓬莱”，中海的犀山台称作“方丈”，团城称作“瀛洲”，所以团城上的仪天殿也名曰“瀛洲圆殿”，完全是一派海岛仙山的景象。当时团城四面环水，东、西、北三面各有桥，东为木桥，西为木吊桥，桥中间有两艘大船。忽必烈每登团城上圆殿，留守官便移舟断桥，以禁往来。从辽金元时期的北海及团城的园林建筑美学上不难看出，中原文化和古典建筑理念，即使在这些来自白山黑水和辽阔草原的少数民族政权统治者眼中，也被奉为圭臬。

明永乐十五年（1417），永乐皇帝重修仪天殿，先后更名为承光殿、乾光殿。团城东面被填为陆地，第一次成为半岛，团城的西侧建起了一座白石长桥，桥的东西两端各建了一座牌楼，东边的叫“玉蝀”，西边的叫“金鳌”，这座长桥便被称为“金鳌玉蝀桥”。不少人误认为“金鳌玉栋桥”，其实“蝀”与“栋”完全是风马牛不相及的两回事，“蝀”是彩虹的意思，“栋”是房梁的意思。1955年，两座牌楼拆除，桥面展宽，改称“北海大桥”。

清康熙八年（1669），团城上的承光殿毁于地震，康熙二十九年（1690）重建。乾隆十一年（1746）又对团城大规模扩建，整修城墙，堆叠假山，增建了玉瓮亭、古籁堂、敬跻堂、余清斋、镜澜亭等殿阁，形成了团城现在的格局。团城的东城门叫昭景门，西城门叫衍祥门。明代二门全开，东进西出。到了清代，把西门封上了。据说有方士进言，金鳌玉蝀桥形如弯弓，团城恰如一颗弹丸，瞄准的方向，正是东南方向的紫禁城，于君不利，必须堵住弹孔永闭西门。

清康熙二十九年（1690），明代的承光殿，也即元代的仪天殿重建，改圆殿为方殿。大殿坐北朝南，重檐歇山顶，四周推出单檐卷棚抱厦，使殿宇平面呈折角的“十”字形，号称有“九梁十八柱七十二条脊”，样式与故宫的角楼一样。殿顶覆盖黄色琉璃瓦绿剪边，飞檐翘角。殿中央有四根巨大的井口朱漆红柱，井口天花之圆光为二龙戏珠，岔角绘鹤，柱上均有楹联。前面为咸丰皇帝御笔“九陌红尘飞不到，十洲清气晓来多”。后边为慈禧御笔“七宝庄严开玉镜，万年福寿护金瓯”。上悬匾额为“大圆宝镜”。大殿正中有一须弥宝座，座上的木刻雕龙佛龛内，供奉着一尊白玉释迦牟尼坐像。佛像高1.6米，用整块纯正的白玉雕琢而成。玉佛像面容慈

玉佛

祥，通体洁白，光泽清润，头冠及衣褶中镶嵌着红绿宝石，光彩夺目。据说西直门内大街北侧的玉芙胡同里，有一座明代小庙伏魔庵。清末，伏魔庵的住持是灵辉和尚，灵辉和尚的师弟明宽和大太监李莲英相识。光绪二十四年（1898）明宽和尚从缅甸募化到一尊精美的玉佛，运回北京后，供奉于伏魔庵中。伏魔庵供奉玉佛的消息很快传遍京城，甚至传到了慈禧的耳朵里。慈禧将玉佛“请”到了团城的承光殿，并重修了伏魔庵，赐名为玉佛寺。后来这条胡同也改为玉佛寺胡同，1965年按谐音改称玉芙胡同。令人叹息的是，玉佛入团城刚刚两年，光绪二十六年（1900）八国联军侵占北京城，团城内的各种珍奇古玩惨遭洗劫，因玉佛太重无法搬运，入侵者便在玉佛的左臂上砍了一刀，刀痕深深，至今清晰可辨。

在承光殿前的庭院中，有一座蓝顶白玉石亭，名玉瓮亭。亭中的石莲花座上有一口杂色墨玉瓮，高70厘米，重3500公斤，是我国体积最大的传世玉器“渎山大玉海”。大玉海由一整块玉料雕成，形状如同一个椭圆形的大钵。墨绿色的器身上带有白色、黑色等多色玉纹，外壁有通体的精美浮雕，从口沿到钵底都刻有云涛、蛟龙、海马、鱼龙，波涛汹涌，堪称鬼斧神工。它究竟是什么年头儿的物件呢?《元史》上有记载:“至元二年十二月，渎山大玉海成，敕置广寒殿。”也就是说，此物最早不在团城而在琼华岛的山顶上。当年忽必烈要在新落成的广寒殿大宴文武，命数十名能工巧匠历时5年，将一块整玉雕成这口大酒瓮，赐名渎山大玉海，“其大可贮酒三十余石”，真应了曹子建“肉山酒海”这句老话了。

明万历年间，这座忽必烈大宴群臣的广寒殿訇然倒塌，宴宾客用的这个渎山大玉海也不知去向。明代，南长街西北角有一个御用监的衙署，清代改为道观，名真武庙。庙里有一大石钵，道士们不知它的来历，把它用来腌咸菜。清康熙五十年（1711），僧人性福重修真武庙时，发现石钵实为玉质，于是清洗干净，“供大士像，移玉钵于坐下，叠石为小山贮水于玉钵，以示普陀南海之意”，并将真武庙改名玉钵庵，连庵前的胡同也改成了玉钵胡同。乾隆年间，有翰林院编修来庵中游赏，见玉钵非凡物。经过反复考证，发现这就是丢失数百年的元代广寒殿的渎山大玉海。乾隆皇帝闻报喜出望外，于乾隆十年（1745）命内务府拨银十万两送至玉钵庵买回大玉海，移置北海团城的承光殿前，并建石亭加以保护。乾隆皇帝亲作《玉瓮歌》雕刻其上：“元史世祖至元间，初成渎山大玉海，敕置广寒碧殿中，逮今五百有余载。青绿间以黑白章，云涛水物相低昂，五山之珍伴御榻，从臣献寿欢无央。监院道房曾几历，仍列承光似还璧，相望琼岛咫尺近，岂必铜仙独泪滴。和阗玉瓮昨琢成，质文较此都倍赢，周鉴在殷殷鉴夏，一经数典惕予情。”乾隆皇帝在这首诗里，把“渎山大玉海”当作殷鉴之物以自警。不仅自警，他又命内廷翰林40人各赋“玉瓮诗”一首，刻在石亭的楹柱间，至今仍依稀可辨。

有趣的是，乾隆皇帝移回玉海的同时没有移回底座，而是另刻了一个汉白玉石底座放置大玉海。乾隆十五年（1750）重修玉钵庵，他命人复制了一个玉海送至庵中，放在原底座上。1980年重修法源寺时，将玉钵庵中的玉海和底座一起移往法源寺。于是近300年来，大玉海和原配底座始终“两地分居”，团城内摆的是元代大玉海和清代底座，法源寺放的是清代大玉海与元代底座，“张冠李戴”岂独人乎？

北海公园团城玉瓮亭

团城子　白袍将军遮荫侯

团城是中国最小的城，城虽不大，但“小城故事多”。1913 年，袁世凯曾在这里召开过政治会议。后来，梁启超还在这里居住过。1924 年，大军阀曹锟被冯玉祥幽禁于此长达一年半之久。民国时期的中国地学会、古物陈列所等协会把办事机构设在这里。1954 年北京大规模建设时，有人主张拆去团城南部，建筑学家梁思成坚决反对，并制订出改造方案。时任文化部文物局局长郑振铎于 6 月某日深夜陪同周恩来总理视察团城。当时郑振铎也坚决反对拆除团城，力主保存这一名胜古迹。周总理采纳了梁思成、郑振铎等人的意见，团城得以保存。

团城不仅以白玉佛、渎山大玉海著称，城上的苍松古柏同样声名远播。团城内树龄在 300 年以上的古树有 17 棵，其中 3 棵还是乾隆皇帝敕封过的。据说一年盛夏，乾隆皇帝游团城，烈日当头，他就到承光殿东侧的一棵古油松下乘凉，顿觉清风徐来，暑汗全消。他就效仿秦始皇游泰山封“五大夫松”的故事，乘兴敕封那棵古油松为“遮荫侯”。扭脸一看，“遮荫侯”前后还各有一棵古白皮松，高大雄伟，像两位站殿将军守卫着承光殿，便一道封这两棵白皮松为“白袍将军”，还为“白袍将军”题诗《承光殿古栝行》：“五针为松三针栝，名虽稍异皆其侪。牙槎数株倚睥睨，岁古不识何人栽……春朝绿云参天青，秋夕碧月流阴皑。灵和之柳非伦比，沧桑阅尽依然佳。沧桑阅尽依然佳，呜呼，种树之人安在哉！”如今这两位生于金代大定年间、受封于清乾隆年间的“白袍将军”，历经 800 多年，仍然精气神十足地挺立在承光殿前。它们的绿冠高达 30 多米，鳞片斑斑的白

白袍将军松

树干周长达 5.1 米。人们从北海团城外边经过，远远就能看到南边那棵松的飒爽雄姿。

在团城的西侧墙里，过去还有一棵名松，它的主干弯曲后，向太液池水中探去，犹如蛟龙探海，姿态极为优美，乾隆皇帝曾封它为“探海侯”。遗憾的是此松已经枯死，1980 年在原址补栽了一棵松树，并通过人工整形，让它的主干弯曲后，仍探视北海。

古代帝王对树木封侯，虽是近乎荒诞的不经之举，但客观上保护了这些古树名木。后人出于对历史和生命的敬畏，不敢随意砍伐加害，甚至还要想出各种办法保护它们。然而团城高出地面 4.6 米，城内既无排水沟，也没有泄水口，孤零零一座城堡，数十棵古树很少浇灌，它们却活得比平地上的树木还精神，这是怎么回事呢？古树们“喝”的水从何而来呢？

直到2002年，这个团城集水的谜团才得以破解。原来团城的设计者，在建城之初就想好了城上给水的办法。铺地青砖上大下小，砖与砖之间的空隙形成了纵横交错的地下网络。雨量大的时候，多余的水通过地面上的11个石水眼流入地下涵洞。这样常年的“雨水斗”可以积存在地下涵洞和吸水性极强的青砖里。平时这些水分不断向周围土壤渗透，团城上的古树自然无旱涝之虞了。

艮岳石　宣和遗物烟水间

团城之外，东为承光左门，西为承光右门，北为永安桥，南北桥头各有一座牌楼，南曰“积翠”，北曰“堆云”，过了这座长石桥就到迷人的琼华岛了。永安桥前身是元代的一座木桥，明代称“太液桥”。清乾隆八年（1743）改建为三曲折、三孔拱券石桥，两侧有望柱48根。1979年对永安桥进行过全面修葺和加固处理，桥面全部更新并新装88根莲花形望柱和荷叶图案护栏板。石桥把南岸的团城城门和琼华岛上的永安寺山门自然而然、不动声色地连接起来。

前面已经说到琼华岛自金代以来的大致变迁，此处不再赘述，只是从园林游赏方面谈谈它的独妙之处。每次从南边上琼华岛，最能触动人们视觉神经的，就是山前那些玲珑剔透、嶙峋错落的太湖石。它们丝毫不逊色于紫禁城御花园和乾隆花园里的奇石，甚至从气势和造

三孔拱券石桥

型上还略胜一筹。这些太湖石是从江南的太湖捞出运来的吗？非也。不过它们的确身世非凡，都是“艺术皇帝”宋徽宗的心头肉，共同来自北宋国都东京汴梁的“艮岳”。

中国皇家园林的掇山叠石艺术，有两座高峰，一座是以宋徽宗在汴梁营建的“艮岳”为代表的“宋山石”，一座是以清乾隆园林营建为代表的“清山石”。而北海的园林叠石，无疑使两者合二为一：北海的叠石完全是集汴梁艮岳的精华而造，当年艮岳石被金人运至北京，北宋的叠山技艺必然在北海叠山中体现，再现和延续艮岳风貌。到了明清时期，“山子张”“山石韩”等置石掇山的名家辈出，叠石技法和艺术造诣逐步成熟，北海的叠石也逐步完善，形成今天的形态。

什么是艮岳呢？艮，在八卦中，为山之象，若作方位，指东北方。岳，即大山。北宋徽宗赵佶在汴京宫城的东北隅，营建了一座艮岳寿山，可谓“括天下之美，藏古今之胜”。据载，此园“冈连阜属，东西相望，前后相续，左山而右水，沿溪而傍垄，连绵而弥满，吞山怀谷”。园内植“奇花美木”，养“珍禽异兽”，构“飞楼杰观”，极尽奢华。这位多才多艺的道君皇帝，曾亲撰《御制艮岳记》以志之。为选太湖石筑山，宋徽宗大兴“花石纲”（往汴京运送花石的船只，每十船为一纲），致使民怨沸腾，国力困竭，金兵乘虚而入，汴京失守。宋徽宗被金兵掳走，死于北国。元代学者郝经因而咏叹：“万岁山来穷九州，汴堤犹有万人愁。中原自古多亡国，亡宋谁知是石头？”

金兵攻打汴梁时，艮岳的太湖石，一部分被守城的军民砸碎充当礌石。金灭辽后，海陵王完颜亮下令扩建燕京城，金贞元元年（1153）定都燕京，并改名为中都。为修建琼华岛，完颜亮下令将汴京的艮岳石和数万工匠运到中都。宋张棣的《正隆事迹记》中记载，完颜亮将北宋京都宫殿中的贵重礼器、文物和名贵建材，一应辇运至中都，用来兴宫殿和造园林。南宋末学者周密在《癸辛杂识·前集·艮岳》中描述了金兵运送艮岳石的方法："艮岳之取石也……其法乃先以胶泥实填众窍，其外复以麻筋杂泥固济之，令圆混，日晒极坚实，始用大木为车，致于舟中。直俟抵京，然后浸之水中，旋去泥土，则省人力而无他虑。此法奇甚，前所未闻也。"这些造型优美的艮岳石，在明永乐皇帝朱棣的眼里，却是一面王朝兴衰的镜子。朱棣的孙子宣德皇帝朱瞻基在《御制广寒殿记》中说："万岁山在宫城西北隅……皆奇石积叠以成……永乐中，朕尝侍皇祖太宗文皇帝，万机之暇，燕游于此……天颜悦怿……顾兹山而谕朕曰：'此宋之艮岳也。宋之不振以是，金不戒而徙于兹。'"皇帝乾隆也曾对此感叹："摩娑艮岳峰头石，千古兴亡一览中。"清代高士奇在《金鳌退食笔记》中说，金人运到琼华岛的艮岳遗石，根据品相优劣，给运载湖石的士兵发放粮饷。所以这些艮岳遗石又称作"折粮石"。

琼华岛上的艮岳石历经金、元、明、清四代，其间移至他处或散落民间的甚多。据史料记载，第一次是清康熙二十年（1681），为修葺瀛台，移取白塔四周艮岳石。《金鳌退食笔记》载："辛酉冬，运是山之石于瀛台。白塔之下仅余黄壤，宜多植松柏，为青葱郁茂之观。"第二次是乾隆中期，为营造紫禁城宁寿宫花园假山，乾隆皇帝命人在瀛台和琼华岛选取大量艮岳遗石。内务府大臣福隆安的奏折云："白塔西边旧有南太湖石，经宁寿宫拆运三百七十七块，其所拆分位补堆青山石。"可见有清一代建皇家园林，经常拆东墙补西墙或是拆大建小，以饱在位帝王的私欲。

北海琼华岛现在能看见的艮岳石，主要分布在白塔山下半部、永安寺后正觉殿前月台两侧和四个洞口以及见春亭等处。永安寺法轮殿的殿后有石阶，登阶而上有一平台，左右有二亭，左为引胜亭，右为涤霭亭。石阶左右各有洞，此处石洞均以艮岳石砌成，石洞玲珑剔透，堪称叠石佳作。两亭北侧，东为“昆仑”石，巨型石碑，碑背面镌刻乾隆皇帝的《悦心殿即景诗》，碑有水波纹石座，碑身仿自然石，碑头浑圆状；西面是“岳云”石，亦为水波纹石座。“昆仑”“岳云”石北面均有三个砖券门，券脸以艮岳石镶嵌，三券门内用东西向砖券连通，呈窟状，名“楞伽窟”。在券门两边有弧形石阶而上至券洞顶，阶侧均有青白石栏板、望柱，每侧 21 套，下端安设抱鼓石。弧形台

楞伽窟，护栏围绕者即为“昆仑”石

阶中间及两侧，均堆叠着当年从汴京运来的艮岳石。

这些山石质地坚硬，呈黑褐色，表面如象皮状，人称“象皮纹石”或“象皮青”。其形状有的古朴浑厚，有的剔透通灵。最具代表性的是引胜亭和涤霭亭北侧的“昆仑”石和“岳云”石。专家经实地勘察发现，艮岳石多数仍完好地堆叠在白塔山南麓和正觉殿月台下，白塔山东麓见春亭至看画廊的石洞内也有一部分。白塔山北麓直至漪澜堂、道宁斋后，自山西麓酣古堂至阅古楼一带均为黄太湖石，是乾隆时期运来堆叠的。白塔山西麓的甘露殿前和玉带桥小海及小海南的青山石假山、青山石山道也是乾隆年间运来的。

据媒体报道，2019 年 4 月至 5 月，北海公园与天津大学共同组建艮岳石取样检测团队，分赴开封、苏州、无锡等地的园林中采集宋代散落的艮岳石及其他叠石样品，与北海公园的艮岳石做比对。通过岩相分析发现，送检的 32 个样品中，北海艮岳石与开封龙亭公园艮岳石，苏州留园、拙政园等园内南太湖石的物相组成基本相同，可以判定为同一类型岩石。而以艮岳石为代表的南太湖石与北太湖石、青石，在岩相上有明显不同。由此可见，北海艮岳石确实来自于北宋汴京的“艮岳”。天津大学建筑学院教授王其亨认为，对北海艮岳石的“亲子鉴定”，从科学的角度溯本清源，是对文化遗产的一种保护。

蒙古蒙哥汗三年（1253）初夏的一天，元代名儒郝经从金代的万宁宫登上琼华岛，临风四望，伫立良久，见几十年前从汴京运来的艮岳石已然荒废不堪，满目凄凉，遂写下一篇《琼华岛赋》。他毫不留情地对宋金两代帝王因石丧国的行径怒斥道：“彼虐政虐世，昏君暴主，以万人之力，肆一己之欲，刳吾乾坤，秽吾山川，虽曰石山，而实血山。民欲与之俱亡，卒聚而歼旃，宁不愧于兹焉？”这番话可谓字字血声声泪，振聋发聩，千古传音。今天的我们，观此石，读此赋，又当作何感想呢？

琼华岛　佛国仙山画中游

自永安桥至白塔山下，过牌楼，入山门，经法轮殿、正觉殿、普安殿、善因殿，直抵白塔，是为永安寺最高点，也是琼华岛的峰顶。清顺治八年（1651），清代在广寒殿废殿的基址上，建起一座藏式白色喇嘛塔，并在塔前建寺。从此，琼岛又名白塔山，亦名白塔寺。清乾隆八年（1743）重修后，更名永安寺。此处皆佛教建筑，非《园林卷》所应涉猎，本套“北京中轴线文化游典”中宗春启所著《庙宇　和风穆雨》会有介绍，故此处不复赘言。

乾隆三十八年（1773），63 岁的乾隆皇帝在对西苑进行了 32 年持续不断的扩建、修葺之后，终于如愿以偿地站在竣工的佛国仙山上。兴奋之余，他写下了《白塔山记》，包括《白塔山总记》《塔山东面记》《塔山西面记》《塔山南面记》《塔山北面记》五卷，在《日下旧闻考》中全文收录。我读过之后，感觉和郝经的《琼华岛赋》相比，乾隆皇帝的《白塔山记》从文采到思想，都相差甚远。

《白塔山记》就像流水账，至多算是一篇说明文，把白塔山东西南北 4 个山坡上的景点，按从下到上的顺序清点了一遍就完事大吉。他在文章的最后，给自己 30 多年如一日地修琼华岛的行为，找了一通颇为牵强，甚至有些矫情的说辞：“夫士民之家尚以肯构为言，况兹三朝遗迹，地居禁苑，听其荒废榛蕨为弗当。然予自辛酉、壬戌之间，始稍稍有所葺建，至于今凡三十年，而四面之景始毕成而为之记。虽云发内帑以徐为之，然而视《春明梦余录》《日下旧闻》所载，有过之无不及矣。知我罪我，吾岂能辞哉！”

不知乾隆皇帝是否料到，他写完此文的150多年后，北海作为公园向民众开放了。人们再也不用“因文问景”了，再也不用“尝鼎一脔，足知全味”了，再也不用靠读他“施舍”下来的一篇《白塔山记》，去脑补琼华岛的绝佳景色了。公园四门大开，八方游客，进！便能尽情欣赏园中古代能工巧匠们留下的文化遗产。

和一般的园林不同，琼华岛的景色是全方位的，从上到下，东西南北，从前到后，无不体现了园林设计者的精巧心思和能工巧匠们的高超技艺。北海公园开放将近百年，游览琼华岛的参观者不计其数，欣赏角度和感受各不相同。窃以为，游赏园林，尤其是中国古典园林，是需要一些必要的学养和审美情趣的。

乾隆皇帝花了30多年心思修建的琼华岛，可谓集万千宠爱于一身。人在佛国仙山，移步换景，目不暇接，那么怎么欣赏琼华岛的美才更有趣呢？我的心得是：心怀四季，游览四方。

携“春心”游琼岛东面，琼岛东北坡古木参天，“琼岛春阴”为“燕京八景”之一，乾隆有碑存焉。沿御碑旁的小路，可直通迂回曲折的见春亭和看画廊。

以“夏心”游琼岛南面，有千年艮岳石山托举永安古寺，幽访禅堂，仰观白塔，远眺团城，俯瞰荷田，满目澄碧，心中清凉备至，暑气全消。

咸丰十年（1860）北海的琼华岛东面

咸丰十年（1860）的北海琼华岛南面

秉“秋心”游琼岛北面，“太液秋风”亦为“燕京八景”之一，漪澜堂外，凭栏北望，看海泛轻舟，秋波潋滟，天光云影，长空寥廓，有西风暗度，可吹动诗心。

骋“冬心”游琼岛西面，悦心殿后的庆霄楼，是乾隆皇帝陪母后冬季观看湖上冰嬉的地方，这里几百年来一直是欣赏北海冰嬉的最佳观赏点之一。居高临下，冰镜天开，遥想旌旗猎猎，战鼓声声，转龙射球，健儿如飞……如此心游琼岛，胜景骋怀，岂非人生快事？

若再有“下马观花”之心，则可检索古迹，体味遗风。在琼华岛东侧的倚晴楼南，是琼岛春阴碑。乾隆十六年（1751）十一月，乾隆皇帝准备将琼岛春阴碑立在永安寺悦心殿的月台上，并且已做好基础。乾隆十八年（1753）正月，乾隆皇帝考虑到碑身高大，立于悦心殿前不妥，便将石碑改立于现在的位置。同期完工的，还有“玉液秋风”石插屏和“金台夕照”石碑。琼岛春阴碑首盘顶，碑身四框刻缠枝纹饰，碑阳刻乾隆皇帝御笔“琼岛春阴”四字，碑阴为乾隆皇帝御制诗：“艮岳移来石岌峨，千秋遗迹感怀多。倚岩松翠龙鳞蔚，入牖篁新凤尾娑。乐志讵因逢胜赏，悦心端为得嘉禾。当春最是耕犁急，每较阴晴发浩歌。”碑座四周有雕刻精致的石护栏，碑旁有迂回曲折的山石嶝道直达见春亭和看画廊。民国以后，琼岛上的植被损毁严重，由于缺少地被植物的保护，周边水土流失，嶝道出现塌陷、倒斜现象。新中国成立后，北京市进行大规模城市建设，施工中拆出不少假山石，起初施工单位当成渣土处理，后被北海公园发现，如获至宝，抢救运回，用于北海和景山公园的山石整修。据“山石韩”后人韩雪萍在《山石韩叠山》一书中回忆：1976年7月28日，唐山发生

7.8 级大地震，北海公园内一些古建、假山遭到不同程度的损坏，琼岛春阴碑和见春亭的山石磴道也未能幸免。地震后，公园对磴道进行了整修加固，由于缺少原石，施工时掺杂了部分杂石，异石混用，毫无章法。1994 年，“山石韩”第四代传人韩建忠应邀整修山石磴道，先拆除了琼岛春阴碑和见春亭磴道原有山石，重新处理了磴道基础，但青云片已无处可寻。由于房山山皮石与青云片外形和颜色相近，经设计方与建设方研究同意，以房山山皮石仿照原风格堆叠，项目总共用房山岐石 2200 吨，采用国画“折带皴”手法，挡土护坡、镶隅抱角，完成后的假山不仅恢复了名胜旧观，还对琼岛春阴碑碑座起到了加固、保护作用。在假山施工的同时，又对见春亭重新装饰，整修了损坏、糟朽的楣子、坐凳，重做了油漆彩画，为了统一景观风格，又在其周边增叠了山石云步、磴道蹲配。“琼岛春阴”景区修复后，基本恢复了往日胜景，与北海公园的整体风格融为一体，既保留了清中期的历史风貌，又加强了景观的观赏性和安全性，松柏苍翠，云蒸霞蔚，山石峭立，使近 300 年的历史名迹重放异彩。

琼岛西侧的阅古楼建于清乾隆十二年（1747），平面近似椭圆形，实为两个半圆左右围合而成的上下两层楼，楼形别具一格。楼内所藏《御刻三希堂石渠宝笈法帖》，共收集了我国魏晋至明末历代书法家 135 人的 340 件作品，刻于 495 块石上。其中除晋代 3 位大书法家王羲之、王献之、王珣的杰作之外，还有唐代大书法家颜真卿、柳公权的作品以及北宋文学家苏轼的手迹，是我国现存最完整的一部古代法书典籍。

西北山腰上的铜仙承露盘也叫作“仙人承露盘”。源自汉代传说，

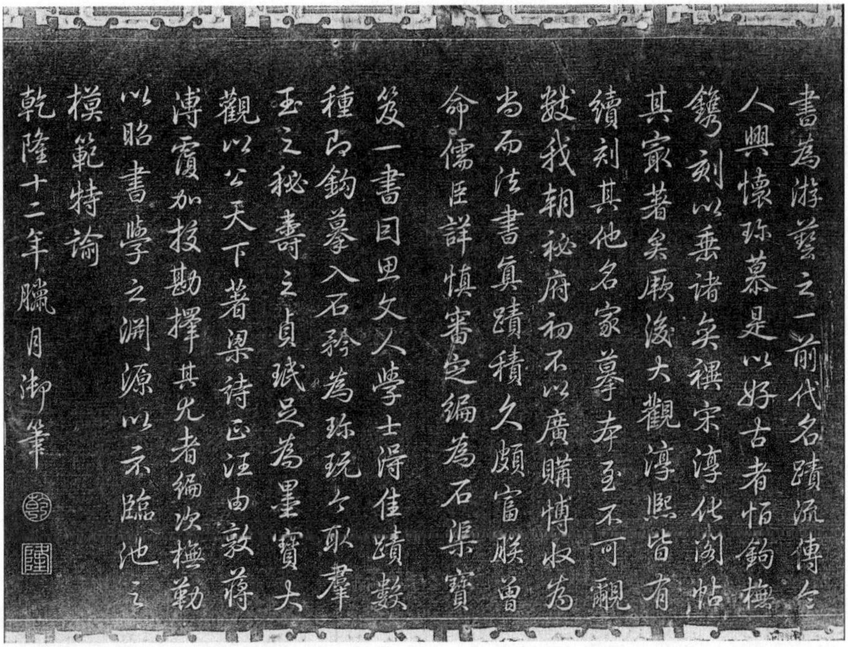

書爲游藝之一前代名蹟流傳今
人興懷珎慕是以好古者恒鈎橅
鐫刻以垂諸奕祀宋淳化閣帖
其最著矣厥後大觀淳熙皆有
續刻其他名家摹本至不可覼
縷我朝秘府初不以廣購博收爲
尚而法書真蹟積久頗富朕曾
命儒臣詳慎審定編爲石渠寶
笈一書因思文人學士得佳蹟數
種即鈎摹入石矜爲珎玩今取羣
玉之秘壽之貞珉足爲墨寶大
觀以公天下著梁詩正汪由敦蔣
溥覆加校勘擇其尤者編次橅勒
以昭書學之淵源以示臨池之
模範特諭
乾隆十二年臘月御筆

《御刻三希堂石渠宝笈法帖》题跋

西汉人相信神仙可以降露人间，饮服神露，能长生不老。汉武帝刘彻为了神仙降露，在长安建章宫内建造神明台，高六七米。台上再铸铜仙人双手捧铜盘，以求仙露。其实承露盘中承接的“仙露”，不过是由于昼夜温差凝结在铜盘中的水蒸气。汉武帝就把这些水珠当成仙露交给方士，将露水和美玉的碎屑调和后，便成“神露”。汉武帝时常服用，还是在 70 岁那年死了。得没得胆结石、肾结石不知道，反正“长生不老”的愿望没实现。及至三国，魏明帝曹叡命人将铜仙承露盘从长安搬至洛阳，没想到半路上把铜盘摔碎了，此物被弃，不知所终。现在琼华岛上的这个铜仙承露盘，是乾隆皇帝在扩建白塔山的时候，根据史书记载仿汉制铸造的一个工艺品雕塑，非求仙之用。不过这个仿制的铜仙人也是命运多舛，“文化大革命”期间，造反派“破四旧”将其拉倒，汉白玉蟠龙石柱也断为两截。铜仙人被当作废铜烂铁卖到废品收购站，被文物部门的人发现，收藏起来。据说在副总理陈毅的支持下，于 1971 年得以复原。

琼岛的庆霄楼西、漪澜堂前和太液池北岸的五龙亭前，都曾是清代冰嬉的活动地点。冰嬉就是穿上冰鞋在冰上活动的总称，宋史有记载，清代最盛行，可以算古代的“冬奥会”。冰嬉既是娱乐活动，也是军事操练，清初被称为“国俗”，作为重要典制记载于钦定《大清会典》中。乾隆皇帝曾说“冰嬉，为国制所重”，宫廷画师张为邦、

《冰嬉图》卷（局部，现存故宫博物院）

姚文瀚绘制的《冰嬉图》以及沈源绘制的《御制太液池冰嬉赋图》，都是奉乾隆皇帝之命再现“冰嬉大典”壮观场景的名作。

在琼华岛西山坡上，有座烟云尽态亭，或可一观。这座八角攒尖青瓦石亭建在一个长方形水池中间，有太湖石回绕，林木掩映。此亭亭亭玉立于池中，由两块尺寸相同的石板与池边相连，石板面呈弧形，跨度长只有0.57米，宽1.85米，无栏杆，无花纹，却自古称之为桥——“一步石桥”。石桥与烟云尽态亭都建于清乾隆十八年（1753），古桥是北京最短的桥。烟云尽态亭亭身的8块额枋和8根八棱石柱雕刻乾隆皇帝的七言诗，其中额枋上刻两首，每根石柱刻3首诗，共计26首，可谓诗文满亭。传说北海有“海眼”，指的是烟

云尽态亭下方的一口古井。此井可上溯到元代以前，今人所见是乾隆十九年（1754）重修的，位于琼华岛水精域下面的石室中，井口在室中心偏北些，井台呈四方形，高近 1 米，为长条石砌；井口直径约 1.3 米，井壁为砖砌。俯临井口，凉气袭人，深不见底。此井水位随季节涨落，旱季时似一枯井，雨季时井水上溢，自石室北山墙外的石龙口处涓涓自流。乾隆皇帝在修复此井的同时，恢复了元代的水景，还在琼岛西面、北面建造了水精域、亩鉴室和两个水池，用暗沟将井水引至水池内，然后从琼岛北面漫坡流下，注入太液池中。乾隆皇帝特制《古井记》一篇，刻于水精域北山墙上古井出水口处。至民国年间，此井水仍可饮用，北海公园事务所曾用它作为饮用水源。

濠濮间　波光云影会心处

从琼华岛东行，过陟山桥向北沿太液池东岸前行，有一座葱郁绵延的土山遮住视线，土山之后别有洞天。东山坡下有一条回廊上山，回廊狭窄、陡峭，名曰“崇椒室”。沿山路经云岫庵蜿蜒上行，翻山自崇椒室北下，但见一泓碧水映彻云天，叠山古木，曲桥水榭，有山林隐逸野趣，得江南烟水意境。这里就是濠濮间。

濠濮间的额枋上写着“壶中云石”，旧时左右楹联颇有清雅之意：“眄林木清幽，会心不远；对禽鱼翔泳，乐意相关。”如今不知为什么换成了南宋诗人郑清之的一联诗“半山云脚炊烟湿，一枕松声涧水鸣”，难怪很多人把“濠濮间”误写成“濠濮涧”，其实这里与山涧没什么关系。濠是指濠水，在安徽；濮是指濮水，在河南。两处水滨

北海公园濠濮间

都留下过庄子的典故。濠濮间就是寄情山水、旷达人生的意思。

濠濮间内还有一副楹联，是乾隆皇帝两首诗的集句联："山参常静云参动，跃有潜鱼飞有鸢。"这本是画舫斋内奥旷室门前的楹联，不知何时谁人搬来挂在此处，好在读来倒也与眼前景致契合。濠濮间始建于乾隆二十四年（1759），北面一座七折曲桥凌驾于山石绿树环抱的碧水之中。七折曲桥北通画舫斋，南接三间水榭濠濮间。在这里临水弄弦，余音环绕，水起共振，恍若仙音。濠濮间七折曲桥为七折七孔石平桥，桥长 25 米多，桥墩为粗青砂石打凿，桥面每折由 3 块长条石顺铺桥面，桥头加铺横条石，桥石栏杆低矮，雕刻简单，镂空"回"字形纹，桥头有抱鼓石，每侧 22 根石望柱，为安全起见，折弯处的望柱稍有加宽。

桥北所立石坊，犹如游龙之首，七折曲桥如龙身摇摆，石牌坊和石桥是一体的建筑。石牌坊上刻有乾隆皇帝诗联。南面坊额横联是“山色波光相罨画”，坊柱联是“日永亭台爽且静；雨余花木秀而鲜”。北面坊额横联是“汀兰岸芷吐芳馨”，坊柱联是“蘅皋蔚雨生机满；松嶂横云画意迎”。

不难看出，濠濮间的园林设计，与紫禁城宁寿宫花园、御花园，景山的园林表现迥异，这里追求的是师法自然的江南文人园林风格。不求奇、不求奢、不求高、不求大，而是求雅、求逸、求野、求空。试想暮雨时分，撑伞过曲桥，直上濠濮间。榭中听雨，时徐时疾；荷池倾珠，烟水氤氲；山石漱玉，飞瀑鸣泉；曲桥卧波，锦鳞潜行。至若明月秋夕，定有松风入怀；抑或盛夏午后，当有蝉声出柳。暗香无非瑞雪，丘如银龙披甲；烂漫不外春朝，花似霓裳起舞。自然之美，无与伦比；师法自然，美不胜收。倘若有人非要在此抚古琴、品香茗，反而觉得矫揉造作、附庸风雅了。濠濮间，此间美，来便好。

画舫斋　傍海泊舟古柯庭

从濠濮间北行，过春雨林塘殿，就到了另一处园林佳所——画舫斋。与濠濮间相比，画舫斋以水取胜，这里也是清代帝王检阅箭术的场所。步入宫门迎面看到的是面阔五间的春雨林塘殿，南侧有三间抱厦。该殿宇与宫门和两侧的围墙一起围合，成了画舫斋的第一进院落。其东西两侧包围进了一部分人工改造的山体，使得这处水景园林增添了几分山林情趣。

画舫斋

从春雨林塘殿穿到第二进院落，如同登上了一条大船。第二进院落虽然是典型的老北京四合院布局，其院落中心并不是平地，而是一方池水。乾隆皇帝在《题画舫斋》诗中说得很直白："斋似江南彩画舟，坐来轩槛镜光流。兰桨桂棹用无藉，海阔天空兴有投。原是不行何碍冻，可知常住亦如浮。"把水池当成庭院，比南方的天井尤甚，也算是想象发挥到极致。把屋子当成画舫，却是学的欧阳修。乾隆皇帝坦言"爱仿欧阳室趣"，其名源自欧阳修的《画舫斋记》。欧阳修被贬官到滑州后，把官衙东侧的一座小房子，改建为休憩之所，名之曰"画舫斋"。欧阳修在文中用《周易》观点讲到自己处境不利，如同"涉川"，历经江湖险恶后，仍念念不忘居安思危，为国效力，同时也表达了寄情山水的文人雅趣。乾隆皇帝借用"画舫斋"之名，不过状其园林尔。

北京“古槐之最”——北海唐槐

画舫斋东西两面，还各有一些辅助建筑与之呼应，经乾隆三十二年（1767）改造后，西侧保留了以水上曲廊连接的“小玲珑”，东侧则因一棵千年古槐而得名的古柯庭，再加上奥旷室、得性轩一起，3座建筑围合成，小而有趣，正所谓“于小偏得趣，唯清不受尘”。

说起古柯庭，就要说说被誉为北京“古槐之最”的北海唐槐。唐槐其实并非唐物，而是金万宁宫中的旧物。乾隆皇帝发现这株古槐时，主干已枯死，只剩下侧干的新枝。为保护古树，乾隆二十三年（1758），他命人在树侧修筑屋宇，取名古柯庭。他多次来此读书赋诗，先后写过多首赞古柯庭槐树的诗，其中写道：“古槐五百年，几度荆凡阅。春明迹已邈，淳于梦亦歇。闲庭构其侧，几榻皆清绝。树古庭因古，偶憩辄怡悦……”乾隆皇帝在另一首诗中认为此树“拱把应于大定年”。两手相合称拱，一手所握为把，估计金大定年间（1161—1189）这棵槐树的胸径不过30厘米左右。乾隆皇帝感叹“元明兴废都消尽，劫外留斯不老身”。历经800多年，朝代更迭，人世沧桑，只有古槐依然在兹。画舫斋后来成了慈禧的行宫，古柯庭成了光绪读书的地方，古槐的知名度就更高了。现在此树高12.5米，胸径1.8米。虽不一定姓“唐”，树龄也有800多年，作为北京第一槐当之无愧。

五龙亭 琉璃梵境起游龙

从画舫斋出来向西眺望，太液池西北岸边，5座方亭联袂水中，有古柳掩映，恍若玉宇琼楼，这就是五龙亭。五龙亭建于明代，中间的龙泽亭最大，亭顶为重檐，下为方形檐，上为圆攒尖顶，取“天圆地方”之意。两侧四亭相互对称，依次略小，从东起五亭名曰：滋香亭、澄祥亭、龙泽亭、涌瑞亭、浮翠亭。五龙亭由 7 座石桥连接，把 5 座亭子同湖岸系在一起。

自乾隆朝起，五龙亭便是帝后们游憩之地，日赏海波塔影，夜观礼花绽放，春朝放舟，夏日垂纶。此等良辰美景，只有帝王一家享乐，与百姓无涉。

北海之美公诸世人，至今尚不到 100 年，却是人人来而可见的了。站在五龙亭前你会发现，这 5 座亭子呈梯形布局，连接亭子的 4

五龙亭

座石桥，也便取势成弯，形成两弯两孔转弯桥。桥面用一尺边长的四方砖铺地，汉白玉石仰天地伏、护栏板、望柱。这 4 座水中石桥把 5 座水中的亭子连在一起，如履平地。再加上与陆地相连的 3 座石桥，五龙亭与北岸陆地浑然一体。五龙亭 7 座桥的护栏板和望柱，原是青砂石制成。庚子年（1900）被八国联军所毁，到 1925 年北海公园对外开放时，桥上的青砂石护栏板和望柱已荡然无存。1951 年湖底清淤，挖出 20 多块石桥旧石构件。1974 年五龙亭的亭子和石桥全面整修，这里成了北海最吸引游人的地方之一。

五龙亭北行不远，穿过牌楼就是阐福寺。阐福寺建于乾隆十年（1745），乾隆皇帝对寺名的解释为“上为慈圣祝釐，下为海宇苍生祈佑”。阐福寺以五龙亭为南端起点，北侧是一座宏伟的牌楼，名为“性海福田”牌楼（南边石额为“性海”，北边石额为“福田”），规制仿效大高玄殿木牌楼。再向北是寺院的主体建筑，其布局为“伽蓝七堂”样式，建筑规制大多模仿自河北正定的隆兴寺。由山门殿入内，两侧为钟鼓二楼，正北是天王殿，天王殿后为第二进院落，主体建筑是高三层的楼阁，内部相通，供奉有一尊用整根金丝楠木雕就的

20世纪初失火被毁前的阐福寺大佛殿

千手千眼造像，因此这座大雄宝殿被俗称为“大佛殿”，建筑样式模仿自隆兴寺的大悲阁。

大佛殿前立有两通石碑，东边的碑身南面无文字，北面刻有乾隆皇帝题写的《御制阐福寺大佛诗》；西边的石碑相反，碑身北面无文字，南面刻有乾隆皇帝题写的《御制阐福寺碑文》。自乾隆十七年（1752）开始，每年农历腊月初一，乾隆皇帝都到阐福寺拈香礼佛，之后会在此书写“福”字。庚子年（1900）八国联军入侵北京城，阐福寺遭到严重破坏，大佛殿里千手千眼佛周身的宝物被洗劫一空。

1919年，西苑附近的消防队在大佛殿内生火做饭，不慎失火，将大佛殿等建筑烧毁。

从20世纪70年代末，北海公园开始在阐福寺筹建植物园，每年在此举办菊花展，至今已经举办了41届，成为北京人秋日赏菊的必到之处。每逢金风送爽时节，阐福寺的山门内外，殿宇前后，五龙亭畔，乃至西天梵境附近，无不菊香浮动，倩影婀娜。其中既有绿牡丹、冬雪等代表性菊花品种，也有墨萍、金背大红、盘龙春晓、紫燕翻飞、古刹金刚、金凤还巢、黄蒲锦绣、紫琅风姿、银龙分水等特色新品，观之赏心悦目，快意萦怀。

五龙亭往西是“极乐世界”，又称“小西天”。始建于乾隆三十三年（1768）二月初二，乾隆三十五年（1770）竣工，八月初一奏案：“新建极乐世界并万佛楼工程业已完竣开光……”极乐世界殿和北面的万佛楼是一个整体，都是他为母后崇庆皇太后献上的一份生日贺礼。极乐世界殿是曼荼罗建筑方式，其中央大殿象征着佛教世界的中心：须弥山。大殿内的主体是一座泥胎须弥山，山上坐立彩塑佛像 220 尊，其中释迦牟尼佛、迦叶尊者、阿难尊者和八大菩萨均用铜铸造。殿外四周水池环抱，东南西北设四门、四桥、四牌楼，院落四隅设方角亭。殿北的普庆门内，是曾经庄严宏伟的万佛楼。万佛楼面阔七间，高 3 层，每层供奉大无量寿佛 9 尊，加上佛楼四壁镶嵌的佛龛内佛像，整座楼供奉着 10298 尊佛祖造像。造像为赤金铸成，当时规定大佛每尊需重五百八十八两八钱，小佛像每尊不得轻于五十八两。庚子年（1900）八国联军进入西苑，将万佛楼内所有金佛全部盗走。楼体本身也遭到严重破坏，加上年久失修，到新中国成立前后，万佛楼已成危楼一座，最终于 20 世纪 60 年代被拆除。

“小西天”

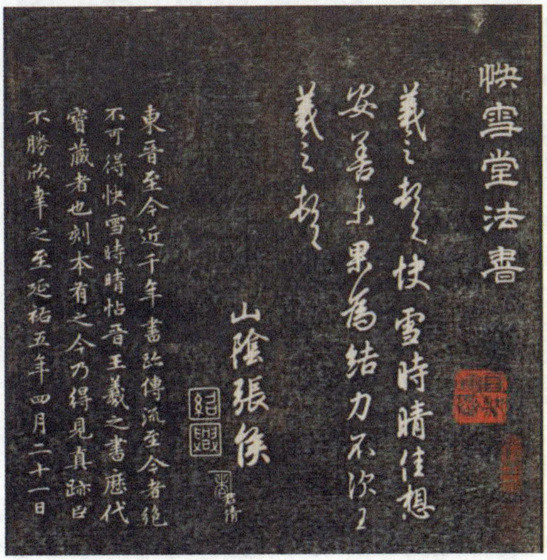

乾隆皇帝为保存元代书法家赵孟𫖯临摹晋代王羲之《快雪时晴帖》石刻而命人修建快雪堂，图为碑拓本

五龙亭东北方与阐福寺相邻的，就是著名的快雪堂书法博物馆。快雪堂是一座三进院落，从前到后分别为澄观堂、浴兰轩、快雪堂。最初为两进院落，乾隆四十四年（1779），乾隆得到元代书法家赵孟𫖯临摹晋代王羲之《快雪时晴帖》石刻，为了更好地收藏，他命人增建了金丝楠木殿，取名为“快雪堂”。快雪堂随山就势而建，古朴幽静，占地面积约 2900 平方米，有回廊、卧角廊、抄手廊与各大殿相连，庭院格局完整，三季有花，四季常绿。此处所藏众多书法名家的书法石刻，更具文气墨香。快雪堂前院的澄观堂与浴兰轩，均建于清乾隆十一年（1746），是当年帝后们到阐福寺拈香时沐浴更衣、用膳休息的地方。1923 年，为纪念讨袁护国运动的著名将领蔡锷（字松坡），将快雪堂三进院落拨作以他名字命名的“松坡图书馆”第一馆。松坡图书馆内，澄观堂为阅览室、浴兰轩为藏书室、快雪堂辟为“蔡公祠”。1987 年快雪堂三进院落交还北海公园，改为“快雪堂书法石刻博物馆”，向游人开放。2014 年快雪堂书法石刻博物馆首次引入民间资本大修，修缮完毕后再次对外开放。快雪堂是我国稀有的楠木大

九龙壁

殿，殿名为乾隆皇帝亲题，东西两廊内壁上镶嵌的石刻，就是著名的“快雪堂石刻”，共 48 方。《快雪堂帖》是中国明代汇帖的初拓善本，为明末时涿州冯铨选辑，并刻石 408 方，大半由真迹摹出，镌手为铁笔名家刘光旸。冯氏子孙不能保全，将帖石分为两部分，同质州库。后知州黄可润赎出运至福建，黄氏子孙也未能保全。乾隆年间，闽浙总督杨景素投皇帝所好，购得献入内府。乾隆皇帝撰写《快雪堂记》，并建快雪堂嵌壁收藏。因帖石三易其地，故拓本也有区别，分涿拓、建拓和内拓 3 种，按年代的远近，以涿拓最为珍贵。

从快雪堂迤逦东行，便到了驰名中外的“九龙壁”。在北海公园，

极乐世界殿俗称“小西天”，东侧的西天梵境被称为“大西天”。大西天的主体建筑，是大圆镜智宝殿，大西天南门“真谛门”外的琉璃影壁，就是九龙壁。九龙壁四面满雕，上部为黄琉璃瓦庑殿式顶，檐下为仿木结构的椽、檩、斗拱。壁面以云水为底纹，分蓝绿两色，烘托出水天相接的磅礴气势。下部为汉白玉石须弥座，体现端庄凝重。壁上南北双面各有 9 条巨龙，皆以彩色高浮雕手法制成，最高部位高出壁面 20 厘米，立体感强劲。纵贯壁心的江崖浮雕，把 9 条蟠龙分隔于 5 个空间内。黄龙居中，四爪分云拨浪，强劲有力，龙身环曲，龙头正向，目视火焰宝珠炯炯有神，展须张颔，威风凛然。左右两侧各有蓝白两龙，白为升龙，蓝为降龙。左侧两龙龙首相向；右侧两龙背道而驰，四龙各逐火焰宝珠，神动形移，似欲破壁而出。外侧双龙，一黄一紫，左端黄龙挺胸缩颈，上爪分张左右，下爪前突后伸；紫龙左爪下按，右爪上抬，龙尾前扬。双龙动感十足，争夺之势栩栩如生。右端黄龙弓身挺背，张弛有度，腾挪跳跃的体态呼之欲出；紫龙昂首收腹，前爪击浪，风姿雄健。整座影壁的设计，美轮美奂，无懈可击。壁顶正脊也有 9 条龙，中央一条盘龙，两侧各有 4 条行龙。两端戗脊异于其他庑殿顶，不饰走兽，以行龙直达檐角。檐下斗拱之间用 45 块龙纹垫拱板，使整座建筑以不同方式蕴含多重“九五之数”。此外，九龙壁的壁面共用 270 块彩塑琉璃砖，也是九五的倍数。九龙壁建于清乾隆二十一年（1756）。与之同时兴建的，还有西天梵境山门南侧的华藏界琉璃牌楼。前面提到的 1919 年发生的那场大火，不仅烧毁了阐福寺大佛殿，同时焚毁了大圆镜智宝殿及其周边建筑。1925 年北海公园对公众开放，这片遗址被改造为体育场，一度被命名为“乐静园”。1996 年该区域得以重建但并未开放，只有它南面的琉璃影壁九龙壁供游人参观。

先蚕坛　蚕桑门内水淙淙

在北海公园的东北角，有一座先蚕坛。先蚕坛和先农坛有异曲同工之妙，体现了中国古代“男耕女织”的劳动理念。众所周知，先农坛的“一亩三分地”，是皇帝每年春天去亲耕的耤田；先蚕坛的亲蚕殿，就是皇后每年春天采桑养蚕的地方。

北京地区的先蚕坛建置始于元代，距今已有700余年的历史。据《元史》记载："武宗至大三年夏四月，从大司农请，建农、蚕二坛……纵广一十步，高五尺，四出陛，外相去二十五步，每方有棂星门，今先农、先蚕坛位在田内，若立外，恐妨千亩，其外勿筑。是岁命祀先农如社稷……先蚕之祀未闻。"由此可见元代的先蚕坛建是建了，皇后却没有真正来此祭祀"亲蚕"，很可能是元朝统治者为体现其正统地位，建个坛给汉人们摆摆样子罢了。

明永乐皇帝朱棣迁都北京后，一直没有把先蚕坛列入祀典，直到明嘉靖九年（1530），都给事中夏言等人上奏"请改各官庄田为亲蚕厂公桑园。令有司种桑柘，以备宫中蚕事"。嘉靖皇帝敕命："天子亲耕，皇后亲蚕，以劝天下。自今岁始，朕亲祀先农，皇后亲蚕，其考古制，具仪以闻。"先蚕坛自此开始筹建。大学士张璁等主张在安定门外建先蚕坛。户部官员认为安定门外水源不足，无浴蚕之所，建议仿照唐宋时期，在皇家宫苑中，利用太液池水浴蚕缫丝。最后嘉靖皇帝拍板，坚持依古制将先蚕坛建在安定门外，并亲自制定了先蚕坛的制度与规模。"坛方二丈六尺，叠二级，高二尺六寸，四出陛。东西北俱树桑柘，内设蚕宫令署。采桑台高一尺四寸，方十倍，三出陛。銮驾库五间。后盖织堂。坛围方八十丈。"并于当年农历四月在先蚕坛尚未建成的情况下，由皇后在安定门外举行了一次仓促的先蚕祭祀典礼。谁知先蚕坛尚未完工，礼部便上奏说，皇后出城到郊区"亲蚕"，多有不便。于是明代首座先蚕坛很快成了"烂尾工程"，长期荒废，坑洼积水，成了如今青年湖公园的前身。嘉靖十年（1531）十月，嘉靖皇帝下旨在北海西岸的仁寿宫旁边，重新修筑了一座先蚕

清郎世宁《孝贤纯皇后亲蚕图》（局部，现存台北“故宫博物院”）

坛，还设置了蚕宫署，负责先蚕坛的日常行政事务。每年农历三月择吉日，由皇后亲临先蚕坛拜祭“蚕神”，并观桑治茧，作为一种仪式，垂范天下，教化斯民。到嘉靖三十八年（1559），实行不久的亲蚕典礼即被废止，直至明代灭亡。而皇后亲自参加的亲蚕仪式，也只有嘉靖九年（1530）在安定门外那一次。可见明朝祀蚕也是敷衍了事。

到了清朝，满洲并无祭祀先蚕的习俗，直至康熙年间，才在今中南海丰泽园之东设立蚕舍。植桑养蚕，浴茧缫丝。并在内府设置了825名匠役，设立织染局，织染自产蚕丝。乾隆七年（1742）七

月，大学士鄂尔泰上奏折请建先蚕坛，遵从“帝亲耕南郊，后亲蚕北郊”的古制。同年九月二十动工至次年九月二十七建成完工。据奏销档记载，先蚕坛建设共“销算银七万四千一百二十七两七钱二分二厘”，比预算有所结余。新建的先蚕坛，选址在明嘉靖皇帝西苑道场“雷霆洪应殿”旧址——即西苑东北隅（今北海公园东北角上），垣周 160512 米，占地 17160 平方米。院内殿宇、游廊、宫门、井亭、亲蚕门、墙垣均为绿琉璃瓦屋面，以示蚕桑之意。现藏于台北“故宫博物院”的清郎世宁所绘的《孝贤纯皇后亲蚕图》，生动描绘出当时

先蚕坛正门

皇后祭祀蚕神的热闹场面。乾隆二十二年（1757），先蚕坛再次扩建，此后，先蚕坛又多次修缮。

蚕以桑为食，先蚕坛庭院内的东西北三面都有护坛的桑树林，东面有一条小河，名为“浴蚕河”。主殿是亲蚕殿。殿内悬挂乾隆皇帝御笔匾额“葛覃遗意”，左右配楹联：“视履六宫基化本，授衣万国佐皇猷。”先蚕坛为方形，南面偏西处有正门三间，入门即为先蚕坛。先蚕坛东南为观桑台。观桑台北是亲蚕门。过了亲蚕门，就是亲蚕殿。这组建筑依古制有先蚕坛、采桑台、具服殿等，建筑尺寸完全依照古制。具服殿的后面有浴蚕池。依据周代古制，先蚕坛应近水，由西压桥引什刹海水，经坛东南流，称浴蚕河。河水穿过平安大街从北墙流入，自南墙流出，墙下设有水闸，隔着架有两座木桥的河流，有两片区域，东南角有先蚕神殿、宰牲亭、井亭、神库、神厨和蚕所等建筑。其中蚕所是实际养蚕用的，其他殿坛都是仪礼场所。

每年春季蚕生之时，由皇后率领嫔妃、公主等人先行斋戒，在祭祀之日，先把采桑工具陈设在交泰殿，皇后阅视毕，再把这些工具放在彩亭内，由銮舆抬往先蚕坛。皇后出神武门至先蚕坛，先在具服殿更换祭神的礼服，然后登坛祭先蚕神，上香，行六肃三跪三拜礼。皇后登观桑台，举行躬桑礼。这时坛周遍布彩旗，奏乐，唱采桑歌，皇后、嫔妃、公主等人开始采桑饲蚕。采桑的工具体现出鲜明的等级：皇后用金钩黄筐，嫔妃用银钩黄筐，公主用铁钩红筐。按次序轮流采桑——不过这一切只是仪式，实际上，采桑到饲蚕都有养蚕妇代劳，皇后等人只是在观桑台上观采、观饲而已。等到蚕宝宝长大结茧时再选择大的献给皇帝和皇后，以示农桑丰收在望。据说光绪朝隆裕皇后最喜养蚕。除了每年到先蚕坛参加祀典外，她经常到先蚕坛去亲自采桑养蚕，从幼蚕孵化到成蚕吐丝，整个过程她都参与其中。她还亲自查看登记蚕吐丝的数量，并命人缫丝纺织。

民国后，先蚕坛改变了用途，里面曾开过一座茶楼接待到北海公园观光的游客，历史语言研究所和北京大学医学院也先后租用过这里。1948 年，北平市政府对先蚕坛古建筑做过简单的修缮保养。1949 年 4 月 1 日，经北平公用局军管会批准，将先蚕坛全部房屋拨借给北海实验托儿所使用。7 月托儿所迁入先蚕坛。北海实验托儿所初入先蚕坛时，坛内杂草丛生，一片狼藉。第一任园长陆琳，为修建园舍四处求援。由建筑史家梁思成推荐的张昌龄教授，在先蚕坛台原址设计了一栋建筑面积 3800 平方米的两层楼房，并对原有部分殿宇加固修缮，安装了暖气及儿童卫浴等相关设施。

静心斋 枕峦叠翠沁泉廊

静心斋，是北海公园最美的园中园，在北海公园的正北端。静心斋原名镜清斋，明代曾是普通官房。清乾隆二十二年（1757）扩建，形成一座以叠石为主景，以亭榭楼阁为独立空间，可以移步换景的园中之园。乾隆皇帝把这里作为读书之所，名曰“镜清斋”，取“明池构屋如临镜”之意。也有人说，“镜”者，鉴也。唐太宗赞魏徵语：“以铜为鉴，可以正衣冠；以人为鉴，可以明得失；以史为鉴，可以知兴替。”“清”，即清心寡欲，有“淡泊明志，宁静致远”的蕴意。不知您发现了没有，乾隆皇帝读书的地方，单是在北海公园里就俯拾皆是，静心斋、快雪堂、阅古楼、漪澜堂、画舫斋……好像乾隆皇帝手里时刻攥着本书，随意走到哪里，都是读书的地方。

镜清斋里亭台楼阁林立，乾隆皇帝一般在哪儿读书呢？这个地方叫“抱素书屋”，取自老子“见素抱朴，少私寡欲”。乾隆皇帝自题楹联：“地学蓬瀛尘自远，身依泉石兴偏幽。”据说，他之所以把这里当作读书佳所，是因为当时他在宫里的书房是昭仁殿，位于乾清宫的左侧，内藏宋、金、元、明各朝善本典籍。乾隆皇帝无意中得知，明崇祯十七年（1644）三月，李自成攻入北京时，崇祯出宫自缢前在此砍杀其女昭仁公主，便心生忌惮，从此就很少来此读书了。乾隆皇帝二下江南回京不久，尝行至北海北岸，见一处前朝荒废的宅园，虽年久失修，却小巧玲珑，别具一格，便决定将此园重建，作为读书之所。镜清斋建成后，乾隆皇帝多次到这里读书和批阅奏折。后来，这里又成为太子颙琰读书的地方。

精巧闲雅是静心斋的园林特色，园子不大，整个院落占地面积只

北海静心斋（周文迪提供）

有 9308 平方米，却尽展中国古典园林艺术之美。静心斋的主要建筑有镜清斋、叠翠楼、枕峦亭、沁泉廊、罨画轩、焙茶坞、抱素书屋、韵琴斋等，空间相对独立，却又融为一体，又被称为“乾隆小花园”。静心斋内水面积占整个院落的 1/3，不大的水面上有 3 座古桥：小玉带桥、沁泉廊桥、青石曲桥。沁泉廊桥名曰“沁泉廊”，位于画峰室西侧，建于清光绪十三年（1887），与叠翠楼及爬山廊同期添建。桥为 3 孔，花岗岩方石桥墩，桥面木板，桥墩上立 8 根红漆柱，彩画廊檐，青灰筒瓦卷棚屋顶，桥上两侧装红木护栏楣子坐凳，支桌摆椅开设茶座，可供游人茶歇。廊桥两端与假山小道相连，整个青瓦红柱廊桥掩映在碧水风荷中，太湖石假山环抱其周围，坐在沁泉廊桥中品茶观景闻水声。恰如宋代郭熙所说“不下堂筵，坐穷泉壑”。

园中叠山之石，多为北方黄太湖石，山间曲径含露，岩洞幽深，山上起伏楼廊，山下小桥绿水。静心斋假山，是清代造园叠山名家“山子张”所造，石种为北方黄太湖石，全园山石遍布，林木茂密，布局上具有明显的江南园林特征。枕峦亭坐落在主景假山上，假山下为山洞，三面环水，基础为柏木梅花桩传统做法，木桩之间嵌以毛石。1976 年唐山大地震波及北京，静心斋内假山临水崖壁倒塌，主要是由于池水时盈时亏，导致木桩日久腐烂。因此，叠山之前首先要处理好基础，抽水清淤，挖槽铺石，改木桩基础为水泥基础，是不可或缺的几个叠山步骤。重新堆叠假山时，由于部分山石已无法使用，被填入基础，导致山石短缺，故水下假山使用新石，水面以上全部采用旧石，修复的重点在亭东南山洞部分，在手法上，崖壁以国画“斧劈皴”表现险峻，崖顶以“云头皴”表现雄浑，山洞以“迷远”增加意境。“龟蛇斗法”是静心斋的另一处假山景观，位于枕峦亭北面，“龟蛇”即北神“玄武”，是中国古代的四大神兽之一，北海位于紫禁城西北，又居北海最北，可见当初是“山子张”有意为之。据“山石韩”的后人韩雪萍说，她的父亲韩良顺在查看沁泉廊北部山形时，偶然发现这一假山遗迹，虽然山形曾遭破坏，但仍依稀可辨。山之象形，在似与不似之间。韩良顺本着遗貌取神的原则修复此景，给老游客们一种“似曾相识燕归来”的审美感觉。

和乐山爱水、好读诗书的乾隆相比，慈禧并非读书之辈，却照样喜欢修山景逛园子。她垂帘听政期间，也钟情静心斋的美景，屡加修缮，时来享乐。她还在静心斋增建了一处叠翠楼，并亲笔题写了匾额，悬挂于楼前。叠翠楼为两层阁楼，造型齐整，上下均面阔五开间，带回廊，顶部檐角飞翘。楼旁置有假山石，参差错落，花木扶疏，古松参天，映衬得叠翠楼气度非凡。叠翠楼是静心斋的最高点，置身楼上凭栏眺望，园中景致尽收眼底，远处琼岛胜景、景山风光也历历在目。

慈禧掌权时，曾多次乘“专列”到静心斋游玩。这段铁路南起中南海的瀛秀园，终点就是北海的静心斋，全长 1510.4 米。光绪十四年（1888），这条专供慈禧享乐的铁路竣工了。法国新盛公司用低价将一列六节精制小火车出口到中国，以展示法国工业的先进成果。铁路由南到北在五龙亭处转弯向东，因铁路轨道转弯需要弧形弯道，必须建一座铁路石平桥让铁轨斜穿而过，就在五龙亭前修筑了一座石平桥，桥墩厚约 1 米，桥上原铺枕木和钢轨。可笑的是，慈禧觉得火车开起来噪声太大，而且司机坐在她前头开火车，是为不尊。遂命人去掉火车头，让太监们用黄缎子做纤绳，拉着火车车厢来回跑。慈禧上午在宫中早朝，中午让人拉着不点火的“火车”，到静心斋进午膳休息，下午再坐人力火车回宫，没两年也就玩腻了。

1913年10月，袁世凯就任大总统，将北海静心斋修葺一新，作为民国政府外交部宴请宾客的地方。他时常到静心斋会客、设宴。1915年12月，袁世凯下令取消民国，复辟帝制，由此激起全国人民的愤怒声讨，“讨袁运动”爆发。袁世凯惶惶不可终日，不得不加强防卫，以防不测。一天，袁世凯在六子袁克桓的陪同下在北海静心斋里散步。他拄着一根藤手杖，下端包有铁皮，边走边敲，发出啷、啷、啷的声音。袁克桓问父亲这根手杖为何发出啷啷的响声，袁世凯问他想知道这根手杖的用处吗，袁克桓点了点头，袁世凯便举起手杖朝向天空，砰的一声炸响，眨眼间，数十名持枪的侍卫将他们父子团团护卫在中间。袁世凯微微一笑，令侍卫们散去。原来袁世凯这根手杖是一支特制的长枪，从不离手，只要他的枪声一响，全副武装的侍卫们会立刻赶到他身边。因静心斋是他常来的地方，所以特别驻守了30多名侍卫，随时听命。尽管袁世凯机关算尽，但在举国声讨之中，他于1916年6月6日郁郁而终。此后，静心斋另作他用。

新中国成立后，静心斋曾被长期占用，中央文史研究馆的馆员们长期在这里办公，后来国务院参事室也搬了过来。直到1981年11月，静心斋才重新交还北海公园，经公园管理部门整修后，正式对游人开放。

十顷玻璃　一塘闲趣

从北海后门出来，一过马路，就是烟火人间的什刹海了。作家刘心武曾说，什刹海是北京城里唯一一处富有野趣的自然水域，而且很显然，在北京中轴线的西北侧保留这片野趣，是从建都之初的规划中就有意为之的。它从没有被封建王朝的统治者们围在红墙黄瓦之内，满足一己之私，而是千百年来得以与京城百姓共生共存。在北京城的中轴线上，什刹海的平民性无疑是最为突出的。从这一点上看，和杭州的西湖一样，它属于一座城里所有的人。什刹海绝胜烟柳的旖旎风光，可以与任何一座中国城市的水景比肩，它所承载的生活闲趣和丰厚的历史文化，更增添了一种无可名状的迷人气质。

什刹海，古都文人誉之为“十顷玻璃”。《天咫偶闻》上说：“都人士游踪，多集于什刹海，以其去市最近，故裙屐争趋。长夏夕阴，火伞初敛。柳阴水曲，团扇风前，几席纵横，茶瓜狼藉。玻璃十顷，卷浪溶溶。菡萏一枝，飘香冉冉……”旧京夏日的什刹海边，人头攒动，环佩铮然，或消暑纳凉，或品茗听曲，那份惬意令今人读之仍深羡不已。

什刹海位于北京城中轴线西侧，水域面积33.6万平方米，与北海、中南海水域一脉相连，是北京城唯一一处水域开放的特色景区，也是北京城内面积最大、风貌保存最完整的一片历史街区，它的自然野趣和市井风情，迥异于皇家园林，最接地气，因而最为京城百姓所亲近。什刹海包括前海、后海和西海（又称积水潭）3个水域及临近地区，与“前三海”（北海、中海、南海）相呼应，俗称“后三海”。什刹海也写作“十刹海”，据传沿岸曾有10座古刹。什刹海被誉为“北方的水乡”，明代刘侗在《帝京景物略》一书中，辑录了很多吟咏什刹海及其周边景物的诗词。其中苏州长洲诗人周光祚的《过德胜桥净业寺看荷花》二首，把一名江南游子客居北京多年的心境，写得入情入景：“客久江南梦，朝寻城北游。芦穿湖绿黛，柳匝幕青油。拥寺千花艳，巡堤一鹭幽。为生车马色，从未试扁舟。”“憩向无尘处，过桥得水庄。雨愁荷柄弱，风喜柳丝长。乍入暑全去，言归身满香。缓行堤不已，只此似吾乡。”他觉得偌大京城只有这个地方，美得才像故乡长洲。

和一些皇家园囿不一样，什刹海是一片天然水域。据史料记载，三国时期曹魏嘉平二年（250），征北将军刘靖驻守蓟城时，命军士千人在桑干河上修戾陵堰，开车箱渠，导高梁河水灌溉屯田。高梁河水系的下游即今什刹海一带。那个时候，蓟城在今广安门以南，什刹海一带水域属于城市的东北郊区，地势平缓，水源充足，是屯田种粮的好地方。到了13世纪，元世祖忽必烈决定在废弃的金中都遗址之外，在北面另建一座新都城，史称“元大都”。什刹海就是刘秉忠等人规划设计大都时最基本的依据之一：元大都的中轴线紧傍积水潭选定，大都四面的城墙位置是依积水潭东南岸的距离而建的。元朝曾依托这一片水域在东岸确定了都城建设的中轴线，什刹海始成为元、明、清三代城市规划和水系的核心。元代这里名曰“海子”，是一处非常开阔的水面，明初缩小，后逐渐形成西海、后海、前海，三海水道相通。

到了明代中期，什刹海附近的稻田增加，湖面相应锐减，在德胜桥东南，开挖一条直通下游水面的渠道“岔河”，与后海隔开。这样，积水潭的水由岔河直接流入前海，向南经西压闸入皇城；另一支向西北过银锭桥倒流入后海，形成“银锭观山水倒流”的景观。顺治元年（1644）清朝定都北京，汉人逐居外城，内城由八旗分别管辖，什刹海地区属正黄旗，所幸被圈在皇城之外，保留了什刹海的素颜之美。

什刹海一带历史文化积淀深厚，曾建有王府、佛寺、道观等多达30余座，至今仍存有十几处。什刹海34公顷的水面与城市街区自然融合，银锭观山、夹岸垂柳、半塘荷花、桨声灯影、酒肆茶寮，成为什刹海自然景观与市井风情相映成趣的绝佳之所。

1999年，我在拙作《老北京的吃喝》一书中，也曾对什刹海一带的人间烟火、荷花市场的夏日风情做过一些记述。什刹海的荷花市场每年农历四月底渐次开市，直至八月初一以前拆棚收市。历时三月有余，集旧京夏日风情之盛，令游人乐而忘返。荷花市场里的时令河鲜最具特色。当年郑记河鲜在地安门一带远近闻名。郑家经营的鲜菱角、老鸡头

古老的银锭桥（程功提供）

米、白花果藕除来自什刹海外，还从京西六郎庄河地进货，在荷花市场搭开席棚，名曰“藕局”，与景四爷的藕局、回民杨五爷的藕局鳞次栉比地排开，招揽游人。藕局的席棚里都摆着几个注满清水的大木槽，木槽中泡着酥甜汁多的果藕，槽边戳着一捆捆长梃的鲜莲蓬，莲子饱满。藕分两种，一种叫果藕，一种叫菜藕。果藕也叫白花藕，开白荷花，所产之藕酥脆清甜，有荸荠的清香细嫩，可生吃，与水果无异，故名果藕。菜藕也叫红花藕，开红莲花，所产之藕肉质粗，淀粉含量高，最宜炖汤，湖北人爱吃的“藕炖排骨”，非菜藕不能胜任。

什刹海的河鲜席棚前的大木案上铺着整块的蓝布，搁着盛水的木浅儿，旁边的一个大青花瓷盘子里盛着果实丰盈的河鲜儿。所谓河鲜儿，就是去皮剥好的鲜核桃仁、大扁杏仁、鲜菱角米、鲜老鸡头米的“四合一”食品。游人至此说一声：“掌柜的，来份冰碗。”掌柜的高声应着，已经取出一个蓝花小碗，手脚麻利地在碗底垫上天然碎冰，再把河鲜儿盛在碗里，上撒白糖，插上小勺往前一递：“这位爷，您慢慢用着。”这样令人望而生津的凉鲜美物，食罢顿觉神气清怡。

逛荷花市场的人们，还有更多的乐子。烧烤涮摊、冷食棚、临时饭肆、果摊、豆汁、灌肠、八宝莲子粥，鳞次栉比，古玩摊、书摊、字画摊、儿童玩具、草虫、扇摊，星罗棋布，评书场、相声场、杂耍棚、落子棚、把式场，彩声不断。因此，什刹海在老北京消夏“四胜”中独占鳌头，其他三处为葡萄园、菱角坑和二闸。

在什刹海银锭桥边，有一座鼎鼎大名的饭庄会贤堂。这里是清末民初什刹海边最豪华排场的宴饮佳处。每到什刹海莲叶田田、荷花满眼的季节，府邸在地安门及后三海周围的王公贵族们纷至沓来，登楼赏荷。这些高级食客在会贤堂的南楼上临窗而坐，垂柳轻扬，荷风拂面，满楼生凉。会贤堂饭庄的时鲜菜蔬爽口宜人，不咸不腻，与盛夏的什刹海清凉世界融为一体，怎能不勾起京城老饕们的闲情雅兴呢？

荷花市场的价值还在于，它通过相互作用的传播方式，逐渐改变老北京人守旧的饮食观念。老北京人很早就喜欢在炎夏吃一些诸如杏仁豆腐、河鲜冰碗之类的冷食，却很少有人享用带有西式风味的冷饮，只有一些趁钱的时髦青年热衷于此。在荷花市场的冷饮中，高档的如柠檬、菠萝等各种果味的汽水儿，还有加了牛奶的冰淇淋等，都是 1937 年以后才为旧京百姓所接受。当然，胡同里的孩子们最常吃的冷饮还是雪花酪。雪花酪名字好听，其实只是把凉水、天然碎冰块、淀粉、糖精、香精装在铁桶里，再把铁桶放入内有冰坨的大木桶。桶中间有轴儿，转动起来能把冰块等搅成雪花冰凌，盛在玻璃杯里有点像冰淇淋。孩子们喜欢吃雪花酪，主要还是因为它比冰淇淋要便宜得多，20 世纪 30 年代的冰淇淋在北平还算是摩登食品，吃一个要两三毛钱，而一杯大小相等的雪花酪只需两三个铜板。再加上卖雪花酪的老汉剃着锃亮的光头，穿件白布汗背心，一边掌上敲着清脆的冰盏儿，一边极富韵味地吆喝："冰淇淋、雪花酪，爱喝凉的你就开口咯——盛得多，给得多，又凉又甜又好喝。"小孩子哪能经得起如此诱惑！胖胖的小手递上两个铜板，光头老汉便会把玻璃杯里的雪花

什刹海小吃摊儿，小贩手中所拿即为冰盏儿

酪装得尖尖的、满满的。20 世纪 20 年代北京有个“雪花酪张麻子”，与众不同的是，他常用两只铁桶倒替着转，顶部上轴安铁轮，系上个小人儿打水。桶一转小人儿就上下跳动，总能引一群好奇的孩子前来围观，生意极好。后来张麻子靠卖雪花酪发了家，儿子改行有了大出息，他也做起了老太爷，过上了吃穿不愁的日子。他那套卖雪花酪的有趣家什，也成了珍藏在家里的传家宝了。后来有的小贩弄虚作假，街坊老太太们就说：“积点阴德吧，人家张麻子买卖厚道，如今成了卖雪花酪的头一份财主。你这么偷奸耍滑地坑小孩子，八辈儿你也活该受穷。”可见张麻子的创业传奇流传甚广。

什刹海的荷花市场，说到底是老北京人的一处清凉世界。在燥热难耐的夏季，荷花市场带给人们的那份惬意和清爽，至今还令多少人梦绕魂牵。

万宁桥　通惠遗风日月长

几年前，地安门周围在绿化腾退过程中，在地安门南面、景山后街北段的东西两侧，两段 300 多米长的古城墙重新回到了人们的视线中。这两段明清时期的古城墙位于原地安门南面两侧，保存完好，高约 6 米，下宽约 1.5 米，上宽约 1 米，是在紫禁城筒子河外围内皇城的一部分。明永乐年间的内皇城，北移元皇城北墙，建皇城北门名北安门，清代沿袭明皇城旧制，改北安门为地安门。整个明皇城南起太庙、社稷坛南坛墙，在景山两旁呈“凸”字形，向北延伸直达地安门城楼。地安门的门殿面阔七间，中三间为“穿堂”。门殿南面东西两侧建平面为“L”形的拐角楼，各二层十四间，拐角在南，两楼对峙如雁翅，故名雁翅楼。在明皇城的地图上，这两段至今遗存的皇城墙标示得清清楚楚。它们的北端连着地安门（北安门），也就是今天地安门大街十字路口的位置。地安门与天安门相对，是北京中轴线上的一个重要点位。

在地安门和鼓楼之间，有一座至关重要的中轴线标志物，叫万宁桥。万宁桥始建于元代，是北京城里最古老的桥，也是“中轴线上第一桥”。

元代时，什刹海三海统称“海子”，什刹海在皇城以北，所以又

20 世纪初的地安门

称“玄武池”。《日下旧闻考》中称：“万宁桥在玄武池东，名澄清闸，至元中建，在海子东。至元后复用石重修，虽更名万宁，人惟以海子桥名之。”可见，元大都人都把这座单孔石桥俗称为“海子桥”。元代诗人杨载有《海子桥送客》诗：“金沟河上始通流，海子桥边系客舟。此去江南春水涨，拍天波浪泛轻鸥。”海子桥即万宁桥，金沟河即桥东的玉河。诗人在桥边送客，遥想江南已是春江水满、鸥鸟逐浪的景象。万宁桥在皇城以北，所以又称北安桥、地安桥。皇城北门俗称后门，桥则俗称“后门桥”。万宁桥西有座水闸，名海子闸，元成宗铁穆耳元贞元年（1295）改名澄清闸。桥闸一体，所以一些典籍中也把万宁桥称作澄清闸。明代曾重建万宁桥拱券的上部结构，清代更换过桥的玉石栏杆。1924年，北京电车股份有限公司修筑北新桥至太平仓（今平安里）的北线电车轨道时，将万宁桥桥面降低，横铺桥面石板改为斜铺，两侧辟出人行道。新中国成立后，北京市民习惯称此桥为“后门桥”，再提万宁桥，已经没人知道了。

1953年，北京市政府决定将万宁桥以东的玉河改为暗沟，同时检测万宁桥承载力，最终决定保留。第二年，玉河改暗沟工程完成，河道上盖板，桥和石闸均埋于地下，地面以上只露桥面和两侧桥栏。河道成陆地，盖板上陆续建筑民房和单位用房。改革开放以后，在桥栏后竖起大幅广告牌，长与桥栏相当，高四五米。在广告画面映衬下，桥栏、桥面显得破旧不堪。

20世纪80年代，我还是个在北京一中读书的学生，课余时间经常到鼓楼、地安门一带闲逛。后门桥的桥面看不见，只能从东西两侧破旧的玉石桥栏判断出古桥的位置。桥东北角的燕京书店逛的次数最

“中轴线上第一桥”万宁桥

多，带着屈指可数的几块钱淘旧书，是穷学生的一乐。记得《论衡》《唐诗品点》《历代散文选》《天问论笺》这几本书，都是从这个坐东朝西的旧书店里淘来的。可是与书店近在咫尺的玉河，却听都没听说过。

2000年后，万宁桥在侯仁之教授等有识之士的倡导下得以恢复。桥面斜铺石板，两侧设人行道，桥栏望柱各15根，栏板各14块。栏板两端望柱外戗抱鼓石。望柱和栏板新旧各异，年代远近显而易辨：

表面灰暗、剥落、凹凸不平的或为元代遗物；表面洁白光滑、花纹清晰的则为新近补配的；居于二者之间者或为明、清遗物。两侧拱券龙门石（拱券上部中心的装饰）上各设一螭首，俗称龙头，因年代久远风化严重，只存螭首的大致外形，刀工刻纹已经漫漶无痕。万宁桥四角的燕翅墙上，各设一头镇水石兽。东北燕翅墙上的一头经长年风雨剥蚀，兽身不辨花纹，兽首面目模糊。据说，这头颌下镌有“至元四年九月”字样，表明确是元代遗物。其余三头鳞纹清晰，脊背线条弯曲流畅，面目狰狞，栩栩如生，据说是明代雕工。

因我从小生活在安定门内前肖家胡同里，距离鼓楼和后门桥不远，所以常听胡同里的老人们说，万宁桥下挖出过一根四方石柱，长1米多，柱面雕着一只老鼠，下面刻着“北京”二字，这就代表着北

万宁桥镇水兽及水位石

京的“子午线”原点在后门桥，北京城就是从后门桥开始兴建起来的，当时觉得甚为神奇。

但是，历史并不是传说，曾任北京市市政工程管理处桥梁所总工程师的孔庆普回忆，1950年春，什刹海清淤，万宁桥下的淤泥清至海墁（桥基下面平铺的石板）时，桥下哪有什么石柱子，更没有什么“北京”二字和石老鼠。足见这些传说，不过是人们茶余饭后闲聊的“话佐料儿”而已。

古玉河　江南移来数里春

在什刹海和南锣鼓巷之间，有一段宽20余米，长800米呈弓形的河堤，夹岸杨柳，碧水东流，河岸南段的一块卧地巨石上镌刻着“通惠河玉河遗址”7个大字，这是我国著名文物专家徐苹芳亲笔题写的。

玉河的西端，就在后门桥下。700多年前，元朝水利专家郭守敬修通了这条河道，使京杭大运河的北端，长驱直入到元大都的皇城里来。从此，无数商船从玉河上穿过后门桥，直抵积水潭码头。《清明上河图》上汴河两岸的景象，在玉河岸边得以真实再现。这条兴于元、逊于明、没于清的古河道，不断收窄变浅，最终被填为平地，深埋于鳞次栉比的民房之下，成为北京中轴线上的一段传说。

据《北京日报》的一篇文章报道，玉河在消失百年之后，再次被人提及，是1992年庆祝卢沟桥修缮8周年的纪念活动上，时任北京市市政工程管理处桥梁所总工程师的孔庆普和著名历史地理学家侯仁

通惠河玉河遗址石碑

之等四位著名人士一起，呼吁让什刹海东侧掩埋了半个世纪的万宁桥重见天日，万宁桥东就是玉河的故道。1953年，万宁桥被埋起来的时候，孔庆普正在当时的北京建设局工作，他曾对万宁桥进行过勘测，发现万宁桥就跨在什刹海和玉河的连接处上。

北京水系的发展建设过程，是从漕运供水、城市生活用水和宫苑绿化用水三个功用开始的，其中以漕运为主导。侯仁之在《古代北京运河的开凿和衰落》一文中指出，首都运河的主要任务，就是要把粮食运到都城，用以供应封建帝王及其庞大的官僚统治机构的开支，这就叫漕运。其次才是各种货物的运输，主要也是供给都城的消费。金中都设在北京，金朝统治者要把华北平原收获的粮食运到这里，就必须经漕运抵达。其漕运路线要经过今卫河、滏阳、子牙、大清诸河，汇集到当时的海滨，然后再溯潮白河，逆流而上，输送到通州。每年漕粮的数字少则数十万石，多则百余万石，不走水路，单靠车载根本无法完成。沿途漕河都是利用天然河道，只是通州西至金中都，约25千米，不得不开凿人工运河。但是由于水源问题，这条人工运河在金代并未完成——金中都比通州海拔高出约20米，水不能从低处向高处流，城东潮白河的水不能西引。北京的母亲河——永定河的水虽然可以引导，但永定河多年水患严重，由于当时工程技术的限制，引到城里容易导致水灾。所以一直到忽必烈定都北京时，这个难题仍未解决。此时，元大都对于漕粮的依赖，已远甚于昔日的金中都，通

从玉河南端的北京内城南城墙向北望玉河，近处为南御河桥（骆驼商队经过），远处为中御河桥。远处河西侧的西洋建筑为英国使馆。摄于1900年至1903年之间。这段玉河现为正义路

水运之事迫在眉睫。

元至元二十八年（1291），我国历史上著名的水利专家郭守敬终于在昌平找到了一个泉眼，名叫白浮泉。他建议："别引白浮泉水，西折而南，经瓮山泊，自西水门入城，环流于积水潭，复东折而南，出南水门，合入旧运河，每十里置一闸，比至通州，凡为闸七。距闸里许，上重置斗门，互为堤淤，以过舟止水。"这段话不但说明了引水的来源和经过的路线，说明了建立水闸和设立斗门的作用，而且非常明确地勾勒出了整个京城漕运水系的来龙去脉。

至元二十九年（1292），河道竣工，粮船可以从通州以南高丽庄经闸河入大都，停泊在积水潭。积水潭成为当时最繁荣的商贸中心，《元史·郭守敬传》中曾对积水潭有"舳舻蔽水"的描写，可见往来商船、粮船之多。这条在元代宽30多米的闸河，被命名为"通惠"。元大都城内的积水潭，是通惠河漕运的终点码头，南方的粮食和各种货物源源不断地运到这里，码头上繁华非常，东北岸的烟袋斜街一带最为热闹，商贾林立，风物荟萃，集一时之盛。积水潭以荷花著称，《燕京岁时记》中记载："荷花最盛，六月间，仕女云集。凡花开时，北岸一带，风景最佳。绿柳低垂，红衣粉腻，花光人面。真不知人之为人，花之为花。"积水潭岸边的"银锭观山"，还被称为小"燕京八景"之一。在银锭桥的东南方，隔海相望，还有一座"金锭桥"。它位于什刹海前海东岸，是一座三孔石拱桥，表面为石料装修，内部钢混结构。不过金锭桥很年轻，建于2000年，地理学家侯仁之为之命名"金锭"，正中桥栏上有侯老题写的"金锭桥"三字。玉河北岸有火德真君庙，俗称火神庙，年代久远，明万历三十三年（1605）曾重修。最近一次重修在 2002 年，为北京市文物保护单位。

火神庙南侧不远处，就是万宁桥。遥想 700 多年前，站在万宁桥上，东望玉河，但见碧波之上货船往来不绝，两岸商肆铺排，茶酒弦歌沉醉，真可谓“东风十里酒旗新”。如此胜景，与扬州瘦西湖、金陵古秦淮何异？

回望历史，白浮泉引水和通惠河疏通工程的成功，是元大都充满生机的动力源泉。第一功臣郭守敬至今受到人们的景仰，在什刹海西海西北岸小岛上的汇通祠，他的纪念馆每天迎送着众多凭吊纪念的游人。

清亮亮的白浮泉水，按照郭守敬导引的路线西行南下，自积水潭向东南流经澄清闸、万宁桥、东不压桥、北河沿、南河沿出皇城，过北玉河桥（原址在今贵宾楼饭店西南侧），沿台基厂二条、船板胡同、泡子河入通惠河。那时通惠河两边人家，多为平民和商户，因而带有浓浓的市井风情。当时还没有玉河这个名字，今天的玉河那时是通惠河位于宫城东侧的一段河道。

明洪武元年（1368），明军攻入大都，元朝灭亡。朱元璋定都南京，以开封为北京，大都改称北平。燕王朱棣受封驻守北平。朱棣后来发动“靖难之役”，从侄子建文皇帝朱允炆手中夺取了皇位后，以北平为北京，迁都北京。万宁桥成为明代北京中轴线上的重要节点，但是原来绕经皇城东北及正东的运河，有一段被圈入皇城中，南来的粮船就不能再通过这段河道入城了，这段河道转变为给皇室运送物资、排洪救火的皇城内河。“御河”俗化遂成了玉河。自明朝开始，玉河从什刹海前海东端出水口起，经万宁桥后，先后经过今天的东不压桥胡同、东板桥胡同、北河沿胡同、北河沿大街、南河沿大街、正义路，最终流入北京内城南护城河。京城百姓一般称万宁桥到东不压桥这一段为“玉河北段”，进入皇宫城墙内的一段为“玉河南段”。明初，作为通惠河水源地的白浮泉枯竭断流，通惠河上已经不能行舟，所以进京的粮食、货物都要在通州张家湾运河码头上岸，从陆路运到京城。

侯仁之教授认为，明朝不从开源着想，单从疏导下游用力，导致玉河河道断航。清乾隆十四年（1749）冬，昆明湖扩建，使“新湖之廓与深两倍于旧”，并且“为闸、为坝、为涵洞”，以控制蓄水和泄洪。这是北京最早的人工水库，调剂了京城用水。同时，引西山泉水汇入昆明湖，开辟高水湖、养水湖，使水次第节蓄，灌溉京西农田。城里则改建什刹海水道，积水潭水沿李广桥溪直通前海，再转入后海。这样一来，以玉泉山为源头，以通惠河为结束的玉泉山水系形成，皇城四周的筒子河、城墙周边的护城河以及一水相连的内城六海，构成了北京的主要水系。

100多年后，玉河水日益减少，到民国时期，北平市政府从南向北将部分玉河改为暗沟。新中国成立后，1951年开始全线疏浚玉河。当时，因为不能经常由什刹海向玉河放水，所以玉河长年流淌污水。1953年，修建了四海下水道，玉河在东不压桥被截断，只留有直径半米粗的倒虹吸管，用于什刹海放水冲刷下游河道。由于经常排放污水，卫生条件较差，1955年开始施工将玉河全线改为暗沟，工程于1956年11月完工。至此，玉河整条河道均被盖板遮住，铺设排水管线成为地下暗河。上面民房渐多，很快房屋连成一片，玉河自此消失在人们的视线中。

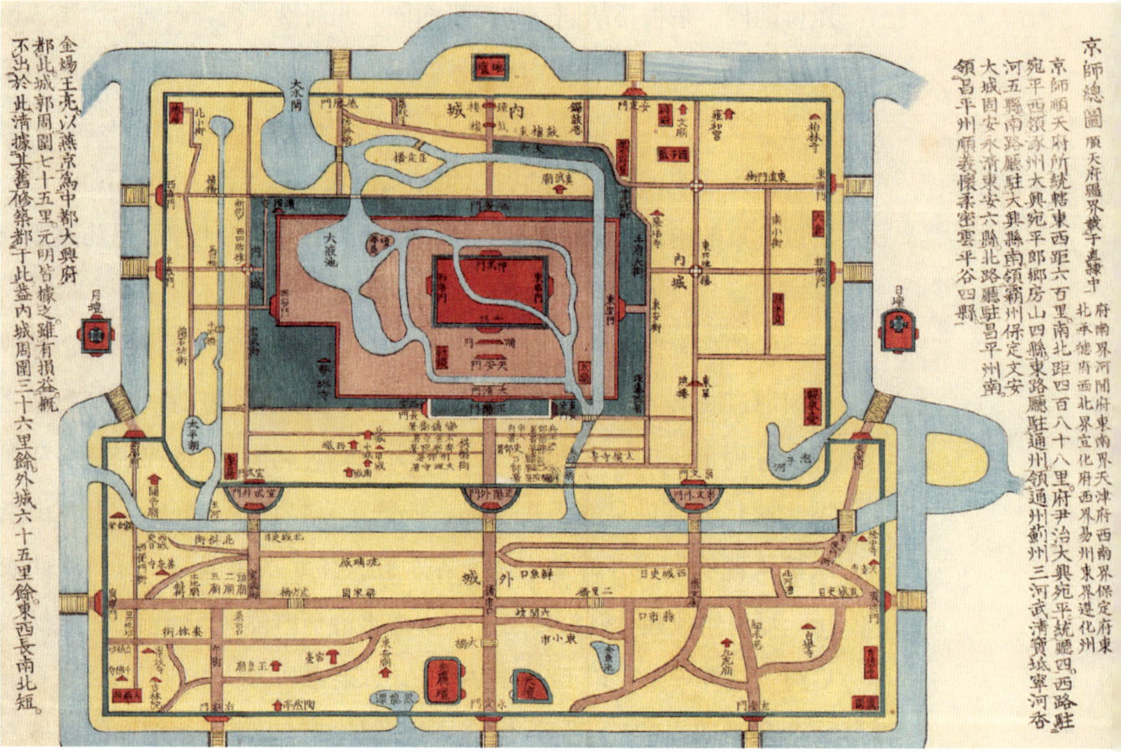

清道光二十八年（1848）绘制的《京师总图》

1998 年 4 月 3 日，工人们在平安大街施工过程中，在东吉祥胡同北口发现了古代城砖砌筑的河堤。很快，文物专家对这处遗址进行了挖掘清理，挖出了玉河存在重要证据的镇水石兽，现在存放于北京石刻博物馆。从河堤遗迹可以看出，河道为西北—东南走向，宽约 6 米，距地表深约 6 米，底部铺有石条，他们初步断定，此处正是靠近东不压桥南侧的玉河堤岸。平安大街建成后不久，恢复玉河北侧河道，被列入 2002 年颁布的《北京历史文化名城保护规划》。

根据《北京玉河2007年考古挖掘报告》中的确切描述，东不压桥和玉河庵两座遗址是最重要的发现。考古专家们在大量碎砖、瓦片和瓷片中，挖出了东不压桥的桥基和燕翅、裹头（桥梁靠桥基两侧部分）遗存；河道遗存；玉河庵山门及东配殿的基址；此外还出土了银锭锁、瓦当等，玉河的轮廓渐次清晰。东不压桥建于明永乐十八年（1420），是一座东西向的石桥，位置就在东不压桥胡同的南口外，在原来地安门大街街心稍偏南的地方。“东不压桥”在《京师五城坊巷胡同集》中称为“步粮桥”，亦称“步量桥”，意思是说桥身被皇城占去一半，桥身之窄，可以用步测量。至于“东不压”则有两种说法，其一是说，明清两代的皇城墙就从半边桥上越过，但是并没有压住桥身，所以叫“不压”，也有说，是民国后又改称“不压桥”，意思是说皇城拆除，石桥不再被压。

在地安门西大街北海北门稍东位置，有一座同样同名同功用的石桥，此桥在皇城墙之下，故称之为“西压桥”。在民国初年拆皇城墙时，这两座桥一并拆除了。20世纪50年代，河道改为暗沟，辟成胡同，称原来河道的南北方向段为东不压桥胡同，“东不压桥”没了，但这个奇怪的名字却保存了下来。直到2013年，700多岁的“玉河北段故道”终于重见天日。这段玉河故道恢复了480多米，还在河道上修建了雨儿桥（东通雨儿胡同，西通拐棒胡同）和福祥桥（东通福祥胡同）。这两座汉白玉栏杆的石桥，横亘在澄碧的玉河之上。在雨儿桥边，新修建了一处水榭、一处曲桥、三座石桥、两处船行栈道和四个挑台，整个玉河风貌看起来更加统一完整，“水穿街巷”的历史景观再现京城。

恢复后的玉河河道

东不压桥旁还有玉河庵，建于清嘉庆十三年（1808），光绪十四年（1888）募修，在东不压桥东引桥北侧，因临玉河而建所以称玉河庵。玉河庵为两进院落，各有正殿三间和东西配殿。20世纪50年代，庵内建筑还算完整。1985年，庵前山门已经拆除，前殿改作工厂，后殿已成民居，所供法器不知去向。20多年后，文物部门在对玉河遗址抢救性发掘时，在河道中意外发现了玉河庵碑的碑首和碑身，但未发现碑座，该碑后经拼接并配碑座后，立于修葺一新的玉河庵门前。

玉河，如同一支遗失多年的碧玉簪被小心翼翼地拾起来，但见两岸烟柳婀娜，群芳竞艳，草色如茵，临河清一色的老式四合院，显得古意盎然，胜似元明风韵。

恭王府　萃锦园中聚福多

北京城目前保留最大最完整的王府是哪儿？最精美的私家园林在哪儿？名气最大的大宅门在哪儿？都在一个地方——什刹海西南角的恭王府。

我第一次逛恭王府花园，是 1994 年秋天。那时我供职于北京市文联的北京纪事杂志社，从事采编工作。当时中国作协接待日本作家代表团，坐人力三轮车逛老北京胡同，游恭王府花园，我以记者身份参加活动并采访中日两国作家。花园里精美典雅的大戏楼，让我目瞪口呆，没想到王府园林中还有如此瑰丽的古典建筑。

我第一次踏进恭王府，是 20 世纪 90 年代末的一个寒冷冬日。我已经调到北京晚报社工作，奉命前去采访一个文化研讨会，当时这里

恭王府正门

还是中国艺术研究院的办公地点。只记得院落北端有一座长长的后罩楼，楼高两层，朱漆彩绘，雕梁画栋。似乎里面既有办公室也有宿舍，一些学生模样的年轻人出出进进。

这两次“初见”，形成了我对恭王府及花园的感性认识：殿宇规模宏大、富丽堂皇，花园布局精巧、古雅灵动。后来去得多了，西洋门、独乐峰、蝠池、蝠厅、沁秋亭、大戏楼等景致，在脑海里渐渐串联起来了。当然，最有意思的还是在秘云洞前排着队，进假山里摸康熙皇帝的“一子多田”福字。此字高约1米，刻于石上，草体写成，左边的“示”写成“一子”，右边的“畐”写成“多田”，合在一起就是个“福”字。“福”字上方还钤着“康熙御笔”的玺印。康熙认为，老百姓有一个儿子有很多田地，就是有“福”之人了。后来排队摸“福”的游人每天不下万人，为了保护文物不受损，这个“福”字用钢化玻璃罩起来了。

据说恭王府所在地，原为明代保安寺旧址。侯仁之教授说：“一座恭王府，半部清朝史。”所言不虚。清乾隆年间的《宸垣识略》中记载，北京有清代王府30座，其中有19座亲王府、11座郡王府。乾隆、嘉庆年间的礼亲王昭梿在《啸亭续录》中记载有亲王、郡王府共计42座。民国《燕都丛考》一书中记述有亲王、郡王府共计46座。再加上公主府、贝勒府、贝子府、国公府等，被称为“府”的，大约在100座。到了1997年，北京现存的王府、公主府、贝勒府等，仅剩下22座，且多数被占用或破败不堪，其中保留比较完整的只有恭亲王府和醇亲王府，能够整体对外开放的只有恭王府这一座，其重要性不言而喻。

恭王府始建于清乾隆四十一年（1776），最初是乾隆宠臣大学士和珅的私宅。嘉庆四年（1799），和珅获罪，嘉庆将其中的一部分

藏在恭王府花园秘云洞内的康熙御笔“福”字

赐其弟永璘，是为庆王府。咸丰元年（1851），咸丰收回后又转赐其弟奕䜣（因他是道光六子，又多年主持洋务，民间俗称之为“鬼子六”），是为恭王府。恭亲王奕䜣死后，其子溥伟承袭王爵，所以恭王府最后的府主是小恭王溥伟。1921年，为筹集复辟活动的经费，溥伟及其弟将府邸及花园转手，抵押给天主教会。1932年，辅仁大学用108根金条，从北京天主教会购得恭王府府邸。为了将王府改造得更加适合办学，辅仁大学校长陈垣约请梁思成、刘敦桢、单士元等名家操刀，把恭王府后罩楼通向萃锦园的通道砌死，府邸与花园彻底分家。府邸成为学校女生部，后罩楼被改建成女生宿舍，府邸东路的多福轩变身图书馆，王府原来的“神殿”嘉乐堂成了女院礼堂。许多建筑的门窗也因保暖、防尘等需要，进行了改动。1937年，奕䜣之孙，著名书画家溥心畬的母亲去世。因无钱治丧，他只得以10万银圆的价格将恭王府后花园也卖给了辅仁大学。自此辅仁大学拥有了整座恭王府，昔日的王府彻底变为辅仁学子们学习生活的地方。新中国成立后，里面曾住过200多户居民和8个单位。经过28年的陆续外迁，1988年7月18日，恭王府花园部分才正式对外开放。2008年北京举办奥运会前，恭王府及花园才整体向公众开放。

从和珅的私宅到奕䜣的恭王府，中间经过了70多年。在奕䜣入住之前，内务府进行了一次较大规模的修缮。当时，府邸东、中、西三路的格局早已形成，修缮主要是针对中路礼仪部分进行的改造，使之符合亲王府邸的规制。奕䜣获赐王府时，府邸部分尚保持完整，但府后花园已经完全废弃，只剩下一座西洋式园门和一些土坡假山、青石、水井。这座具有西洋建筑风格的汉白玉石拱门，处于恭王府花园的中轴线上，是花园的正门。门额上外刻“静含太古”，内刻“秀挹恒春”，意为享太古之幽静，拥满园之春色，体现了深邃浑厚沉雄苍古的意境，蕴含着道家的思想理念，可以说是对整座萃锦园风格的概括。据说，这种西洋门当时在北京有3个，只有此门留传至今。

同治五年（1866），恭亲王奕䜣的权势达到了巅峰。他对花园搞了一次大规模的修整，形成了如今前王府后花园的布局。此园最初与咸丰帝给恭亲王的西郊赐园同名，都叫“朗润园”。后来因为奕䜣著有诗集《萃锦吟》，其孙溥心畬在民国时期改称为“萃锦园”。作为介于皇宫和一般四合院之间的一组建筑群，恭王府及花园包含了丰富的文化遗存，凝聚了古代工匠和劳动人民的智慧和汗水，体现了中国古代建筑和古典园林的建造水平，是皇家园林之外的另一种古典园林的典型代表。国家文物局古建专家组组长罗哲文曾说：“恭王府是古建筑独一无二的标本。”

恭王府花园位于府邸之北，占地面积近50亩，中央设有一座砖砌园门，造型和装饰都带有明显的西洋风格。西南设有一座城关，名为“榆关”，形状好似一段城墙，据传有不忘满洲祖先入山海关统一中国的隐喻，墙下开有拱门。园门与府邸后罩楼之间设有一个夹道，其中建了一座小小的龙王庙，庙前有一口水井。全园东、中、西三路格局至今没有改变，四周均有假山围合，脉络相连，形成内敛的气氛。从中央的园门进入，道路两侧均为青石假山，东为“垂青樾”，西为“翠云岭”，两山间凌空搭了一块横石，成为第二道门洞。洞北设有一座花台，四周用小块石头围成一圈，中间立有一块孤赏石，是块高约5米的北太湖石，峰顶刻“独乐峰”3个字，“独”字独在峰顶，隐约可见。

恭王府花园内具有西洋建筑风格的汉白玉石拱门

独乐峰的北面，是一片蝙蝠形的水池，西侧有小溪与西路的大水池相通，溪上用石块垒了一座渡鹤桥，当年园中养的灰鹤常在桥头徜徉。蝙蝠形水池北边建有正厅安善堂，这是一座五开间周围廊歇山顶建筑，前面伸出三间抱厦，后面连着一个石台基，两侧用长廊穿起东厢房明道斋和西厢房棣华轩。

安善堂的北面，是大型假山滴翠岩，全部用太湖石叠成，山下秘云洞中保存着康熙皇帝御笔的“福”字石碑。山上曾有大水缸，水滴通过缸底的小洞沿着山壁潺潺而下，流入山前的方形水池。山上建有三间歇山敞厅“绿天小隐”，厅前用汉白玉栏杆围着一方月台，名“邀月台”，夜间可在此处静坐赏月。敞厅两侧为爬山游廊，从山脚一直升到山顶。滴翠岩东西各有一座平顶厢房，分别叫“退一步斋”和“韵花簃”。花园中路最北端的大厅叫“正谊书屋”，面阔五开间，左右各连着三间耳房，中央与两侧又凸出三间抱厦，因形似展翅飞翔

恭王府后花园的蝠池

的蝙蝠，俗称“蝠厅”，也有人叫它“蝠殿”或“蝠房子”。蝠厅作为恭王府花园的重要组成部分，其屋顶采用了庑殿、歇山和硬山三种建筑形式，这在一般建筑中是极为罕见的。在明清时期，庑殿这种屋顶建筑形式为最高等级，是皇权、神权等统治阶级的象征。它的屋脊一般为大式作法，两端安置吻兽，特别是在清代，庑殿更多采用了推山法加长正脊，使两端垂脊向外歪曲，屋顶曲线更为柔美，山面坡度更陡，以显示庑殿屋顶的雄伟与庄重。在京城各大王府中，采用庑殿式屋顶的只有恭王府一家，足见其地位之显赫与尊崇。蝠厅的顶棚和柱子都画满三色斑竹，称“海墁斑竹”，老竹、新竹、嫩竹寓意“节节升高”。据说以前蝠厅的所有梁柱都是竹子所制，因易于损坏，重修时采用了水泥柱，外面用油漆彩绘斑竹。蝠厅在花园主山和府墙的掩映下，与它的旧主人一样，倍显尊优。1924 年，恭亲王奕䜣之孙溥心畬从戒台寺回到了恭王府，将花园更名为“萃锦园”，把蝠厅作为他的起居室和画室，名为“寒玉堂”，在此生活了 14 年。

花园东侧叠山垂青樾以东，另有一座小型假山怡春坞，山北侧建了一座八角形的沁秋亭。沁秋亭采用了传统木质单围柱和八角攒尖顶的结构设计，屋顶为锥形，没有正脊，顶部集中于一点，即宝顶。亭内台基上凿出回折的石渠，亭后假山中隐有一眼老井，主客临流扬觞赋诗之际，令人从井中汲水注入水渠，井水缓缓流入亭内水槽，以应晋人“曲水流觞”之意。这样的亭子，北京还有几座，比如中南海里的流水音、故宫乾隆花园里的禊赏亭、潭柘寺的猗玗亭等。沁秋亭的石渠从东西方向看，像“流水”的“水”字，南北方向看像“长寿”的“寿”字，取“水常流，寿常有”之意，所以也叫“水寿亭”。

恭王府花园内的蝠厅

垂青樾假山以北辟有一座小菜圃，名为“艺蔬圃”。从菜圃北侧可入垂花门，里面是两进的香雪坞院落，前院种了不少竹子，掩映着隔墙上的月洞门；后院东侧是3间厢房，西侧建有10间长廊，并不对称，北面一座五开间硬山建筑前面搭了一个藤架。香雪坞的东面是吟香醉月小院，形状狭长。往北便是听雨轩，轩前芭蕉掩映，雅致清幽，以前是来王府听戏的贵宾们休息歇脚的地方。

东路北面的大戏楼建于同治年间，坐北朝南，面积685平方米，为三脊勾连搭卯榫式全封闭砖瓦木结构建筑，是我国现存独一无二的全封闭式大戏楼。它与康熙福字碑、西洋门并称恭王府“三绝”。大戏楼门上悬挂着“怡神所”匾额，北部为前厅，中部为观戏厅，南部设戏台，硬木雕花隔扇墙分出戏台的前台、后台。戏楼后壁都是浅棕色的木棂，用暗蓝色丝布做底衬罩饰。厅内南边是高约1米的戏台，戏台上方高悬黑底金字“赏心乐事”篆书匾额，内侧立着两根圆柱支撑梁架，前后台分界处设立8根立柱，不仅最大限度地保留大戏楼内的空间，还保证观众有良好的观赏效果。戏楼内悬挂有垂幔和20盏彩绘宫灯。最奇特的是，戏楼内的立柱、四壁和顶部满是藤萝雕饰、绘饰，一片枝繁叶茂、鲜花盛开的景象，置身其中，犹如坐在藤萝架下听戏。大戏楼还有一个奇处，就是无论观众坐在哪个位置，台上的声音都能听得清清楚楚。据说达到这一效果的秘密是，将戏台下掏空，放置了几十口大缸，在空缸上搭出戏台。如此巧妙的构造成了混音空间，还原了逼真的音响效果。精妙的建筑艺术、强大的使用功能、在声学以及美学上的独辟蹊径，造就了恭王府大戏楼独一无二的艺术价值。清代不准王公大臣到民间看戏，各王府就在府中蓄养戏班，在府内演出，供主人娱乐，于是就形成了王府戏班。恭王府更是如此，每逢年节和主人生日，这里都是招待宾朋唱堂会戏的佳所。奕䜣的生日在阴历十月下旬，天气寒冷，在戏楼办祝寿的堂会，必须点火取暖，所以这座戏楼在奕䜣活着的时候，又称为“暖楼”。大戏楼办堂会，往往名伶荟萃，连演数场，剧目多达几十出。京剧泰斗程长庚、谭鑫培、杨小楼等都曾在此演出献艺。“蜀琴欲奏鸳鸯弦，华屋樽开月下天。银烛树边长似画，金兰同好共忘年。”奕䜣曾在看戏后写下了这首诗句，记录下大戏楼笙歌乐舞、高朋满座的热闹场面。1937 年，溥心畬为庆贺其母项太夫人七十大寿，在大戏楼筹办了一次堂会戏，梨园界名角云集，这是恭王府大戏楼在旧时代的最后一次堂会戏。

恭王府花园西路榆关的北面，有一座秋水山房。秋水山房西侧为养云精舍，分别与水池、假山相依。秋水山房的东侧建有一座造型独特的两层小楼，底层平面为“十”字形，称“般若庵”；上层平面呈海棠形，悬“妙香亭”匾额。榆关南侧假山上另有一座小山神庙，用砖砌成，与妙香亭相对。西路的中央是一片长方形的大水池，中央建三间水榭诗画舫，俗称“钓鱼台”。大池北侧的花厅是一座两卷五间建筑，名“澄怀撷秀”。房前的数株古海棠，花开时娇艳可人，故这里又名“海棠轩”。其东耳房为宝朴斋，西耳房为韬华馆，现西耳房已经不存。西路的最北端是民国年间修建的一座仿古风格的司铎书院大楼，清代原为四座花房和一座花神庙，此楼现在是中国天主教爱国会所在地。

恭王府花园格局严谨，气魄宏大，东路以大体量的戏楼为主，西路以水池、假山和水榭为主，中路则以厅堂建筑与假山、水池交错布置。园中叠山分青石、北太湖石、土山三类，青石险峻，湖石秀丽，土山平缓，山洞掩映，蹬道错落，人游其中，移步换景，妙趣无穷。花园西墙外原有河流与前海相通，20 世纪 50 年代填平后，就是现在的柳荫街。园中另设五口水井，可提供活水水源。园中植物根据不同景区的主题做了精心配植，例如垂青樾假山上主要种老槐和各种花草，以利夏季纳凉取荫遮阳。多福轩的紫藤也是府内吉祥之物，据说恭亲王奕䜣每遇大事，必到藤下静思。垂青樾南侧假山附近种丁香和桃花，西侧大水池周遭栽金丝垂柳，北岸主要种海棠，山水花木相得益彰，古典园林美学得以完美体现。在恭王府花园里，还有一个最

恭王府大戏楼内部

显眼的文化符号——蝙蝠。中国古代，“蝠”即“福”也，所以游人置身园中，但见各式各样、造型各异的蝙蝠俯拾皆是，天棚上、窗棂上、画舫和砖雕都可以见到抽象化或图形化的蝙蝠，“万福园”因此得名。

醇王府　亭台山色映恩波

北京城有三座醇亲王府，一座位于后海北沿，称为北府；一座在太平湖，称为南府；一座在中南海里，不曾启用清朝即亡。南府距离北京中轴线较远，园林不存，故本书不予论述。北府坐北朝南，西部为王府花园，1949 年进行整治后，是国家名誉主席宋庆龄在京的住所，现为宋庆龄故居。醇亲王府为什么会有三座？为什么又被称为潜龙邸呢？

“潜龙邸”是指皇帝登基前住过的地方。醇亲王府曾出过两代皇帝，一是醇亲王次子载湉，即光绪皇帝，出生在南府。光绪十四年（1888），光绪皇帝亲政第二年，其父醇亲王奕譞奏请朝廷，将位于西便门内太平湖畔的宅邸升为“潜龙邸”敬缴朝廷，不能再住人，而要升格为宫殿供奉起来。慈禧看到奕譞的奏折后，当即准奏，将后海北沿的贝子毓橚府赏赐给他作为新府。为了区别太平湖畔的醇亲王府，这里被称为“北府”。

醇亲王府北府的前身，也有过煊赫的身世。这里曾是清康熙朝武英殿大学士明珠的宅第。明珠长子纳兰性德即出生于此，被后世誉为“清代第一词人”。纳兰家族在这里居住了百余年，直到乾隆五十五

醇亲王府正门，醇亲王府现为国家宗教事务局

年（1790），明珠的四世孙纳兰承安获罪抄家，这处宅子被收没入官，后为和珅据为己有。和珅倒台后，嘉庆皇帝将这座府邸赐给了自己的哥哥成亲王永瑆。成亲王不是“铁帽子王”，传到毓橚这一代，爵位已经降为贝子。贝子住亲王府显然越制了，因此慈禧将它收回，赐给了醇亲王奕譞。处事谨慎的奕譞，生怕慈禧因大权旁落而对他心生猜忌，在光绪皇帝亲政不久即上折，奏请皇帝裁定过的折子和人事任命，都要再奏太后批准方能生效。慈禧见醇亲王如此“明事理”，在赏赐王府后，又赏下 10 万两银子让他扩建醇亲王府，重修了东西跨院和西花园。由于工程浩大，10 万两白银很快用完，慈禧立即追加

了6万两，北府的扩建工程才得以竣工。光绪十四年（1888），奕譞在新府邸拍下了一组照片，神情安逸闲适，儿子亲政事，太后赐新府，人生的巅峰时刻怎能不立此存照?!光绪十五年（1889），醇亲王阖家搬入修缮一新的北府。于是亲王乔迁新府，慈禧仍握实权，只是“光绪亲政”成了一张空头支票。一年之后，踌躇满志的醇亲王奕譞在新府撒手人寰。

醇亲王奕譞

奕譞死后，其子载沣袭醇亲王爵。光绪三十二年（1906）正月，载沣之子溥仪在北府降生。两年多后，光绪皇帝因病身亡，一生乏嗣，慈禧让尚不足3岁的溥仪登基继位，号称宣统。时隔几十年，醇亲王府的北府又出了一位皇帝，这里也成了“潜龙邸”。于是朝廷颁旨，在中南海紫光阁西侧兴建第三座醇亲王府。后因政局动荡，这座醇亲王府的大门油漆未干，大清就灭亡了，所以第三座醇亲王府便不了了之。载沣成为监国摄政王后，北府也称为摄政王府。一府出两帝的豪气，没有拦住腐朽没落的大清朝走向终点。1949年9月，载沣将醇亲王府府邸的全部房屋，出售给重工业部附设的高级工业学校。

历史的机缘巧合简直不可捉摸：伟大的先行者孙中山领导辛亥革命推翻了封建帝制，他的夫人宋庆龄，在1963年迁入这座王府的西花园居住。花园里盖起了一座二层小楼，宋庆龄在此工作生活了整整18年。宋庆龄来此居住，当年还是周恩来总理亲自踏勘选的址。宋庆龄在京定居后的第一个寓所，是建国门附近的方巾巷44号。这是一座日本商人留下的二层小楼，楼房前后有小花园，宋庆龄在这里居住了9年。1959年，她搬入前海西沿18号，这里曾是恭王府的马号，民国时达仁堂乐家从恭亲王后代手中买来作为宅院。宋庆龄患有风湿性关节炎，可是这里房间比较潮湿，门外又是什刹海的游览区，终日嘈杂吵闹。细心的周总理得知这一情况后，亲自在后海北沿为她物色了一处宅邸，并根据宋庆龄的身体状况做了修缮调整。1963年，醇亲王府花园改造工程完成。主楼外部造型为古典式大屋顶，内部按照宋庆龄起居习惯设计为西式现代风格。此设计方案还请建筑大师梁思成提了意见。竣工后，周恩来陪宋庆龄参观了一遍，宋庆龄觉得房子太大，周恩来说，需要经常接待外宾，会客室应该大一些，接着又陪她看花园，但见园中花木繁茂，碧水叠山，一派清幽。从此，宋庆龄就在此定居，直至逝世。

醇亲王府的西花园，可以说集清代、民国、新中国的园林特色于一体，徜徉其中，似与历史同行。这里最值得看的景致之一，就是山丘上的“箑亭”，临崖而建，雕梁画栋，造型奇特，从空中看犹如一把打开的折扇。亭檐下的匾额上题有楷书“箑亭”二字，为第一代醇亲王奕譞手笔。据许慎《说文解字》解释，“箑”字就是扇的意思。从源头来看，扇子最早的形态是将羽毛束缚一个长柄上，称翣，是出殡时的一种仪仗。《礼记・礼器》记载：“天子崩，七月而葬，五重八翣；诸侯五月而葬，三重六翣……”按照周礼，天子的殡礼用40只翣，诸侯的殡礼用18只翣。后来，翣成为宫廷仪仗陈设之一。《宋史·仪卫志一》:“古者扇翣，皆编次雉羽或尾为之，故于文从‘羽’，唐开元改为孔雀。凡大朝会，陈一百五十有六，分居左右。”再后来，翣成了皇帝大臣出行时遮阳挡尘的“障扇”，即箑。“翣”变成了“箑”，材质也有了本质区别，即“羽”变成了“竹”。那么,“箑”怎么又变成了“扇”？西汉扬雄在其所著的《方言》中称:“扇，自关而东谓之箑，自关而西谓之扇。”其实,“扇”后来之所以能取代“翣”和“箑”而流行开来，或许还缘于“扇”能用作动词有关，轻轻一摇，风拂鬓丝，凉意盈怀。

箑亭之下，有两株300多年的白杜树，也叫“明开夜合树”，夏生小白花，昼开夜闭。两根古拙粗壮的树干，像倒“八”字形斜斜地从地面向空中伸展着枝叶。据说，这两棵树为纳兰性德亲手所植。康熙二十四年（1685）五月二十二日，纳兰性德邀约好友在府中的渌水亭雅集宴饮，以夜合花为题，赋诗填词酬和。

渌水亭，是纳兰性德与诗友们雅集之所，也是他填词作赋的地方。纳兰词里数次提及渌水亭，他曾仿效王羲之的上巳雅集兰亭诗会，在渌水亭中办了一次，并作《渌水亭宴集诗序》记述其事。渌水亭为六角攒尖顶，在抄手游廊间卓然矗立，与南湖南岸的箑亭遥遥相对，亭上匾额为“恩波亭”。之所以称为“恩波”，是因为当年成亲王永瑆为感激嘉庆皇帝允许其引皇宫玉河水入园而修建的感恩纪念物。玉河水引自京西玉泉山，经西海、后海、前海、北海、中海、南海汇入紫禁城，为皇家专用，旁人不可擅取。成亲王获此殊遇，遂建亭以“恩波”名之。恩波亭下，一湖澄碧，绿水依依。

箑亭

那次赏花诗会，纳兰性德当场也作《夜合花》五律一首：“阶前双夜合，枝叶敷花荣。疏密共晴雨，卷舒因晦明。影随筠箔乱，香杂水沉生。对此能销忿，旋移迎小楹。”但是心中之愤，又岂是夜合花能消除的？是夜过后，纳兰性德便染上风寒，卧床7日，竟溘然长逝。《夜合花》是纳兰性德留下的最后一首诗，那挥之不去的宿愤，在明开夜合树下久久弥散。《人间词话》作者王国维对他的诗词艺术评价极高：“纳兰容若以自然之眼观物，以自然之舌言情。此由初入中原，未染汉人风气，故能真切如此。北宋以来，一人而已。”

醇亲王府里四面环水，北有后湖，南有南湖，假山集中在花园南部。园中古树名木不少，除了前面提到的两株明开夜合树，还有两株清代的西府海棠，树龄有200多年，每当海棠盛开时节，宋庆龄经常邀请友人赏花，她亲手制作海棠花酱送给友人品尝。美国援华医生马

恩波亭（渌水亭）

海德夫妇就曾经在这两棵海棠树下，和宋庆龄一起赏花饮宴。

宋庆龄生前规定，园中的树木一律不许身边工作人员修剪，她说：“树木是有生命的，伤害它会疼啊！”主楼前的那株350多年的古槐，由于长期无人修剪，东面枝干慢慢自由延展，长来长去，长成了一只昂首西天的“凤凰”。宋庆龄在工作之余，经常在楼上临窗静赏这只“凤凰”，称之为“凤凰国槐”。1987年3月23日，日本友人送来50株日本樱花，宋庆龄也让人全部栽种在凤凰国槐附近，每年春天，这里呈现的是“凤凰飞处樱花开”的美景。园中还有一株“子抱母”的百年老槐，大树垂老，周围长出3棵小树，簇拥在一起幸福生长。

在醇亲王府花园西边的假山下，有块一人多高的太湖石。石上写

醇亲王府里的海棠花

着“岁岁平安”4个大字，每个字都有海碗大小，相传为成亲王永瑆所题，寓意对家人的吉祥祝福。离太湖石不远处，还有一株乾隆年间宫里的石榴树桩景值得一观。此桩景一直栽在一个明代的紫砂花盆里，显得古雅端庄。宋庆龄住在这里的时候，有中外宾客来访，她常常邀请客人在这盆石榴树旁合影留念，然后沿湖行走观景赏花。石榴成熟的时节，她曾摘下送给爱泼斯坦、艾黎、马海德等老朋友。1985年，中国盆景协会将它评为全国一等盆景，定为国宝。

当然，在宋庆龄故居附近，还有许多近现代名人的故居，蔚为壮观。从宋庆龄故居沿湖东行，不久便到了“时代鼓手”、著名诗人田间的故居，从1954年至1985年，诗人在后海北沿这座坐北朝南的小四合院里生活了31年。再往东行是鸦儿胡同6号院，院内西式二层小楼的楼上，就是一代文坛骄子萧军的故居。前海东沿的白米斜街里，是清末重臣张之洞的府邸，院内楼台亭阁布局严整，建筑精美，张之洞自诩为“胜桥东第一宅”。前海西街18号是大文豪郭沫若的故居，他在这座两进四合院里走完人生最后一程。此外，在什刹海左近，还住过京剧大师梅兰芳、大教育家陈垣、作家老舍、学者梁漱溟、大收藏家张伯驹、画家周怀民等。

辅仁校　廊亭依山贝勒府

在什刹海周边，除了恭王府、醇亲王府，还有不少清代王公贵胄的府邸，比如阿拉善王府、涛贝勒府、棍贝子府、庆亲王府等。其中离恭王府不远的涛贝勒府，有历史、有故事、有园林，值得玩味评说。涛贝勒指的是末代皇帝溥仪的亲叔叔载涛。其实这座府邸的历史要比涛贝勒府早很多年。康熙年间，这里曾是皇十五子愉郡王允禑的府邸。到了同治时期，根据清代“袭爵位世降一等”的原则，这座府邸的主人载灿承袭辅国公的封号，其爵位已不宜再居此府。按照朝廷的安排，辅国公载灿搬出这座郡王府，移往东四七条的官房居住。恭亲王奕䜣的次子载滢搬进了愉郡王府，载滢是过继给八叔钟郡王奕詥后承袭的爵位。光绪二十六年（1900）庚子事变后，载滢因支持义和团获罪，被褫夺郡王爵位，回归本支。此后，由醇亲王奕譞之子载涛承继钟郡王的香火，袭贝勒爵位，从此这座府邸被称为“涛贝勒府”。

载涛，字叔源，号野云，满族，是醇亲王奕譞之子。这位光绪的御弟3岁时便被封为二等镇国将军，同年又被晋封为不入八分辅国公；15岁晋多罗贝勒，17岁入陆军贵胄学堂学习军事。光绪三十四年（1908）十月，溥仪称帝，载涛成了皇叔，加郡王爵，任专司训练禁卫大臣，负责保卫京畿。宣统元年（1909），载涛入法国索米骑兵学校学习；宣统三年（1911），载涛任军咨大臣，相当于参谋总长。此时的清王朝已岌岌可危，执掌军令的载涛却束手无策。清帝逊位后，依据《清室优待条件》，载涛还过着养尊处优的生活。1924年，冯玉祥率部发动北京政变，溥仪被逐出宫，载涛也断了生活来源，家境每

原辅仁大学正门，曾为涛贝勒府的一部分，现为北京师范大学继续教育学院

况愈下，卖掉了涛贝勒府，购置宽街附近的山老胡同2号（今山老胡同7号）和羊尾巴胡同（今西扬威胡同14号）的房产。山老胡同的院落为居所，羊尾巴胡同的院落为马圈。载涛爱马成癖，自幼骑术精湛，十几岁学骑射，能驾驭各种烈马，是养马、相马、改良马种方面的专家。北平沦陷时期，贫困中的载涛既不去伪满洲国追随溥仪，也不在伪华北政务委员会任伪职，他把自己心爱的马匹卖掉了，艰难度日。新中国成立前夕，载涛为维持生计，在德胜门小市搞了一年多的地摊经济。北平解放，载涛迎来了新生，他把山老胡同的房产卖给国家，全家住在西扬威胡同。1950年，载涛出任炮兵司令部马政局顾问，为行政13级的干部，还以满族代表人物的身份成为全国政协委员，后来又当选为全国人大代表。

回过头来，咱们还说这座涛贝勒府。和其他王公贵族的府邸不同，涛贝勒府占地广阔，但建筑较少。清末，载涛曾对花园进行了改建，吸收了一些西式园林的造景手法，花园东、南两边均有游廊环绕，正堂位于园南侧正中位置，为三间周围廊歇山式建筑，四面均设隔扇，属于“四面厅”的形制，并在台基的角部以太湖石、青石做点缀，这些山石至今仍在原处摆放。正堂之东有大型假山，山上建八柱圆亭一座，与爬山游廊相接，亭柱间设有美人靠坐凳。山北辟有一个圆形的小水池，池中置有一峰湖石，顶上有一座青铜材质的丘比特雕像，可用作喷泉。圆亭之东，游廊以圆弧形式转向东侧，与一座两卷三间的别馆相连。游廊再转而向北，筑有一座三间小轩。庭院正中有一平缓土坡，上构方亭，与三两山石相依。西侧有一座八角亭，与东侧的别馆遥遥相对。花园厅堂西南，有一个游廊环绕的别院。院北是一座五间周围廊歇山顶的楼阁建筑，南对三间平顶敞厅，顶设栏杆，兼做平台。厅前及院内的太湖石、石笋在阶下与花草树木组成小景。

涛贝勒府花园的轴线关系十分清晰，正堂与府邸部分的西路轴线重合，假山、圆亭和水池位于府邸中路的轴线延长线上，西侧的八角亭与楼阁、敞厅也处于同一轴线之上，同时东侧的轩馆和西侧的八角亭又形成一条东西向的轴线。与此相应，园中的道路基本都是直线，与中国园林传统的蜿蜒曲径效果差异很大。花园的堂轩多采用玻璃窗，北面小轩南面的三面窗户采用木板嵌玻璃的样式，玻璃上部为半圆形，类似欧式建筑中常见的拱形窗。正堂和西楼的门窗同样在传统的形式上进行了改良，在灯笼框图案内心镶嵌玻璃，增加了建筑的透光性。

涛贝勒府花园虽然采用西式装修和西式喷泉，但仍按照中国传统手法来营造建筑物和培植花木、堆叠假山，包括外部的装修图案也采用简化的中式纹样。如此处理，使得中西交融的效果相对妥帖而冲突较少。贾珺教授在《北京私家园林志》一书中认为，涛贝勒府从传统意义上说："能够从整体上表现出疏朗大方的氛围，堂楼亭榭等建筑造型各异，更有长廊串联，气度不凡；假山叠置很有特色，花柳藤萝茂盛……已经达到较高的造园水准。涛贝勒府花园应该在晚清王公府园中算得上是相当出色的一座。"

1925 年 3 月，载涛以 16 万银圆的价格，100 年为期限，将贝勒府典给了天主教本笃会。之后这里就成了教会学校辅仁大学的办学地点。辅仁大学在接收了涛贝勒府之后，对于西路建筑有了比较大的改建，在花园南边的大片空地和马圈位置，兴建了如今看到的教学楼。

辅仁大学成立于 1922 年，是民国时期由教会创办的私立大学。

它曾与清华、北大、燕京大学合称为北平四大名校。其前身辅仁社是1913年由天主教信徒英敛之创办，校名取自《论语·颜渊》“以文会友，以友辅仁”，开办初期地址在香山静宜园，学员20余人，课程主要是学习国学。1917年冬天辅仁社停办。1925年，英敛之与马相伯（复旦大学首任校长）向罗马教廷与美国公教本笃会提议，创办北京公教大学辅仁社。马相伯寄语：“齐驱欧美，或更驾而上之。”学校邀请陈垣（历史学家）、张蔚西（中国地理学先驱）、郭琴石（清末进士、诗人）、李泰芬（史学家）等文化名人到辅仁社任教。1927年经北洋政府准予，学校更名为私立北京辅仁大学。辅仁大学校址在涛贝勒府，后来随着办学规模的不断扩大，路东的恭王府和花园先后都成为辅仁大学的校舍。男女分校管理，男生部在涛贝勒府，女子学院在恭王府内，女生宿舍是瞻霁楼、宝约楼，环境幽雅，外人称辅仁女学生为“格格”。当时，高校正推行“中国化运动”，按照北洋政府教育部章程，校方聘请陈垣为校长。

1930年，辅仁大学新楼落成，这是一座由比利时传教士格里森设计的中西合璧的建筑。他从中国皇宫的城墙、城门和城楼造型中得到启发，将辅仁大学建筑设计成一座全封闭的宫殿式城堡，内部空间布局仿西方修道院形制，四面围合。正门为汉白玉拱形门，四面围楼和中间楼房围成两个天井，三个歇山式屋顶，屋脊正中竖十字架，四角加歇山式角楼覆以绿琉璃瓦，气势恢宏而细节不失精巧，每扇玻璃窗都是雕花木框，墙体用浅灰色水磨砖筑就，历经90年仍平滑如初，细节处的雕花与屋顶处的神兽至今完好无损。辅仁大学建筑群与北平城东的协和医院建筑群、北平西郊的燕京大学建筑群，并称为北平三

辅仁大学旧址（郑垚提供）

大建筑群。1941 年太平洋战争爆发后，日本人接管了燕京大学和协和医学院，辅仁大学因为是德国圣言会资助的，得以幸免。当时日伪政府强迫北平全市悬挂日伪国旗，校长陈垣义正词严地斥责："国土沦丧，同胞罹难，身为中国人，竟要为敌人庆祝胜利，良心安在！"在陈垣的抵制下，辅仁大学成为整个抗战时期北平唯一没有悬挂日伪国旗、没有诵读日伪奴化教育课本的高校。在陈垣校长的苦心经营下，辅仁大学发展迅速，胡适、刘半农、范文澜、朱光潜、顾随、郑振铎、沈从文、启功等一批著名学者来此执教，日渐兴盛。从这里走出去的著名毕业生有画家娄师白、指挥家李德伦、实业家王光英、社会活动家王光美等。

1952 年院系调整之后，辅仁大学并入北京师范大学，这里一度作为北师大化学系的教学区。如今这里是北师大继续教育学院的所在地。20世纪90年代中期，我曾数访斯地，教学楼南北楼之间有个花木茂密的天井庭院，西侧有一座土山，铺有青石板的台阶，可以拾级而上。院中有一座启功教授题写的“一二九运动纪念碑”，庭院内还有一座程明洳、张昆刚的烈士纪念碑，碑座上写着：“二烈士参加中南土地改革工作，一九五二年一月八日在广西柳城县大埔镇光荣牺牲。陈垣题。”至今园中的西楼、东馆、敞轩、圆亭、八角亭、水池、抄手游廊保存基本完好，游廊每片瓦当上都有篆书“南园”二字，清晰可辨。教学楼北侧，是辅仁男附中。后来男附中演变成今天的北京市第十三中学。2002年左右，西城区政府全面修缮了涛贝勒府，这座历经数百年的园林府邸重新焕发了生机。

“陋室空堂，当年笏满床；衰草枯杨，曾为歌舞场。”从前海西街的恭王府到后海北沿的醇亲王府，从护国寺街的庆亲王府到柳荫街的涛贝勒府，百年一瞬，江山易代，昔日皇亲贵胄的府邸园林，几经兴衰之后依旧笑对游人。我们在北京城中轴线的西北侧，可以时时处处感受着古典园林之美，白海棠堆玉，紫藤萝垂瓔，什刹海潋滟，垂杨柳婀娜……无双毕竟是家山。

特色园林之旅

手绘 吴昊

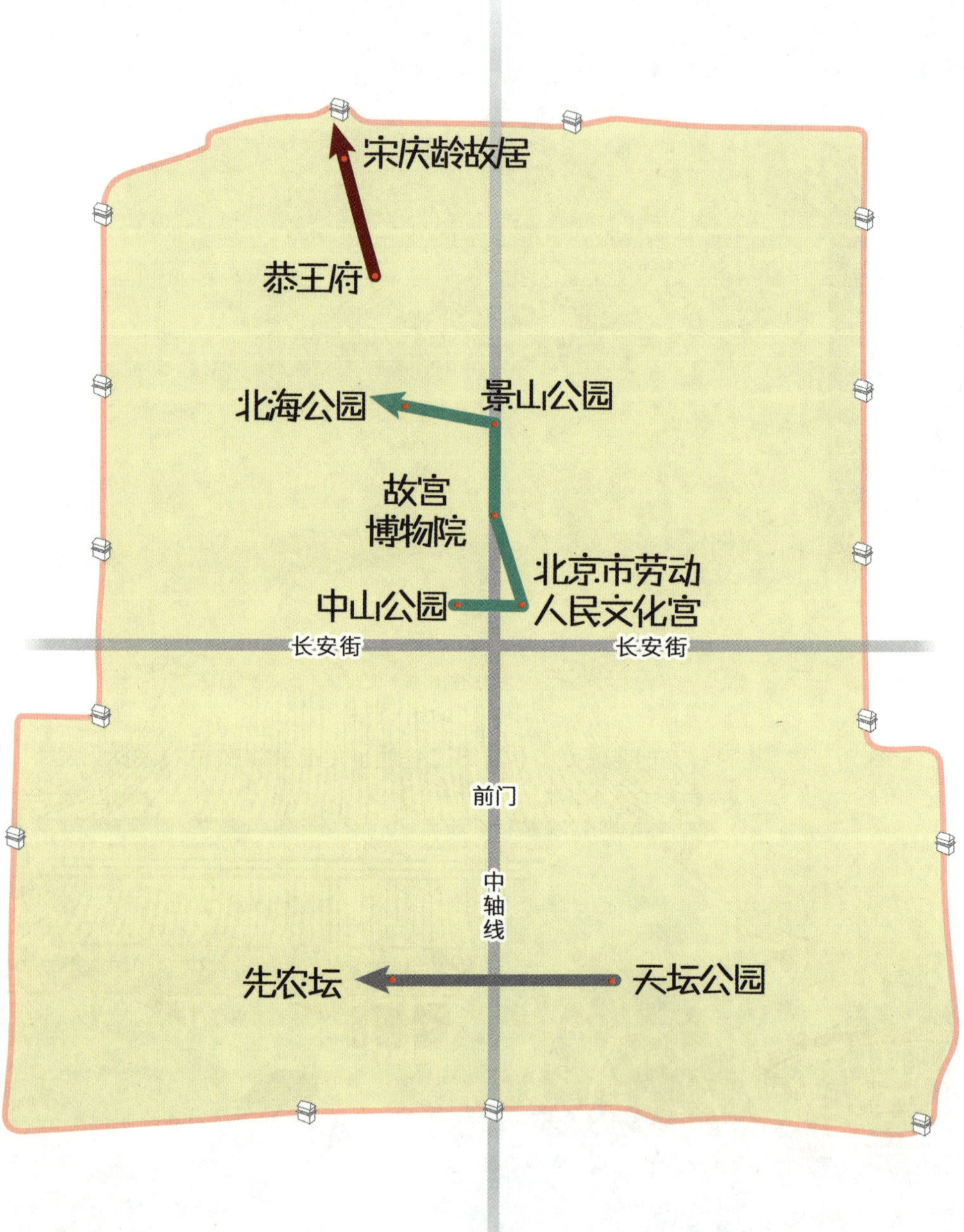

游览总图

■ 中轴线南段园林游 ■ 中轴线中段园林游 ■ 中轴线北段园林游

注：景点介绍依据其所在地理位置摆放，大致与手绘街区地图匹配。受篇幅所限，手绘图与推荐游览顺序存在不一致的情况，请参照序号对应推荐游览顺序。此外，景点可能基于修缮、布展、改扩建等原因短期闭馆，建议读者提前查阅最新信息，再前往参观。

一、中轴线南段园林游

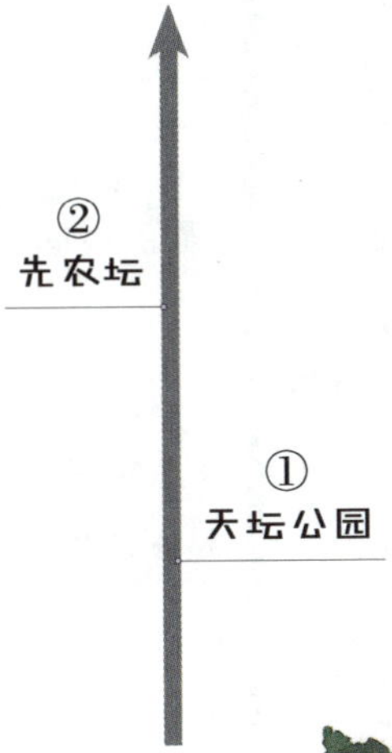

①

天坛公园

地址：东城区天坛东里甲1号

简介：天坛是明清两代皇帝祭天祈谷之地，系世界上现存最大的祭天建筑群。天坛分为内外两坛，坛墙北圆南方，象征“天圆地方”。内坛由圜丘、祈谷坛两部分组成；外坛为林区，广植树木。圜丘位于内坛南部，建于明嘉靖九年（1530），清乾隆十四年（1749）扩建，皇帝每年冬至日在此举行祭天大典。祈谷坛位于内坛北部，正中建筑为祈年殿，建于明永乐十八年（1420），历经嘉靖改建，乾隆整修，光绪十五年（1889）毁于雷火，7年后得以重修。天坛主要建筑还有皇穹宇、斋宫、神乐署、牺牲所等。天坛是全国重点文物保护单位，1998年被联合国教科文组织列入《世界遗产名录》。

需提前1～7天在微信公众号“畅游公园”或“天坛”上预约购票，可选择购买门票或联票，联票含祈年殿、圜丘、回音壁等景点门票。

②

先农坛

地址：西城区东经路21号

简介：先农坛是明清两代帝王祭祀先农、山川、神祇、太岁诸神的地方，始建于明永乐十八年，初名山川坛。先农坛于嘉靖年间建于山川坛内，至清统称此地为先农坛。现存主要建筑有太岁殿、先农坛、观耕台、庆成宫等。明清时，每年开春皇帝会亲领文武百官于先农坛祭先农神，到观耕台以东的亲耕田躬耕。先农坛是中国古代祭祀等级最高、规模最大，也是保存最完整的祭祀农神之所，为全国重点文物保护单位，现建有北京古代建筑博物馆。

需提前1～7天在微信公众号“北京古代建筑博物馆”上预约购票，每周三前200人免费。

二、中轴线中段园林游

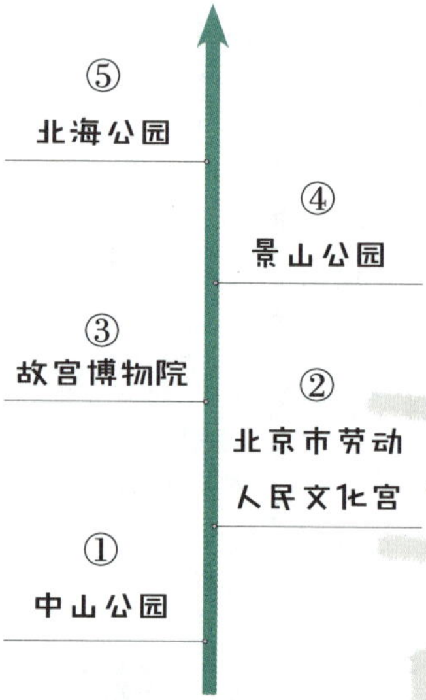

①

中山公园

地址：东城区西长安街天安门西侧

简介：中山公园原为社稷坛，是明清帝王分别在农历二月、八月祭祀“土神”和“谷神”的场所，始建于明永乐十八年（1420），与太庙相对。民国三年（1914），社稷坛辟为中央公园向社会开放。民国十七年（1928）改名中山公园。园内有辽柏、社稷祭坛（五色土）、中山堂、保卫和平坊、兰亭碑亭、唐花坞等景观。中山公园现为全国重点文物保护单位。

需提前1～7天在微信公众号“畅游公园”上预约购票，有东、西、南3个门可进入。

③

故宫博物院

地址： 东城区景山前街 4 号

简介： 故宫位于北京中轴线的中心，旧称紫禁城，明永乐十八年（1420）建成，是明清两代的皇家宫殿。整个建筑群金碧辉煌，庄严绚丽。中轴线上有三大殿、后三宫，东西对称的有文华殿与武英殿、协和门与熙和门、景运门与隆宗门等，布局严谨有序；城外有宽 52 米的护城河。故宫博物院是中国现存最大、最完整的古建筑群，1987 年被联合国教科文组织列入《世界遗产名录》。

需提前 1 ~ 10 天在“故宫博物院”官网或微信公众号“故宫观众服务”上预约购票。带好身份证件，从午门（南门）安检后进入故宫。

②

北京市劳动人民文化宫

地址： 东城区东长安街天安门东侧

简介： 北京市劳动人民文化宫原为太庙，是明清帝王祭祖的宗庙建筑，始建于明永乐十八年，与社稷坛相对。明清两代皇帝祭祖，要通过太庙街门，在太庙外墙南门外下辇，然后从戟门的左门进入太庙，在前殿即享殿向祖先的牌位上香、叩拜。仪式结束后，牌位移回后殿收藏供奉。1950 年，太庙改为北京市劳动人民文化宫，现为全国重点文物保护单位。

可从东、西、南 3 个门进入北京市劳动人民文化宫。

④

景山公园

地址： 西城区景山西街 44 号

简介： 景山公园南与故宫神武门隔街相望，是明清两代的御苑，也是明清北京城的制高点。明永乐年间，在营建城池、宫殿、园林之时，将挖掘自紫禁城筒子河和太液池的泥土堆积成山，称“万岁山”。清顺治十二年（1655），改名景山。乾隆十五年（1750），依山峰兴建五亭。现园内有绮望楼、五方亭、寿皇殿古建筑群等景点。景山是全国重点文物保护单位。

需提前 1 ~ 7 天在微信公众号“畅游公园”上预约购票。景山公园有东、南、西 3 个门可进入。

⑤

北海公园

地址： 西城区文津街 1 号

简介： 北海公园主要由琼华岛、东岸、北岸、西岸等四大景区组成。琼华岛是北海的中心景区，登白塔山可俯瞰北京风光。东岸漪澜堂波光掩映，濠濮间游廊曲折。北岸有小西天、大西天、阐福寺、西天梵境、九龙壁等景点。团城被誉为“空中花园”，有承光殿玉佛、元代玉瓮“渎山大玉海”，受乾隆帝册封的白袍将军、遮荫侯等古树明星。北海及团城为全国重点文物保护单位。

需提前 1 ~ 7 天在微信公众号“畅游公园”上预约购票，可选择购买门票或联票，联票含永安寺（周一关闭）、团城等景点门票。可从东、南、西南、北、北小 5 个门进入园区。

三、中轴线北段园林游

②

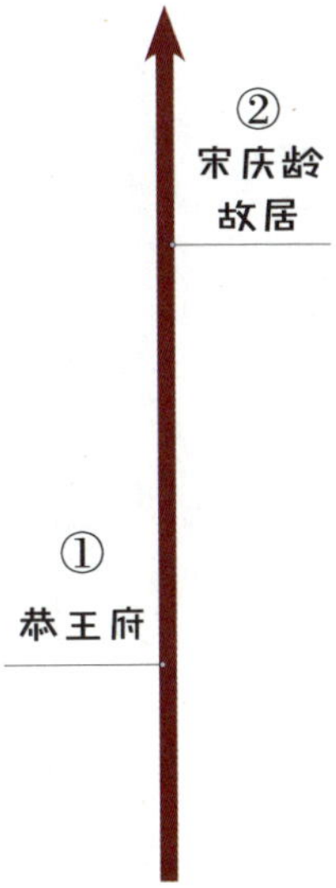

宋庆龄故居

地址：西城区后海北沿 46 号

简介：宋庆龄故居原为溥仪的父亲醇亲王载沣的府邸花园，也称西花园。1963 年 4 月，宋庆龄迁居于此。故居里的主要建筑是清一色的灰筒瓦卷棚式顶，前厅濠梁乐趣、后厅畅襟斋、东厢观花室、西厢听鹂轩等大部分保留着原王府花园的布局和风格。古建筑群以西的主楼，系中西合璧的两层楼房，是宋庆龄的寓所（后建），兼办公、会客使用，故居展品均按原状陈列。

周一闭馆。

①

恭王府

地址：西城区前海西街 17 号

简介：恭王府为清代规模宏大的一座王府，曾是清乾隆时期权臣和珅、嘉庆时期庆僖亲王永璘的宅邸，后清廷将此府赐给恭亲王奕䜣。府内分为府邸和花园两部分，拥有各式建筑群落 30 多处。后部花园称“萃锦园”，园内有西洋式石拱券门、送子观音石、蝠池、戏楼、安善堂、明道斋、天香庭院、妙香亭、秋水山房等景观。“福”字碑是康熙御笔，号称“天下第一福”。

需提前 1 ~ 10 天在微信公众号“恭王府博物馆”上预约购票。